STRUCTURE AND IMPROVISATION
IN CREATIVE TEACHING

创新型教学中的
固定程序与即兴发挥

［美］肯斯·索耶（R.Keith Sawyer） 编著

吴慧平 译

社会科学文献出版社
SOCIAL SCIENCES ACADEMIC PRESS (CHINA)

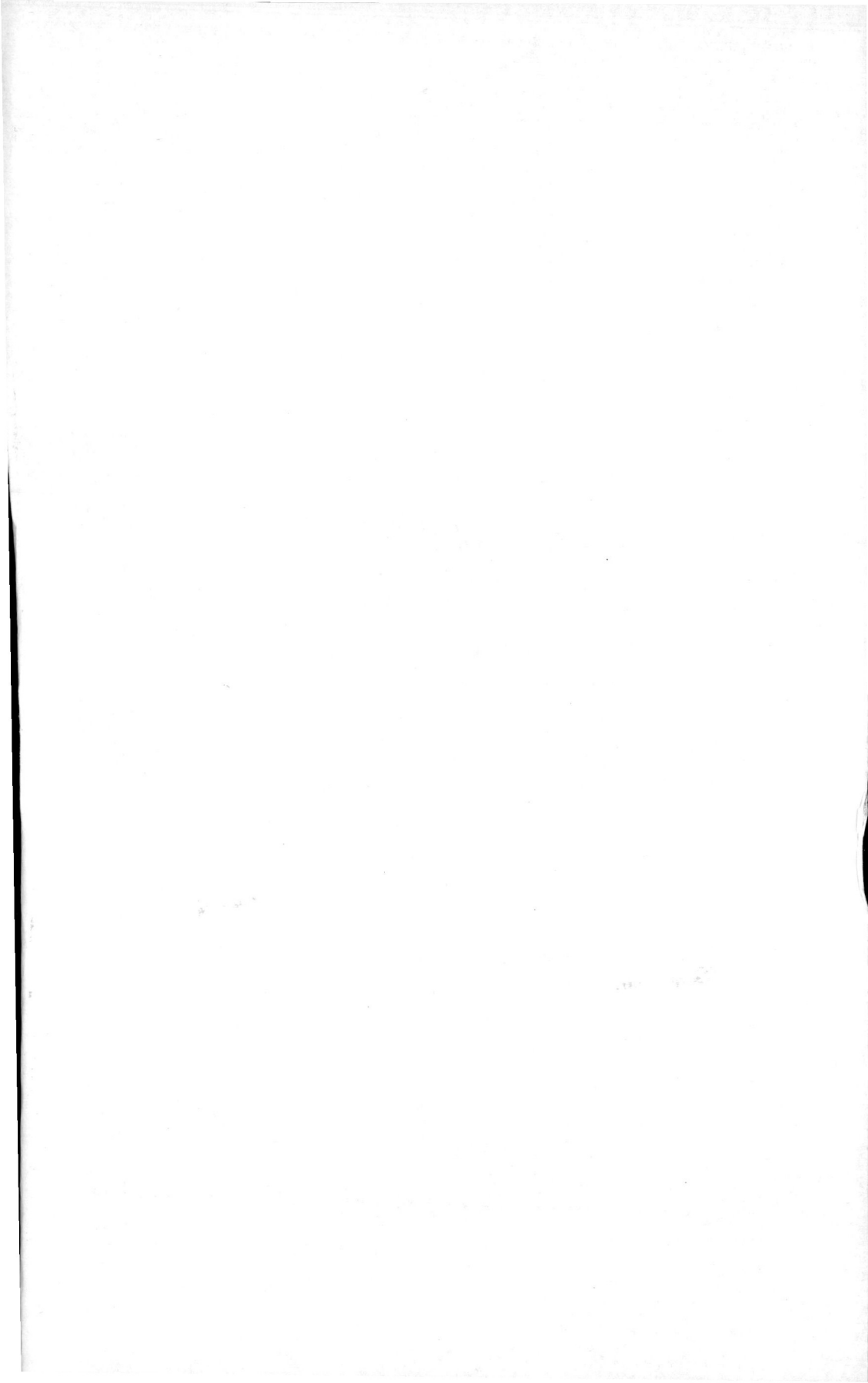

This is a simplified Chinese Translation of the following title published by Cambridge University Press:

Structure and Improvisation in Creative Teaching

ISBN 978 – 0 – 521 – 76251 – 9 Hardback

ISBN 978 – 0 – 521 – 74632 – 8 Paperback

© Cambridge University Press 2011

This simplified Chinese Translation for the People's Republic of China (excluding Hong Kong, Macau and Taiwan) is published by arrangement with the Press Syndicate of the University of Cambridge, Cambridge, United Kingdom.

© Cambridge University Press and Social Sciences Academic Press 2015

This simplified Chinese Translation is authorized for sale in the People's Republic of China (excluding Hong Kong, Macau and Taiwan) only. Unauthorised export of this Simplified Chinese Translation is a violation of the Copyright Act. No part of this publication may be reproduced or distributed by any means, or stored in a database or retrieval system, without the prior written permission of Cambridge University Press and Social Sciences Academic Press.

本书根据剑桥大学出版社2011年版本译出

＋＋＋＋＋＋＋＋＋＋＋＋＋END＋＋＋＋＋＋＋＋＋＋＋＋＋

译者序

正如美国学习科学与创新心理研究的专家索耶博士所言："21世纪正日益重视创造与创新，教师需要成为创新型的专业人士，就像学生必须学会创新一样。"[1] 如今美国中小学的课堂生活已变得过于程式化了。这除了归因于美国政府近些年推行的问责政策外，还有一个原因就是随着越来越多的商界模式引入教育领域，导致学校对标准化与常规程式的要求增多。备忘录、常规以及文本这些在商界很管用的东西，被误以为能够快速地适用于课堂，以至于学校管理者没有细思它们会对教学和教育结果产生什么影响就急不可待地被推广了。学校强加的固定程序与效率主义导致了创造性消亡的现象。美国教育研究协会的前任主席戴维·伯林纳教授对此担忧道："创造性消亡是一场全国性运动，它扼杀了美国学龄人群，尤其是那些贫寒子弟的文学、科学与数学创造性思维。"[2]

创造性思维的培养需要我们破除常规的程式化教学，探索一种突发的、非常规的教学形式，即一种正为西方众多学者所谈论的即兴教学。即兴教学对于满足知识社会的教育要求十分重要。因为即兴教学方式强调，为了深刻理解概念，学生需要进行智力探索方面的锻炼，教学过程不仅需要为教师预留空间回应学生的观点，还必须允许教师与学生共同即兴发挥并形成新的理解。许多美国学者将爵士乐、戏剧的即兴发挥，舞蹈的即兴编排与课堂的即兴教学相比较，认为教师就像舞台即兴表演的演员一样，是促进直觉与创造性产生的艺术家。教师站在教室前面，"登上舞台"，为

---

[1] R. Keith Sawyer (2011). Structure and improvisation, New York: Cambridge University Press, pp1.
[2] Berliner (1994). Thinking in jazz: The infinite art of improvisation. Chicago: University of Chicago Press, pp23.

创新型教学中的固定程序与即兴发挥

他们的"观众"——学生进行表演。如果教师的表演充满欢乐与活力，那么学生的注意力就会更加集中。如果教师表述清楚、声音洪亮，那么学生就会更容易接受知识并加深理解。

一 即兴教学的特征

与传统的程式教学相比较，即兴教学具有哪些不一样的特征呢？本书的一些作者在他们撰写的章节中试图展现即兴教学所具有的一些特征，比如建构主义的知识观，以及教学过程的全员参与、开放式的学习目标等。

1. 建构主义的知识观

即兴教学认同建构主义的知识观，认为知识的获取在于学生的主动建构与临时生成，学习是一种由教师指导与陪伴，集体参与的智力探索过程。学习科学的当代研究也一再证明"建构主义方式在培养创新经济所需要的知识工人的深刻理解力方面具备优势"[1]。

尽管不同学科领域对于建构主义的理解不一样，但还是有一些共同特征作为建构主义的标志呈现出来。首先，在建构主义引导下教学背后的核心理念是学生应该面临以下这样的教学情景：挑战已有的概念，整合它们，从而形成更为复杂的知识概念。教师的作用就是设计教学场景以及开展教学活动，根据需要调整教学活动，促使学生以更为有效的方式思考。其次，为了顺利达成这一目标，教师需要通过多种方式了解学生如何思考，思考什么。这样就意味着教学过程应该包括大量的师生互动。再次，建构主义的教学还包含对小组工作的重视，小组工作也承担的教学责任，这既来源于皮亚杰的观察——学生的学习彼此促进，也包含着维果斯基对学生参与合作的意义建构过程的关注。

2. 教学活动的突发性

即兴教学的第二个特征就是教学活动的突发性，即教学情境的不可预测。即兴教学是一种强调师生互动，共同参与的智力探索过程，这种基于

---

[1] Sawyer (2006), Cambridge handbook of the learning sciences. New York: Cambridge University Press, pp125.

合作互动的教学方式自然导致课程的不可预测，因为教师不可能事先准确地预测学生会对课程产生什么反应。这取决于他们如何将课程的新知与旧知联系起来。另外，当学生进行教学互动时，也无法预测他们会对彼此的行为做出何种回应。在即兴教学的课堂上，教师通过仔细观察后，必须对学生不断发展的理解力并给予回应，及时地做出教学决策。

在课堂上，学生的一些突发行动很有可能导致教师重新调整预期教学计划。有些时候，学生的突发行动只是蓄意地想要挑战教师的权威，针对这种情况，最好的解决方式便是忽视它或者否定它，然后继续按预期的教学计划进行教学。但通常情况下，更好的解决方法是在不影响正常教学秩序的情况下，教师可以即兴地实施一些惩戒。然而，有时候那些突发行动反映了学生对于知识的误解或者偏见。遇到这些情况时，一些新手教师通常会感到不知所措，而一些有经验的教师都能找出一些方法来解决学生误解的问题，使教学回归到原定的教学计划上来。

3. 教学过程的全员参与

即兴教学实际上是要促成一种学习共同体的建立，学习者必须抛弃个人发展为主导的理念，愿意建构与维持一种全员参与的群体形式。个体成员以崭新的视野审视自己，将自己视为相互发展、相互了解的学习者或教师。正如安东尼·派隆博士所言："即兴教学过程中的全员参与能够让学习者认识到个体表演的价值（不仅是教师）。当表演得到了认可，并被整合成群体实践时，个体就会体会到赋权的意义以及源于此种认识与整合的相互信任。"[1] 只有这样，学习者才会了解到由某个人提供的表演，应该成为临时参加的全体人员每一个人的责任，尊重并且延续这种表演。如此一来，竞争理念与教师占主导的理念统统让位于合作性理念以及教师与学习者彼此的角色发挥。

因此，即兴教学需要学习者将个人主义观念进行自上而下的重构，转变成为一种尊重分享，提升个人经验与能力，以及让学习需求得到满足的观念。不管学习内容以及认知、社会情感、语言知识有什么不同。知识建

---

[1] R. Keith Sawyer (2011), Structure and Improvisation, New York: Cambridge University Press, pp1.

创新型教学中的固定程序与即兴发挥

构的学习环境应该支持每个人的表演,学习并从此刻转成为一种主动的、共享的、自由的、接纳式的过程。

二 即兴教学面临的两难处境

即兴教学的突发性与合作性,以及问题导向的对话模式,可能会使习惯于利用固定程序进行教学的教师与学生在即兴教学过程中面临一些问题。而教师面临的问题就是如何在学习目标与标准化考试的制度规约下,适当地引导学生进行创造性的智力探索。

首先,教师的两难处境。问责议程与创新性议程,是美国学校改革的两种主要议程。这两种存有冲突的议程,通常使教师处于左右为难的境地。问责议程要求教师衡量与测试学生,汇报采用的指定标准与系统,以及在州政府规定的方式下进行教学。创新性议程则希望教师轻松地、灵活地大胆尝试,让学生获得创造性职业所具备的知识与技能,不断推动教学与课堂创新。一方面,社会期望教师培养创新型的学习者,以便在未来的知识社会占领科技创新的制高点;另一方面,政府施加的问责议程通常使得教师很难做到创新性。"教师经常被一连串问责要求(比如编辑标准、考试、教学目标以及表格)所压倒,政府的意图就是日益掌控教师职业,期望教师以特定而规范的方式表现"[1]。问责议程与创新性议程带给教师的两难处境在即兴教学过程中就表现为固定程序与即兴发挥的平衡取舍,一方面教师需要依据课程结构与课程计划进行教学,希望学生能完成预期的教学目标;另一方面,教师又想在程式化的教学过程中,留足即兴发挥的空间,让学生试错,大胆地进行智力探索,培养其创造性思维。

其次,学生的两难处境。学生在即兴教学中面临的问题是,如何处理已有剧本(课本与教材)与临时剧本(即兴发挥过程中与他人共同进行的知识建构)的关系。

即兴教学虽然强调学习过程中的即兴发挥,但是这种即兴发挥并不是

---

[1] Alexander, R. (2004). Still no pedagogy? Principle pragmatism and compliance in primary education. Cambridge Journal of education, 31 (1), 7–33.

随心所欲地胡乱表演，而是依据一定规则的表演剧本，即课本或教学大纲，尤其是初次体验即兴教学的学生，更是需要借助课本的提示引导，才能有效地即兴发挥。比如外语教学中，如果要进行商店购物的会话，就必须借助课本上的对话模式，才能有效地开展对话达到教学目的。当然，已有剧本的利用，也需要把握合适的度，过多依赖课本，就会变成一种程式教学，而失去了即兴发挥的特性。当然，除了利用已有剧本之外，学生还需要在对话中自发地生成剧本，创造他们的世界，而不仅是模仿现有的对话与理念。如果学生只知道运用已有剧本，而不是创建临时剧本，那么学习者自身就不能有效地参与学习，那么他们的活动也只是一种获取性学习，而不具备意义建构与发展特性。剧本对于那些已经熟练掌握新知识的学生来说，所产生的作用就在于现场将学习者作为主动的剧本生产者。而对于教育掌握的学生来说，在临时剧本创建的过程中，还需要克服不能熟练运用知识所产生的狼狈与不适感。

最后，课程也会出现的两难处境：良好的课程计划是要引导教师与学生进入最有效的学习轨道，从而取得预期的学习结果。即兴发挥教学面临的一个难题就是教师如何设计课程内容促进学生的即兴学习。

"课程"这个术语代表着设计好的结构，以确保学习者达到学习目标。即兴教学需要制定合适的课程计划，以便指导学生通过最佳方式学习，同时，还要为创造性的即兴发挥预留空间。究竟哪一种课程计划最有可能促进学习理解？学者们对此众说纷纭。剑桥大学的安妮特·萨西认为程式教学，是针对教师的具体指导，逐字逐句的言语提示，具有明确的教学决策，经常更为有效地促进学习理解。她认为教师有责任信守义务地去教授学科内容，而不是去过多地即兴发挥，以至于屈从那些瞬间突发奇想的观念。而科罗拉多大学的苏珊·杰诺则认为教师应该围绕课程目标更多地展开即兴教学，教师为学生创设一种学习平台，并引导其建构自己的知识。根据这一观点，这些课堂既不是以教师为中心也不是以学生为中心，而是兼顾二者因素。其中一部分固定程序是由教师计划的，由教师与学生共同来建立与呈现这个平台；但课堂流程又受到学生的影响，因为在这个平台上学习构建知识的正是这些孩子。

三 化解两难处境的建议

即兴教学所遭遇的两难处境实际上是一种新的教学理念与教学模式在实践探索过程中所必须要经历的一番磨合。当然,我们若要认同与推广这种模式,就需要寻找办法来化解这些两难处境,使之成为一种可以普遍实施的教学模式。本书的一些作者,如史黛西·多特、罗纳德·巴格托、苏珊·杰诺以及肯斯·索耶就为破除两难处境提供了一些良好建议。

1. 转变知识传递者的教学观

大多数美国中小学教师在入职培训时,并没有获取即兴教学的信念,他们所秉持的教学观还是一种传统的知识传递者的观点。他们认为教学是没有问题存在的信息传递,将教师头脑中的信息传递到学生脑中即可。美国学者韦伯曾对教师在人们心目中的形象做过一项研究,他要求孩子们、入职教师以及在职教师画一张教师的图片。他们收到的图片是最为传统的那种:一位妇女站在黑板或课桌前上课。韦伯总结道:"这种传统形象不仅广泛存在于入职教师之中,而且还存在于美国文化中的大多数人身上。"[1] 这一教师形象揭示了教师作为智力权威的绝对地位,而且将教师的作用理解为学习信息源。它同时说明在教学过程中,学生在智力活动中的作用表现得并不明显。

这种将教师视为智力权威的观念会阻碍着人们准确地理解教学是一种师生共同参与知识建构的特性,还有可能阻碍即兴教学的具体实践。因此我们需要转变教师作为知识传递者的教学观,以建构主义的视角来设计课程。当然,教师应该成为这观念转变的首要执行者,因此,新教师的入职培训需明确规定即兴发挥是课堂教学的必不可少的一部分。如果新教师了解了即兴教学对于学生学习的价值,他们更有可能为即兴发挥作计划,而不是为课本作计划。如果他们学会了批判性地思考教学中即兴发挥的作用,并反思他们在即兴发挥中的成功与失败,他们将成为更好的课堂即兴

---

[1] Weber, S.&Mitchell, C. (1995). That's funny you don't look like a teacher: Interrogating images and identity in popular culture. Washington, DC: Routledge, pp28.

教育发挥者,因而也会成为更优秀的教师。

2. 培养教师即兴教学经验的专业技能

化解上述两难处境还需要教师具备大量专业知识,包括精心构建的良好的即兴教学的观念,一套师生共同的语言规则,新手教师的学习目标,培养即兴发挥能力的有关技巧。正如索耶所言,K-12学校的教学要求与艺术表演中的创造性要求极为不同。学校教育的标准更高,即兴发挥的失败将对孩子的学习产生极其严重的后果。如果教师要提高即兴发挥的能力,就需要形成一整套观念与术语,以及适用于即兴教学的教学技术。事实上,因为要接受课堂上学生的突发行动并对其做出正确的反应,高效的即兴教学需要教师受过专业的即兴教学训练。

如今,美国热心于教育事业的一些民间组织都在为增强教师的即兴教学能力提供各种援助,比如芝加哥具有传奇色彩的第二城市戏剧团为教师们创造性教学的即兴发挥提供了一系列工作室研讨活动。纽约市东部研究所的"发展教师伙伴关系"项目为教师传授课堂教学的即兴发挥技能,还应用于课堂学习的即兴发挥活动,以及帮助教师如何与学生合作成为娴熟的学习环境构造者。

3. 使即兴教学有章可循

在许多即兴发挥的课堂中,教师通常面临着这样一种课程矛盾:是应该帮助孩子们表达、探索他们自己的思考,还是帮助他们梳理这些知识点接受学科实践的事实。如何化解此种矛盾,苏珊·杰诺就建议,采用一种有章可循的即兴教学艺术。有章可循的即兴教学是一种教学互动,之所以称之为即兴,是因为无论是教师还是学生无法预知具体流程及相互交流后的结果会是怎样的。这种即兴之所以能够有章可循,是因为教师们是依据学生的想法来使它们与学科问题、概念及散乱无章的实践产生联系。当课堂的即兴发挥是由教师提供的结构精心引导时,那么就会使得课堂的学习更有成效。

索耶指出课堂的即兴发挥不是简单的随心所欲,而是包含了结构与开放性目的的一种策略性平衡。即兴教学并不是教师的临场发挥,而是专家教师要通过富有创造性的即兴教学来引导课堂教学的方向,依靠教学计划和固定的程序作为辅导。准备教学计划和即兴教学二者之间看似矛盾,但

创新型教学中的固定程序与即兴发挥

实际上准备教学计划正是为了即兴教学打基础。如果教师过多地偏离教学计划，就会导致学生无法学到实质的内容。高水平的即兴教学总是在固定程序与自由发挥之间保持适度平衡，也就是师生都在预先设计的固定程序指导下进行即兴发挥。

《创造性教学中的固定程序与即兴发挥》这本书的引进与翻译实际上是武汉大学70后学者培养计划项目部分成果的展示，也是我们教育学院70后团队建设的领头人刘亚敏老师在美国访学期间辛苦奉献的劳动成果，在此向她表示敬意与谢意！没有她的积极谋划与热情推动，就没有本书的面世，国内读者也就失去一个了解美国课堂教学改革最新趋势的机会。由于本书的篇幅较多，有十三章，译成中文也有二十多万字。因此对于我们这些学术事务缠身的老师来说书稿的翻译与整理是一项巨大的工程。本书的第一章至第八章的初稿由吴慧平翻译，第九章至十三章的初稿由王郢翻译，全书的统稿与校对工作由吴慧平负责。可能是由于书中涉及了许多课程与教学的概念探讨，因此在翻译中出现了许多表达与阐述不太妥帖的地方，其中的修改与斟酌也是费尽了心力。这里特别要感谢的是编辑老师的辛苦工作与细心审读，没有他们的支持与帮助，书稿也不会顺利出版。另外还要感谢武汉大学教育学院院长程斯辉教授与周传彪书记对我们70后团队建设的支持与关心。

作者简介

丽莎·巴克是斯坦福大学教师教育专业的博士候选人。曾任 K-12 学校的英语与戏剧教师,她是斯坦福教师教育项目与支持优异教学中心的指导教师。她的研究重点是即兴发挥的戏剧训练使教师与年轻人及同事主动思考、展示课堂对话与关系建构的理念。

罗纳德·巴格托是俄勒冈大学教育研究专业的副教授。他主要研究支持课堂的创新与教师发展。关于这些主题,他发表了 50 多篇文章。他最新出版的一本书是《课堂创新的培养》。

戴维·伯林纳是亚利桑那州立大学董事会的退休名誉教授。他的兴趣在于研究教学与教育政策。他独著或与人合作编写过 200 多篇文章及著述。也是 200 多本著作及期刊文章的撰写者与编写者。他是美国教育研究协会的前任主席,国家教育学院的成员。

希尔达·博尔科是斯坦福大学教育学的教授。他研究教学的学习过程,重点关注新手教师与熟手教师在参与教师培训与专业发展项目之后,他们在教学知识、学习信念以及课堂实践方面的变化。她也负责数学骨干教师的培养。

帕莫拉·伯纳德是英国剑桥大学的高级教师,她管理教育研究与艺术、文化、教育的高级学位课程。她的著作包括《音乐的创新性》《艺术教育的反思实践》《创新性学习 3-11》《音乐教育与数字技术》。她是英国教育研究协会 SIG 创新教育的会议召集人。

史黛西·多特是密尔赛普斯学院教育学专业的助理教授。她主要是从社会文化理论的视角来探讨两类相关的研究领域:教师认知的社会形成以及群体创新过程的分配。她从圣路易斯的华盛顿大学获得学习科学的博士学位。

▶ 创新型教学中的固定程序与即兴发挥

弗雷德里克·埃里克森是加州大学洛杉矶分校教育人类学的教授，他也曾任职实用语言学的教授。他是采用录像形式研究面对面互动的先驱，尤其关注演讲的乐感与听力行为，还撰写了一本有关质性研究方法的书。最近他出版的一本书名为《交谈与社会理论：日常生活中听与说的生态学》。

杰尼斯·芙妮尔是华盛顿大学从事信息技术研究的科学家。她也在华盛顿大学教育学院任教，还是艺术组织的教育顾问。她的研究兴趣包括艺术与学习、艺术读写和教育技术。

苏珊·杰诺是位于博尔德的科罗拉多大学教育心理学研究的助理教授。她研究学习环境内外的身份、互动和文化之间的相互关系。她的研究成果已发表在一些期刊上，比如《学习科学》《思维、文化与创新》《教师教育》等刊物。

詹姆斯·考夫曼是位于圣贝纳迪诺的加利福尼亚州立大学的心理学副教授，他是学习研究所的负责人。他撰写的有关创新性的书包括《创新性101》与《剑桥大学的创新手册》。他是美国心理协会第十分会的主席，也是该协会创办的杂志《审美心理：创新与艺术》的编辑。

杰根·库尔兹是德国吉森大学英语与外语教学的教授。他曾在德国多特蒙德大学与德国卡尔斯鲁厄师范学院任教。他目前的研究重点是即兴发挥在提高外语课堂口头表达能力上所产生的作用，以及全日制学校外语教材的分析与运用，外语教育中的文化敏感性。

凯莉·罗伯曼是罗格斯教育研究学院的副教授。她的研究兴趣包括教师教育，玩耍、表演、学习与发展之间的关系。她与人合著了《无文本学习：K-8课程运用即兴发挥活动》。

林登·马丁是纽约大学教师教育的副教授。他的研究兴趣是数学思维与学习，尤为重视理解能力的特征及表现。他还关注数学理解力在工作场所的运用，成年人如何用此达成交易，以及数学概念的正式与非正式的用法。

劳拉·克莱顿麦克费登在科罗拉多大学获得科学教育专业的博士学位，她在高中担任科学老师，同时也是罗德岛学院科学教育专业的助理教授。劳拉目前从事科幻小说的写作，在为儿童及成年人撰写他的第一部科幻小说。

安东尼·派隆是位于芝加哥的伊利诺斯大学的博士候选人。他的研究关注生命的出现、发展，以及富有想象力的游戏活动与即兴表演戏剧对各种学习环境及教师教育产生的作用及好处。

安婷·萨西是波士顿区域的一个独立的教育研究者与评价者。她目前为剑桥大学与哈佛大学的教师教育研究中心（TERC）提供咨询，同时还负责剑桥、哈佛与牛顿教育发展中心的一些教育事务。她还是《高质量学习的教学领导的有效原则》的合著者。

肯斯·索耶研究创造性、合作与学习。他发表了80多篇学术文章，并编辑或撰写了10本书，其中有《学习科学的剑桥手册》《创造性的解释：人类创新的科学》《天才群体：合作的创造威力》。

琼·托尔是卡尔加里大学教师教育专业的教授。她的研究兴趣在于数学的理解，运用生态学、复杂理论与即兴发挥理论来理解学习概念。她研究学生不断增强的数学理解力，教师在一些场合（如理解力的形成中）如何发挥作用，教师教育组织与教学的意义。

前 言

戴维·伯林纳

在本书的第一章和最后一章有前言和后记。这里除了对每位作者作出的重要贡献给予感谢之外,还想澄清一个巨大的错误。此种错误被许多政治家、商界人士以及学校管理者所认同和倡导,已使得美国的教师很难有效施教。这种错误就是将程式强加给教师,相信程式、程序、文本、备忘录能够组成课堂教学,并有利于教与学。在诸如航空旅行、生产制造、金融等领域,常规方式或文本有助于工作的完成——使企业效益更好、获利更多,工人们也因此变得更有效率,顾客也会更加满意。在这些行业中,程式已被证明能够提高效率,改进质量控制。但是如果将这些相同观念运用到一个不太确定的环境,即30名个性迥异的学生参与的课堂教学,那就是一种误导。

尽管航空业和飞行员依赖于常规方式、检查列表完成许多工作。当飞机引擎出现故障,正如2009年发生在哈德逊河上空的意外那样——没有程序可遵循。飞行员临机应变,挽救了所有人的性命。这件事提醒我们,规范工作的那些备忘录、文本、清单不足以应付工作中发生的所有事情。

尽管程式在商界中已被证实具有一定效力,但也有人指责过于固守常规、文本、备忘录会产生不良效应,比如行动时束手束脚、抑制反思与创新思维。比如当汽油引擎的未来开始遭受质疑时,与此相关的环境危害已是路人皆知,然而通用公司仍然在生产已问世几十年的同款小汽车。很明显,公司高层无人对此进行反思并改变这个巨型公司的生产模式。经理们不能或者没有打算应对改变了的环境。显然,人们对汽车行业引入创新的重要性无从了解。同样地,银行也一如既往地提供抵押贷款,直至风险不断升级,即便银行业的权威人士对房产市场的不可持续发出警告,也无动于衷。由于他们无法停止其疯狂行为，从而导致了全球经济大衰退。过于依赖常规会压制人们的创新思维，因为常规会让人们不太愿意进行反思。

常规、文本以及各种已有程序对指导稳定而可预见的环境中的行动的效力毋庸置疑。塞麦尔维斯曾教导医生与病人接触前后都要洗手，显然，也教会了我们。商界的工作程序，比如西格玛已提高了质量与效率，降低了生产成本，提高了生产效率。

然而，现在的许多事情愈来愈变得不太确定，预期的目标也可能无法实现。遵循常规可能会产生低效甚至是危险行为，这正是本书要探讨的两难处境。太多的课堂生活已变得过于程式化了。在英国和美国，导致这一现象部分原因归结为问责政策发挥的威力，教学要求学生的学业成绩达标。这样就极大程度地限制了教师的课堂教学。还有一个原因就是随着越来越多的商界模式引入教育领域，导致学校对标准化与常规方式的要求增多。备忘录、程式以及文本这些在商界很有效的东西，却被误以为能够快速适用于课堂，以至于学校管理者没有细想它们会对教学和教育结果产生什么影响就急不可待地推广了。学校强加的结构与效率方式导致了我所称之的创新性消亡现象。创新性消亡是一场全国性运动，它扼杀了美国学龄人群，尤其是那些贫困学生的文学、科学与数学创新思维。所有公立学校都觉察到了问责政策以及推广商界模式以改进教育政策的影响，尤其是那些贫困学生较多的学校感受到的压力更大。贫困学生聚集的学校经常考试分数最低，因而被认为是最需要实施改进政策的地方。但是现在已形成普遍共识，当前英国和美国的教育政策，尤其是针对贫困学生的教育政策已经产生了四种结果：课程窄化、学校质量评估标准的窄化、学校认定聪明学生的观念窄化、教师教学能力的判断标准窄化。除了个别例外的情况，英美两国都制定政策改进学校教育，从而导致可能促进高水平思维、问题解决能力以及学术领域创新思维产生的课堂活动的减少。研究群体不是探讨如何在年轻人中产生高水平思维与创新反应，与此相反，是要探讨怎么没有产生我们所期望的结果。因为我们目前所做的事情正好是在限制教师和学生的课堂活动。

我曾经在高度程式化的学校待过。对于管理者来说，一切都是那么简单；对于政府部门来说，一切都是那么容易。将教师等同于一种获得认可

前　言

的课程（通常是课本、工作用书、教师试题手册），给予教师或助教好的课堂实践训练（让他们学习课本，比如重复朗读：C、A、T，拼写 CAT，再说一遍，CAT 好的，C 在 CAT 的读音是硬音还是软音，大家都知道，是软音），学生就能神奇地学会他应当学到的知识。实际上，学生在这节课上看起来的确在通过直观教学的方式学习。因为在阅读的一些方面，比如语感与拼写，的确可以常规化，但我相信应该还有其他更好的教学方式来教授语感。由于阅读方面的可预见性，以及学习数学知识或给编辑写信等这类工作，作某种程度上是可以常规化的，所以，教师们可以通过给学生授课，积累良好的教学实践来提高教学技巧，正如医生可以通过给病人诊治来获取经验一样。

同样是在程式化教学的课堂上，有个叫胡安尼托的学生竟然不能从老师的教学中学到东西，而约翰尼意拒绝学习。莎拉想出了一个精彩的点子，虽然使课堂教学偏离了课程要求，但是让人轻松了片刻。对于医生来讲，胡安尼托的父亲，没有服用医生根据他身体状况推荐的降低胆固醇的药物，约翰尼的妈妈也没有采用医生开出的诊疗药方。莎拉的妈妈拒绝去医院接受治疗，而是自己服用草药治疗。常规、宝贵经验以及获得认可的方案从某些方面来说是有利于行动的。除了一些特殊情况之外，这样就会出现如下问题：人们希望在教学与教育活动中看到更多标准化现象。就像临床诊断一样，教学活动通常极难事先预测，如果不是这样的话，我们也就没有办法培养学生应对不确定状况的技能，也不能为国家提供形式多样的学校教育。

如果我们不能培养或重视教师即兴发挥的全部技能，以至于教师在与学生及课程互动过程中，只能以惯有的方式处理各种突发情况，这样，势必会削弱教师的教学热情。同时也会制约学生创新思维的形成。这样的教育结果既不是国家期望能够参与竞争所具备的智力水平，也不是知识经济时代的学校教育所期待的结果。

如果课堂所教内容只是用来应对高标准考试中的测试题目，而不管学生的认知能力是否处于较低水平，那么教师对所教课程的熟练掌握与热爱，学生对每门课程的感知以及表达愿望，国家需要创新公民的目标都难以企及。教学作为一种专业性实践，有必要平衡结果与创新之间的关系。

创新型教学中的固定程序与即兴发挥

医生们每天依照重复性的文本、备忘录来完成大部分工作，结果就是导致医疗看护水平提高了。这也是为什么教师教学行为与课程要求总出现冲突的原因所在。本书提醒我们，实践上要求我们，牢记不管什么样的课堂教学，它应该是一个充满活力、自主互动的地方。本书想要证实课堂里的自主与即兴教学不但是令人兴奋的，而且它所需要的技能一点儿也不比爵士乐、舞蹈与戏剧即兴表演的少。

在此前言简述中，我认为文本和常规对于改进医疗诊断、企业生产以及预定课程的细节具有的潜在价值。然而，我也认为，现在的学校过度依赖于程式，如果我们希望学生学到更高水平的技能，包括创新与批判性思维，我们就无法依靠程式与课本来帮我们达到目标。你是否被我说糊涂了？想知道什么是程式化教学、即兴教学与创新的最好平衡吗？这也是为什么本书被广泛阅读与讨论的原因所在。书中章节直接给我们解惑，它们让我们明白，在关注创新思维的时代，我们需要化解教学中的各种紧张关系。

目　录

第一部分　教师面临的矛盾

第一章　优秀教师出类拔萃的原因何在？程式教学与即兴教学
之间的平衡技巧…………………………………肯斯·索耶／3

第二章　专业的即兴发挥与教师教育：开启对话
………………………………………………史黛西·多特／22

第三章　创新性、教学伙伴与教学的即兴发挥空间
……………………………………………帕莫拉·伯纳德／41

第四章　计划教学内的即兴发挥：内城区学校形成新的教学模式
………………………………………………凯莉·罗伯曼／58

第五章　有章可循的即兴发挥与创造性教学
……………………罗纳德·巴格托　詹姆斯·考夫曼／75

第二部分　学习的矛盾

第六章　教学中利用固定程式进行即兴发挥：以小学课堂教学为例
……………………………………弗雷德里·克埃里克森／91

第七章　突破沟通壁垒：中学外语课堂上的即兴发挥
……………………………………………杰根·库尔兹／110

第八章　成人英语学习者的即兴发挥…………安东尼·派隆／136

第九章　富有成效的即兴教学与集体创造力：来自舞蹈
教室的启示…………………………………杰尼斯·芙妮尔／155

— 1 —

第三部分 课程的矛盾

第十章 文本资料如何支撑即兴教学：实施阅读理解课程的启示
.... 安妮特·萨西 / 179

第十一章 有章可循的即兴教学有助于拓展幼儿的科学思维
.... 苏珊·木诺 劳拉·克莱顿麦克费登 / 203

第十二章 数学课堂上的即兴理解
.... 林登·C. 马丁 琼·托尔斯 / 217

第十三章 结论：即兴教学的呈现和艺术
.... 丽莎·巴克 希尔达·博尔科 / 242

第一部分　教师面临的矛盾

第一章

优秀教师出类拔萃的原因何在？程式教学与即兴教学之间的平衡技巧

肯斯·索耶

20世纪七八十年代，教育研究者开始探讨优秀教师卓越的原因。早期研究者普遍采用的一种方式就是将熟练教师与新手教师进行比较。他们发现，熟练教师比新手教师在教材处理方面更为娴熟，而且，他们在教学活动中或是特殊情况下都有一套标准的程序应对学生。研究者还发现，熟练教师在应对每堂课的意外情况时，通常表现出更高的即兴教学水平。事实上，与新手教师相比较，他们很少花时间预先制定计划（伯林纳和迪库诺夫，1976；博尔科和利文斯顿，1989）。熟练教师明显地在做两件颇为矛盾的事情：他们较多使用教学程序，同时，即兴教学也很多。

教师专业早期研究关注教师自我创新的结构、教学效果的提高、管理课堂及处理突发问题的方式。此外，许多指导教学的程序都是依据法律、行政部门或者州与联邦政府的指导纲要制定规范。现代学校是复杂组织，具有较为固定的结构与行政框架，这使老师们的课堂教学产生限制（奥尔森，2003）。许多教育研究者一方面在探讨教师的专业自主与反思实践之间的紧张关系，另一方面，也在探讨制约着教师教学的诸多政策（比如，考昆-史密斯和莱特尔，1999；达尔林-哈蒙德，1997；英格索尔，2003）。在美国，这些限制性政策就是《不让一个孩子落后》法案，它要求各州以考试形式来评估学生年度进步情况。这些考试对教学程序的增加及教师需要达到的强制性标准起到了明显的作用（欧黛，2008）。

教育领域围绕改进学校教育展开了一场激烈的争论：我们应该投入经费提高教师的专长，然后给予他们行使专长的权力吗？或者我们应该为课

> 创新型教学中的固定程序与即兴发挥

堂教学提供大纲和教材,以确保课程目标和学习结果达到要求吗?

本书为这种争论提供了新的视角。我们认为课堂需要教学程序,因为教师专长的研究者已发现所有成功的教学都包含了教学程序。教师很少能够做到完全自主,即使在建构主义者掌管的学校及创新型学习中。所有教师与学校面临的挑战都是在结构与创新之间寻找平衡,激发学生学习能力。优质的教学包括许多教学程序,同时也需要教师有即兴教学的卓越能力。程式教学与即兴教学之间的平衡就是教学艺术的精髓。本书的作者都极为担忧强加给教师的各种制约因素。因为存在这样一个风险,即太多额外的程式会妨碍熟练教师创造性地进行即兴发挥。愈多运用固定的教学模式,有时也叫直接教学,这种妨碍作用就愈明显,因为它破坏了卓越教学的平衡。课堂上,程式教学是与建构主义相悖的,问题导向的、对话式教学才更有利于创新。许多教育者担心近期对标准化测试的强调会导致教学上的创新表现越来越少。

本书提出:我们认为教学是一种即兴发挥的活动。如果教学是即兴发挥活动,那么就需要重视有效课堂教学的合作与突发性质,这样才有助于我们理解课程内容与课堂教学的融合度,使课堂教学成为一种创新型的艺术展现。最好的教学就是一种有序的即兴教学,因为它总是在广泛的结构与框架引导下发生(索耶,2004)。熟练教师比新手教师更多运用常规与活动程序,他们能够将常规以创新的即兴教学风格进行实施与运用(伯林纳,1987;莱恩哈特和格林诺,1986)。一些研究者指出,最有成效的课堂互动都是结构及文本与灵活的即兴发挥的平衡(博尔科和利文斯顿,1989;布朗和埃德尔森,2001;艾瑞克森,1982;梅恩,1979;英格尔,1987)。成功的教师就像指导者,精心安排学习经验(派克-弗雷,1991)。他们的学生由教师指导与陪伴,参与集体的即兴教学。

本书的这些章节分别探讨了程式教学与即兴教学之间面临的各种冲突。

教师的两难处境:教师的专长应该是计划、常规与教学程序等大量知识的综合,教师如何将这些专长运用于即兴教学的实践之中。

学习的两难处境:有效的建构主义课堂,为学生提供支持;精心设计的松散结构引导学生,以便他们即兴领会知识技能内容,深入理解概念。

课程的两难处境:好的课程计划需要引导教师与学生进入最有效的学

第一章　优秀教师出类拔萃的原因何在？程式教学与即兴教学之间的平衡技巧

习轨道，从而取得预期的学习效果。同时，最有效的课程设计也有助于课程内容的即兴学习。

像大多数教育界的学者一样，本书的各位作者都致力于运用建构主义的、问题导向的对话式的教学模式。学习科学的当代研究也一再证明建构主义方式在培养学生理解能力方面所具备的优势，这也是知识经济时代所需要的一种能力（索耶，2006a）。建构主义方式使学习者对知识的理解更深（贝瑞特，2002；帕林克萨，1998；罗格夫，1998；索耶，2004，2006d）。然而，当今的建构主义者并不是放任自流地，以学生为中心的滑稽表演。相反，学习科学家反复表明建构主义学习能促使学生更好地展示自己，松散的结构更有利于引导学生（梅尔，2004；索耶，2006a）。有效的建构主义学习应该经常协商解决学习的两难处境。

最有成效的课堂教学应该是，上述三种两难处境都能通过即兴教学加以平衡化解。为了解决教师的两难处境，教师们需要经常在即兴教学时平衡创新与制约因素之间的关系。解决学习上的两难处境，教师需要建构并适应一种能够促进学生有效即兴学习的平台。解决课程上的两难处境，教师要适应教材，拟定课程计划，使学生参与课堂的即兴教学。面对上述两难处境，卓越的课堂教学，都能通过技巧发挥得到妥善解决。引导学生共同参与到师生之间的合作即兴教学中去。

本书立足于前人的三大理论传统之上：教学表演、教师专长、创新型教学。

教学表演

自 20 世纪 80 年代开始，一些教育者开始探讨"教学表演"比喻的含义（麦凯伦，1986；皮诺，1994；罗宾，1983，1985；萨拉森，1999；廷普森和托宾，1982）。这些学者指出戏剧与教学之间明显存有许多相似性。教师站在教室前面，"登上舞台"，为他们的"观众"——学生表演。优秀的教师掌握了演员必备的许多技能。如果教师的表演欢乐又生动，那么学生的注意力就会更加集中。如果教师表达清晰、声音洪亮，那么学生就会更容易接受并掌握教学内容。优秀的教师授课，就像演员表演，包含了反

创新型教学中的固定程序与即兴发挥

复演练、剧本改编、时间安排与舞台呈现。

首次使用"教学表演"这个比喻是为了强调教学的艺术性（巴诺，1991；道恩，1984；艾斯纳，1983；希尔，1985；罗宾，1985）。这些学者都认为，像即兴表演的舞台演员一样，教师们是促进直觉与创新产生的艺术家。白瑞（1991）强调课堂艺术的即兴因素有以下几点：熟练教师可能不会一味地强求达到设定的课程目标与学习结果，而是根据课堂流程及时地调整教学策略，反而会取得一些意外的收获。

艾斯纳（1979）认为教学是一种艺术，从四个方面来看：首先，一些教师的表演技能让学生们觉得课堂教学就是一种审美活动。这样就非常类似于观众欣赏交响乐团的技能表演，或是读者沉迷于阅读莎士比亚剧本的独白。其次，教师们在表演过程中的判断大部分是基于其才能的逐步展示。这就是教学的即兴发挥元素。其三，教师们应该不仅局限于常规，相反，还应该针对课堂的突发情况给予创新性的回应。其四，教师取得的目标通常是在与学生互动过程中临时达到的，而不是预先设定的。

这些作者都指出有效教学重要的一点就是具有无可争辩的美感。当然，这些关于表演艺术的比喻，也存有两个问题。首先，他们所倡导的教学美感是与工具主义理念相左的，他们倾向于推崇皮诺（1994）所声称的直觉的、模糊的创新。比如，希尔（1985）认为具有艺术气质的教师是由直觉和本能引导，运用的是一种潜意识的能力。此种教学观忽视了组成教师专长的大部分结构，使得教学看起来像天生的，没必要运用分析的直觉能力。其次，表演艺术的比喻倾向于将表演视为一整套能够提高教学沟通的技术。这样势必就会产生两种后果。其一，他强调教师行动的超脱性，就像舞台上的圣人一样，因此在关于教师与学生互动时应该如何反应会获得越来越少的实践启示。这样面临的风险就是将教学视为公共演讲，而不是将教学视为学生学习即兴表演的平台。因此，这样几乎很少为教师解决学习两难处境提供启示。其二，这样导致的结果就是教师成为文本的阅读者，一种由他人高度细化的课程。表演就沦为一种形式（参见廷普森与托宾的表述，1982），正如史密斯（1979）所言，如果表演场景依照一种逻辑的秩序展开，教师严格遵循此种做法，将会一无所获。因此对教师解决课程的两难处境提供不了什么启示。

第一章 优秀教师出类拔萃的原因何在？程式教学与即兴教学之间的平衡技巧

本书通过将即兴表演作为关注重点来探讨教学表演形式。高水平的即兴表演总是在程式教学与自由发挥之间切换。当然，熟练教师具有较强的直觉，是天生的表演者。但不可否认，他们的表演也是植根于程式与技能之中。即兴表演的比喻重视教师与学生共同参与课堂的表演；只有这样，才能称其为建构主义的学习原则，而不是早期表演比喻所呈现的传递与获取的模式。

教师的专业知识

在20世纪七八十年代，两组特色明显的研究团体开始分析专家教学所具备的知识结构。这些研究者采取了与表演艺术传统相反的方式；一种直觉的、无法表述的艺术，这些研究者分析了专家教师确实对知识有更好的把握，这样才会使他们成为优秀的教师。

教师专业知识的研究始于20世纪70年代心理学上的认知革命（比如，奇，格拉泽和法尔，1988；埃里克森等人，2006）。认知科学家研究那些引发人类行为的内在精神结构。20世纪70年代以来，认知科学家对专家表演特别感兴趣，因而他们与计算机科学家合作，试图在人工智能的计算机程序上捕捉到专长。在人工智能的研究者看来，这些软件运用也叫专家系统——计算机程序可以编码和捕捉到专长（1986）。

大部分研究将新手教师与熟练教师进行明确比较（埃里克森等人，2006）。在一个经典研究中，国际象棋运动员新手与熟手都指出了比赛中场象棋的所在位置。熟手在记住每枚棋子的位置时更胜一筹。从此项研究开始，专长的认知因素就被认为是由习得规则、计划、常规、概念框架以及方案组成。在由盖亚·莱因哈特和詹姆斯·格林诺撰写的《教学的认知技能》一文中，就更明显地指出教师的专长源于某种认知结构。

教师专长的知识基础已成为以戴维·伯利纳（1986，1987）、莱因哈特与格林诺（1986）、李·舒尔曼（1987）为代表的教师专长研究队伍的重心。打个比方，理查德·萨沃森（1986）描述了三种类型的大纲来突显教师的专长：文本（教案，一种暂时的事件顺序），场景（通常是课堂教学，大纲的空间关系），预先计划好了的结构（事实知识）。在第二个例子

创新型教学中的固定程序与即兴发挥

中,莱因哈特与格林诺(1986)认为专长是一种基于他们称之为"日程安排"的可操作性计划,由教学方案的特定资料组成。熟练教师的认知方案更为详细、复杂,关联性更强,因而也比新手教师的更为实用。

第三个例子中,罗伯特·英格尔(1980)描述了计划中使用的两种结构:活动与常规。活动是计划的基本结构单位,它的特色是:场所、程序、顺序、持久性、可以接受的学生行为、教师的教学动作、内容与材料。常规包括四个方面:活动(协调活动),教学(提问,给予教导),管理(控制与活动无关的行为,比如活动之间的转换,分发材料),执行计划(不是在教学过程中,而是在活动前计划),英格尔进一步指出应该在五种不同的时间段进行计划:学年、学期、学习单位、周以及天(也可参见克拉克和英格尔,1977;英格尔,1979)。

认知科学通常较为关注教师专长,倾向于强调固定的程式。换一个角度来说,教师专长的研究传统极大地限制了教师的即兴教学与课堂决策。比如,舒尔曼(1987)列出的教师知识基础的清单中并没有包含即兴教学的实践。过去关注教师专长的固定结构也有一定价值,导致在更为广泛的文化背景下教师专业价值被贬低。舒尔曼(1987)认为他的工作重心就是为过去被研究与政策忽视掉的教学的某些方面做坚决的辩护。舒尔曼和其他人提供了精彩的例子展示了教师令人称奇的专长。

这些研究者的一个目标就是想证实仅有大量知识是不足以成为一名优秀教师的。目标之二就是认同一整套技巧与能力是可以运用于教师专业资格的国家考试之中的。伯利纳(1987)指出他的研究是反对将教师资格的颁发仅限于课本知识的掌握,因为这种政策否认了课堂教学所需要的复杂知识基础。舒尔曼、伯利纳以及其他人的研究,都显示了教学依赖于一种专业知识的基础,也反驳了过去只认为教学是一种直觉艺术的观点。

当然,本研究的结构主义与认知主义背景已经对教学的教学表演艺术产生了一种未曾预期的消极影响,即便这些教学专长的早期研究者已经意识到固定的认知结构必须运用于实践之中,这些实践也应该包含某些即兴发挥的因素。肖恩(1983)关于反思性实践的观点主要就是探讨即兴发挥,他的理念就是要成为专业人员,关键是能够在程式教学中有效地即兴发挥。艾斯纳(1979)强调课堂教学的不确定性,教师需要培养教育想象

第一章 优秀教师出类拔萃的原因何在？程式教学与即兴教学之间的平衡技巧

力，使得他们能够处理好程式与自由发挥之间的关系。舒尔曼（1987）指出，教学实践的智慧没有得到很好理解，还说他的研究只不过是未来十年研究日程的一个主要部分。

第一项研究中的一部分是专业知识的结构如何运用于即兴教学的实践，克拉克和英格尔（1977）分析了互动的决策。他们总结认为，教师很少改变已经设计好的教学策略，即便是在课堂教学效果不太理想的情况下。也就是说，互动的决策很少导致教学过程中的瞬间改变。原则上它充其量不过是一个精心调节与适应不可预知的情形的过程，比如，学生的个别反应。他们由此得出结论：教师的即兴教学极为少见。

我们获取的部分研究结果表明教师决策的互动情形主要是在教学过程中被学生打断的时候出现。这些被研究的教师看起来将监督学生参与，作为他们顺利开展教学过程的一个主要指标。当教学过程出现中断时，教师们通常会考虑替代办法，但很少有人实施这种替代办法。也就是说，由于各种各样的原因，教师们不倾向于中途改变教学过程，即使课堂教学效果不太尽人意（克拉克和英格尔，1977）。

与此同时，一些学者开始分析教师临时采取的即兴的、随机的行动。这些研究相比克拉克和英格尔来（1977）说，可以观察到更多课堂即兴教学的现象。在课堂对话的研究中，休·梅汉（1979）和弗雷德里克·艾瑞克森（1982）指出，课堂对话通常具有即兴发挥的余地。第一项研究中的一个子课题就是将这些启示运用于教师实践，他们在研究体育教师的过程中发现，熟练教师较新手教师具有更多机会，熟练教师的应变计划通常是新手教师的两倍（豪斯纳尔和格里夫，1985）。第一批学者中使用即兴发挥这个术语来描述课堂教学的是英格尔（1987）；在这篇有影响的文章中，英格尔明确指出，课堂教学与现场的爵士乐即兴表演具有某种相似性。博克与利文斯通（1989），立足于教师专业知识的传统与英格尔的即兴表演的比喻基础之上，第一个明确提出了教师面临的两难处境：知识结构与实践的即兴发挥之间的关系应该如何处理？正如博克和利文斯通写道，熟练教师较新手教师更能注意到课堂教学的差异所在，在计划与互动教学中更有选择性地采用信息，更为有效地运用教学与管理常规（1989）。

即兴教学的比喻也可以为我所讲的课程两难处境提供一些启示。布特

创新型教学中的固定程序与即兴发挥

(2004)写道,所有的课程生来就是模糊的,需要教师阐述意图,因而一些教师总是会具有辨别意识。布特认为教师的辨别能力分为三种水平。程序上的专业辨别指的是仅能设计连贯的课程,并实施教学。接下来高一级水平的专业知识是实质上的专业辨别能力,表现为教师能够意识到他们的行动无法达到预期目标,或是他们想要达到的目标需要微调,教师自身也要做出适当的改变。哈沃斯(1986)称之为批判的能力:一个人能够运用自己的方式创造性捕捉机会。专业知识的最高水平是创新的专业辨别能力,或是能够超越已有或限定的课程选择,创造出一种新的课程教学实践,以改进他们在课程实践领域的两难处境。此种层面的专业知识是指教师能够建构新的课程与评价方式,而不仅仅是实施课程。布特建议新手教师应该普遍遵循已有的课程计划,除非他们已表明具有足够的专业辨别能力。新手教师和熟练教师采取不同的方式解决课程面临的两难处境。专业知识的增长能够通过如何解决两难处境反映出来,正如博克与利文斯通所证实的那样(1989)。

本书通过阐述固定程序与即兴发挥是良好教学不可或缺的因素来展开教师的专业知识研究。熟练教师开展的有序的即兴教学,是指他们已掌握了上述学者认可的专业知识,同时,他们也知道如何将这些专业知识运用到即兴教学实践中去。

创新性的教学与学习

创新型教与学的研究传统上是与艺术教育的教学工作相关,但是许多当代的学者认为创新性学习应该包含到所有学科领域(比如,克拉夫特、杰弗里,和莱布林,2001;加德纳,2007)。这不是一种新观念,进步主义教育运动的核心特征就是一直在强调学生在课堂上表现出来的创新性。创新性是裴斯泰洛奇幼儿教育运动、蒙台梭利方法以及杜威强调的问题与经验教学的重要组成部分。

现代教育领域研究创新性最有影响的人物是保罗·托伦斯,活跃于20世纪五六十年代创新性研究的第一波浪潮期间(索耶,2006b),托伦斯推出一种影响广泛的测量创新性潜能的方法,即众所周知的托伦斯创新思维

第一章　优秀教师出类拔萃的原因何在？程式教学与即兴教学之间的平衡技巧

测试法（TTCT：托伦斯，2008）。此种测试基于吉尔福特的建议，即创新思维的关键组成部分是多元思维，能够为一个开放性问题提供许多解决方案。托伦斯测试形成了几种分数，最重要的三种记分方式是，观念的流畅性，观念产生的全部数量；原创性，产生的观念通常是同年龄学生想象不到的；灵活性，想出的观点可以分为不同的种类。托伦斯也形成了教授创新性的几种课程，目标是帮助学生提高参加 TTCT 测试的分数。比如说未来问题解决的课程（托伦斯，布拉奇，和托伦斯，1976）。

20 世纪 90 年代，英国一群重要的学者群体，开始研究创新型教学与学习。基于一种广泛的社会认知，创新性是人们在现代社会取得成功必不可少的因素（参见克拉夫特，杰弗里，&Leibling，2001 收集的文章）。首先，这些学者强调创新性不仅局限于艺术教育课堂，而且对所有学科都很重要，包括数学和科学。其次，这些学者认为创新教育不仅仅限于天才学生，而且应该培养所有学生的创新潜能。

这些学者研究了教育领域两种特色明显而又关联性较强的创新元素：教师的创新性或称创新型教学；培养学生创新性的学习环境类型或是为了创新而教学。这些研究对解决教师的两难处境与学习的两难处境都很有益处。英国的国家咨询委员会在关于创新与文化教育的报告中对上述两种研究都给予重视（NACCCE，1999；朱伯特，2001）。报告指出，为了创新而教学包括鼓励创新的信念与态度；创新的动机与冒险精神；持之以恒；学科间的认同；培养经验与实验意识。创新型教学包括运用想象力、成型过程、追求过程的原创性与价值判断。

克雷明，伯纳德以及克拉夫特（2006）都将创新性界定为可能的思维，包括七种思维习惯：提出问题，游戏，全神贯注，创新，冒险，想象，找出答案。英国政府的质量与课程当局（2005）发布的一个报告提到了六个相似的思维习惯：质疑与挑战；促成与发现关联；正视现实；探索观念；坚持选择的开放性；观念、行动与结构的批判与反思。

这些著述与英国的思维技能运动以及美国的 21 世纪技能运动密切相关。21 世纪技能包括创新与创造（创新性思维、合作、实施）；批判思维与问题解决能力（推理、系统思维、决策与问题解决）；沟通与合作（21 世纪技能的伙伴关系，2007；特里林和法德尔，2009）。

创新型教学中的固定程序与即兴发挥

本书的这些章节通过提供熟练教师在创新型教学或为创新而教学过程中使用到的一些技术与具体的课堂案例来拓展这项研究。

拓展前人的研究

本书要对现有的这三类研究领域展开探讨。首先，我们探讨教学表演传统，它的研究重心从常规的、有剧本的戏剧转换到即兴发挥的戏剧。我们在转向即兴教学的同时，也在转变着将教师视为独白表演者到师生共同参与即兴教学的观念。其次，我们探讨教师的专业知识传统，阐述教师的知识基础如何形成，计划的编制，常规与教案，每个课堂场景可能使用的常规要求。第三，我们探讨创新型教学传统，为教师与学生在创新的课堂上如何反应提供具体的理论与经验分析。

所有教师都知道，卓越的教学不仅仅是依靠直觉和情感，更多是一种本能的艺术呈现。卓越的教学包括一个几年乃至几十年积累起来的包含规则、计划与固定程式化的知识基础。当然，所有教师都知道卓越教学不仅仅是规则、计划与常规的知识基础，卓越的教学是不仅拥有丰富的专业知识基础，还具备大量的即兴教学——关于如何与何时运用知识的实践经验。我们在了解卓越教学方面还存有差距：在一个预先设定好的课堂，优秀教师如何运用与实施他们原有的知识？换句话说，专业知识的固定结构如何在现实世界的课堂实践中成为即兴发挥的常规部分呢？

即兴发挥与创新型教学

本书的这些章节统整在一起是因为他们相信即兴发挥为创新型教学提供了弥足珍贵的视野。即兴发挥通常被界定为表演（音乐、戏剧或舞蹈），表演者并不依照剧本或乐谱，而是依据表演的需要自发而创造性地使用手中的材料。即兴发挥是在表演者精心安排好的情节或现有框架下作出改变，比如一首歌，一段旋律或剧情梗概。从另一个角度来说，即兴发挥的一些形式，表演者事先并没有预先编排好，在舞台上是完全地创新性表演（索耶，2003）。

第一章 优秀教师出类拔萃的原因何在？程式教学与即兴教学之间的平衡技巧

有一种普遍的错误概念认为即兴发挥意指随心所欲。比如，爵士乐的音乐家演奏一般仅凭直觉与本能，而不需要有意识地分析与理解。这种错觉与教师的表演艺术观并行不悖，我早些时候曾对此做过评述。事实上，爵士乐需要大量训练，练习与专业知识，需要多年积累，而不是新手水平的演奏（伯林纳，1994）。爵士乐需要表演者对复杂的和弦结构有深刻的把握，广泛地熟知大量标准曲目——爵士乐队几十年来演奏的乐章。标准曲目典型地由32首小节流行歌曲组成。每八小节组成一个部分。通常，八小节部分的一或两种曲子是可以重复演奏的，形成此类歌曲形式，比如按照AABA形式演奏的一首歌，既可以在八小节的开头演唱，也可以在八小节的第二或第四位置演唱。标准曲目，就是一张主要曲目的概要，歌曲的简单介绍，只有写作的旋律与和音。

除了这些共同的理解之外，大多数爵士乐的表演者形成了自己的演奏结构。在私人的演练中，他们为大量不同的歌曲形成了插入独奏曲的小过门、旋律主题。然而，选择什么时候使用其中的一个主题，以及如何用原创性的旋律曲子将这些零散部分组织起来，还需要在现场完成。在群体演练中，爵士乐团队通常致力于全体演奏人员的合奏部分，以便整个乐队在独奏曲结束时能够演奏。

即兴发挥提供了一个宝贵的视角，因为舞台与教学的即兴发挥都需要结构与创新的一种平衡技巧。从普遍意义上讲，即兴发挥具有一些人类行为的特征，我们日常生活中遇到的情形，并不完全依赖于书本，也无法预先决定。社会背景下人类行为的研究典型地与社会学科相关，一些学者已经开始探讨人类社会行为即兴发挥的方式（布迪厄，1977；德宏特，德塞都，1984；埃里克森，2004；索耶，2001）。所有这些学者都探讨了指导人类行为的结构与自由创新之间的理论冲突而导致的不可预见性。毕竟，在日常会话中，没有人能够做到完全自由；比如，我们采用与所处环境或交谈者相吻合的方式进行谈话。我们使用成语来表达意义，采用共同的文化视野来阐述微妙的观点。

本书的所有作者都研究了舞台上的音乐、戏剧或舞蹈的即兴表演。每章探讨了舞台即兴表演的一种具体形式——不管是爵士乐、戏剧还是舞蹈，然后，将从这些表演形式中获取的经验教训运用到教学实践中，以促

▶ 创新型教学中的固定程序与即兴发挥

进创新型教学的改进。这些具体的例子为教学是即兴发挥的比喻提供了清晰明确的说明，超越了一些老生常谈的说法，比如"好教师要善于回应学生"，或是"好教师善于倾听"。本书的这些章节通过深入探讨熟练教师如何解决固定程序与即兴发挥之间的冲突而阐明了一些自明之理。

本书采用的爵士乐、戏剧与舞蹈的具体例子为解决前述三类研究传统留下的疑问提供了启示：

- 即兴发挥有助于我们解决教师面临的矛盾：告诉我们教学是一种专业知识，呈现给我们一种新的观念，即专业知识的组成，除了熟练掌握各种技能之外，还应是一种运用专业知识于即兴发挥创新实践中的方式。
- 即兴发挥有助于我们解决学习上面临的矛盾：它涉及学生自身建构知识的即兴发挥，当然需要教师的指导，以便建构取得最大成效。
- 即兴发挥有助于我们解决课程上面临的矛盾：是一种思考课程计划与课程实施之间关系的富有成效的方式。

本书的这些章节，采用了各种关联方式，详尽阐述了即兴发挥的比喻有助于形成创新型教学。从根本上讲，我们的目标就是为了形成一种新的职业教学实践理论。本书正朝向这个目标努力。

教学与舞台即兴发挥的区别

舞台表演与专家教学的即兴发挥的主要相似之处在于两者都具有无法避免的冲突特征。当然，舞台即兴发挥与课堂教学还存在许多差异，本书的一些专家都在探讨以下四种差异中的一种或几种。意识到这些差异，使得即兴发挥比喻对于实践中的教师更有益。

（1）舞台的即兴发挥关注过程与表演瞬间；表演之后没有目标需要达成。相反，教学有预期目标。那就是学生的学习，而且这种目标还要被评估。与此相反，舞台的即兴发挥没有责任引发观众精神状态改变（除了广泛地希望观众高兴之外）。教师作为表演者对学生负有较为清晰明确的责

第一章 优秀教师出类拔萃的原因何在？程式教学与即兴教学之间的平衡技巧

任：他们必须学会要求掌握的东西。舞台的即兴发挥者无须承担此种责任。

这样导致了课堂教学与诸如爵士乐这样的表演文艺作品在固定程序与即兴发挥之间的平衡存在较大差别。此种平衡倾向于更多的固定程序，更少的即兴发挥。

本书的作者认为，太多的课堂教学都过于重视程式与课本。在这些课堂上，三种矛盾的解决是通过挑选一些完全依赖于程式、预见性、标准化与规则的极端例子让所有矛盾都不复存在。同时，本书展示的这些研究还证实了当教师在即兴发挥的实践中表现自如时，学生的学习更有成效。

（2）表演者与观众的关系不同于课堂教学的师生关系。在舞台的即兴发挥中，观众不需要主动参与表演；他们的参与相对消极。然而，几十年的研究已经证明当学生主动参与教学时，学习更有成效，所有经验丰富的教师都能促使学生以某种方式参与。索耶（2004）建议，教师应该将学生视为集体参与即兴表演的合作成员，而不仅仅把他们当作表演者的观众。

这种差异导致了我所声称的学习上面临的矛盾：学生在固定程序下即兴发挥，卓越教学的一个关键点在于教师确切了解，何种教学程序对于课堂学习过程的每一瞬间是合适的。

本书作者表达的一个观点是学生主动参与的课堂，不是仅拘泥于某种形式——给予学生机会即兴参与知识的建构。同时，研究还显示，当课堂的即兴发挥是由教师提供的教学程序精心引导时，学生的课堂的学习变得更为有成效。

（3）教师在组织严密的机构内任职，课堂教学程序通常由行政机构推出并强加给他们。在舞台的即兴发挥中，情形与此相反。剧本是表演者集体共同的即兴产物；表演者对此可以选择接纳或拒绝。皮诺指出，即兴发挥比喻很难与教学的制度性观念相协调：教师被视为半技能化的技术员。

本书的作者倡导一种极端不同的观念：教师是技能丰富的专业创新者。虽然一些制度性限制与结构是必要的，但是我们认为，学校的这些结构发挥着过多的制约作用，妨碍着创造型教学的形成。

（4）学生需要参与课堂，戏剧观众可以选择性地参与表演。这样的结果就导致了权力与权威的根本差异。在一场戏剧表演中，从某种意义上

创新型教学中的固定程序与即兴发挥

讲,表演者和观众身份平等。在即兴发挥的戏剧中,观众喜欢的部分原因在于他们认同表演者。而在课堂教学中,这种情况很少发生,这是因为年龄、身份与专业知识的差异。

本书的作者认为,当师生身份的差异相对模糊时,更容易营造一种,让教师和学生共同建构即兴发挥的课堂教学环境。

除了意识到这些真实差异之外,相似性的探讨有助于教师解决三种教学矛盾:教师面临的矛盾、学校面临的矛盾、课程面临的矛盾。本书的许多章节认为,了解一些爵士乐与戏剧表演中如何运用即兴发挥,有助于教师更有效地开展创新型教学。本书的一些章节展示了爵士乐与戏剧即兴发挥的例子,并仔细辨明那些表演者如何平衡固定程序与自由发挥之间的紧张关系,为实践中的教师总结了经验教训。

许多章节认为教师和学生如果自己学会如何参与戏剧的即兴发挥,那么他们将获益良多。大多数美国的主要城市至少会有一个即兴发挥的表演教练,这些经验丰富的教练在与非专业演员工作时,可以帮助他们形成沟通技能或团队工作技能。因此,一些学区可能考虑将即兴发挥活动整合到教师的未来专业发展之中。

即兴发挥的比喻促成了一种新的专业知识观的出现,教师需要提前熟练掌握知识,为标准问题提供众所周知的答案,以一种特定的方式支撑着即兴发挥实践。创新型教师是有序即兴发挥的专家,能够平衡课程结构与各自的计划与常规,知道需要将即兴运用到哪些结构。他们通过搭建适合学生当前理解水平与知识内容的平台,让学生形成即兴发挥的学习经验。

熟练教师的课堂上,学生能更快更全面地完成学习目标,学生对获取的知识有更深的概念理解,牢记的时间也更长。他们的学习形成了应变性专业知识(布兰斯福德,布朗,和科金,2000)——一种不断增长的能力,将知识转换到新的场合,为学生参与创新活动做好准备。除了获得的书本知识增加之外,如果教师在有序的即兴发挥中能够做到运用自如,那么学生就能够学到更多的书本知识,也就是说他们可以获得被当今世界广泛认可的许多重要思维技能。

第一章　优秀教师出类拔萃的原因何在？程式教学与即兴教学之间的平衡技巧

章节介绍

本书的每一章都探讨了三种教学矛盾中的一种或几种：教师的矛盾，学习的矛盾，课程的矛盾。然而许多章节涉及的不仅是其中一种矛盾，因此依据矛盾的重要性，这些章节又可以分为几大类。本书的结论章节由丽莎·巴克与希尔达·博科统一进行了讨论。

教师面临的矛盾

前面关于教师专业知识的简要概述表明了熟练教师具备更多在课堂使用程式教学的技能，当然，他们也是更为成功的即兴发挥者。这就是教师面临的矛盾：事实上是熟练教师经常在程式教学与即兴发挥之间寻求一种平衡。

史黛西·多特将她从即兴发挥的戏剧演员与导演身上获取的经验用于精心组织教师教育即兴发挥潜能的开发。文章开头她就提到，建构主义的学习需要创设一个环境，为学生提供即兴发挥的机会。在她的文章中，她对广泛地使用于教师职前教育课程的14种常用教材进行了内容分析。她发现，首先，14种教材都倡导建构主义学习理论。如此一来，应该是意味着这些教材会强调学生的即兴发挥。多特发现，即兴发挥实践只在一本教材中被简要提及。基于此项内容分析，多特总结道，这些教材呈现了教学专业知识的授受主义视角，看起来与建构主义学习理论相悖。

派姆·伯纳德撰写的一章探讨了英国政府针对学校采取的一项举措——创新伙伴关系，它开始于2002年。创新伙伴关系的重心是让专业艺术家与艺术教师在学校里配对工作，合作培养艺术教育专业的学生。这是英国政府推出的创新学习教育项目的旗舰项目。2010年，英国政府为此投入2.47亿英镑作为经费，2009~2011年期间，还追加预算1亿英镑。伯纳德的文中证实了教师矛盾如何通过合作教学实践得到解决的，即教师与艺术家在学校里的伙伴工作。其中的一个发现就是在合作平台，教师的教学实践更多注意程式运用的结果，而他们的艺术家伙伴却更多关注即兴发挥的结果。

凯莉撰写的一章分析了纽约市称之为发展教师伙伴关系项目（DTEP）的教师专业发展项目，DTEP是基于维果茨基的框架，强调日常生活的表演，重视发展性学习抑或是学习与发展密不可分的理念，教师参与DTEP项目的其中一个活动就是即兴发挥的戏剧，罗伯曼通过引用参与该项目学习的教师访谈者的话语，来证实他们的教学理念在参与这些活动之后如何变得更善于应急及富有参与性，即兴发挥也成为这些活动的参与形式。

罗纳德与詹姆斯的文章关注了教师所面临的挑战，他们虽然极为重视创新，但也指出应该注意课堂纪律或避免课程的混乱。他们首先指出所有课程，不管如何被组织，需要由特定的教师在特定的课堂实施，而且这种实施还总是能够为创新性的专业实践留有发挥余地。他们将教师的专业知识视为一种有序的即兴发挥：即创新需要由事先计划规范引导。他们建议教师制定课程计划时，应该考虑哪些部分可以变化，哪些部分不能改变。这样，所有教师面临的挑战将逐步得到缓解。

学习中面临的矛盾

建构主义在教育领域几十年来的研究证实，只有当学习者的发现与探索是由教师运用教学程序组织起来的平台引导时，最有效的学习才会出现。学习中面临的矛盾是：经常面临确认的难题——即平台的适切程度与类型——以便学习者知识建构的创新过程最有成效。

在1982年的一篇文章中，弗雷德里克首次分析了学生课堂对话作为即兴发挥的一种形式。在他撰写的一章中，他展示了几种学生对话的文本资料，来探讨学习矛盾的四种情形——教师运用何种程度教学程序来促成学生参与最有成效的即兴对话时面临的平衡难题。这些例子证实了（1）默会交流的重要作用，教师通过隐含的声调、节奏与语言提供程序引导；（2）如果教师能有效利用可教瞬间，那就是即兴发挥起到了重要作用；（3）学生采用基于课堂程序的即兴发挥方式，来实现他们各自的目标。这种方式最终是为了培养学生的学习能力；（4）教师以即兴发挥的形式组织

第一章 优秀教师出类拔萃的原因何在？程式教学与即兴教学之间的平衡技巧

引导探索性科学学习。

本书有两章分析了语言学习者即兴发挥的运用。杰根讲述了他在德国，即英语作为第二语言的课堂上运用指导性即兴发挥的情形。他提供了学生在英语课上即兴发挥的几个例子的资料，这种即兴发挥是依据两种不同的适合他们技能水平的指导性程序。他的第一种程序更为详细，也有更多制约性，因此，也提供更多支持；而第二个指导性程序更为开放，因而，适合水平更高的学生。他结合不同背景，在当前的研究与理论框架下，对外语教学进行研究，表明了即兴发挥活动能满足当前最好的思维与研究需要，即如何设计有效的外语学习环境。

安东尼·派隆的文中分析了芝加哥成人移民英语学习者运用即兴发挥的游戏。他自己作为一名即兴发挥的演员，在文章开始描述了即兴发挥的原则，让别人了解他与学生运用即兴发挥的一些活动。他指出外语学习中书本资料的重要性，阐述了他的练习如何为学习者提供机会参与到真实而创造性地使用英语的场景中去。当然，这一切还有赖于即兴发挥游戏提供的指导性程序。他的文章还描述了他运用的六种不同的游戏，证实了不同水平的程序如何帮助教师解决即兴发挥规则与正式的外语学习环境之间的三种冲突，也是关乎学习矛盾的冲突。

杰尼斯·芙妮尔的文章探讨了舞蹈编排中的即兴发挥比喻。她描述了当代舞蹈编排如何典型地与舞蹈者合作来编排新的舞蹈。她将这种促进作用与教师设计教学经验做比较。芙妮尔认为，无论舞蹈公司还是课堂，都是一种学习团体，教师与编舞者的作用就是指导群体学习，为他们提供合适的结构感知新事物。在她的舞蹈编排研究中，她已确认运用观点产生，研究材料，深化理解三种即兴发挥形式，将工作带入到表演生活。通过类比，她将三种即兴发挥方式运用到学习日记，一种在创新性的建构主义课堂可见的现象。

课程面临的矛盾

设计教学总是有一个预期的学习目标。"课程"这个术语代表着设计好的结构，以确保学习者达到学习目标——不管是课本，学习目标的清

创新型教学中的固定程序与即兴发挥

单,还是课程计划。创新型教学需要制定合适的课程计划,以便指导学生以最佳方式学习,当然,还要为创新性的即兴发挥预留空间。

安婷·萨西在文章中问道:哪一种学习环境最有可能促进学习理解?她认为,程式教学——针对教师的具体指导,一字一句地言语提示,具体的教学决策,经常更为有效地促进学习理解。她详细探讨了波士顿公立学校阅读理解课程《意义建构》的具体实施。萨西将此作为较为广泛的程式教学的一个例子,所有人都成功的项目(SEA)亦是如此,无论如何要为学生及时创设问题情境、小组学习、对话。萨西证实,即使是在一个高度程式的教学的情形下,学习仍然可以通过有序的即兴发挥形式展开。

苏珊与劳拉认为科学教育的目标是帮助学生掌握中心问题以及进行科学的学科练习。他们利用从初等实验学校两堂课上收集到的可测数据,展示了教师参与围绕课程目标精心组织课程的两种情形,这些课程围绕国家与地方标准制定了科学教学的课程目标。他们证实哪些课程目标的实施相当灵活,教师需要在哪些课程结构的框架下即兴发挥。科学教师面临的矛盾是给予孩子创新性表达的机会,探讨他们头脑中各自呈现的观点,提供指导性结构,引导学生开展适当的学科实践与科学理解。

林登与托尔的文章认为重构数学教学作为一种即兴发挥与集体参与的数学理解形式的观念。他们提供两类课堂的资料,一类是加拿大的小学生,另一类是英国的高中生。两类资料证实了学生的数学理解力通过集体的即兴发挥,逐渐呈现与表露出来。他们文章的结论建议是教师如何为指导学习者即兴发挥提供合适的教学大纲。

结 论

在当今的知识型社会,学校需要以这样一种方式传授知识,即为学生创新性地运用知识做好准备;他们也需要传递给学生思维技能,21世纪需要的技能。如此一来,教学就需要有序的即兴发挥。同时,学校是拥有许多固定程序与限制的复杂组织,这些程序具有重要的功能,不能简单地被抛弃。固定程序与即兴发挥之间的冲突不可避免——这也是知识时代学校教育机构面临的根本性问题。

第一章 优秀教师出类拔萃的原因何在？程式教学与即兴教学之间的平衡技巧

有效的创新型学习包括教师与学生共同的即兴发挥，在教师与课程提供的程序引导下密切合作。但是研究者还发现，孩子们需要学会如何参与有效的合作性讨论（如亚美迪，1996）。艺术教育就是这样一个能够有所作为的领域——因为艺术教育者一直以来强调合作与创新的重要性。表演艺术基本上是一种全体人员参与的艺术形式。音乐教育者逐渐意识到在课堂上运用音乐合作的重要性（索耶，2006c）。戏剧的即兴发挥为学生提供一种独一无二的宝贵机会学会如何参与合作型学习。

许多学校已经将他们的课程转换为强调创新型教学。然而，这些转换经常是在最富有的国家与学区发生，可能导致知识社会将会由那些享有特权的孩子们来把持。在美国许多大型城市学区，学校已经采取了相反的策略——倾向于采用那些由教师证实了的程式教学，防止即兴发挥。这样，教师就无须平衡两者关系，付出的代价是即兴发挥、创新性的合作学习的消失。学习科学研究者证实，这也是一种促进当今知识社会更有效学习的方式。如果我们在所有学校通过系统地实施创新教学与学习，开发世界上所有人的创新潜能，我们收获的益处可想而知。

第二章

专业的即兴发挥与教师教育：开启对话

史黛西·多特

在本章，我认为，教师作为教育工作者应该帮助学生了解，教学本来就具有即兴发挥的特性。我提议将此作为教学改革的一部分，我相信，教学上需要此种转变。我们需要重新将我们的职业界定为一种即兴发挥的职业。我的意思是我们应该将教学与其他具有即兴发挥特性的职业做个比较，比如无剧本的戏剧或爵士乐。这些职业需要人们有意识地形成即兴发挥的专业知识，教师只有具备了大量知识才能做到自由发挥。本章运用了即兴发挥的比喻来探讨教师专长的研究传统（索耶在前言中曾有总结），发现熟练教师掌握了大量书本、计划与常规的知识技能，同时，在适当有序的即兴发挥实践中逐渐成为专家。教师专业知识观的重建将成为支持即兴教学的重要举措，即兴教学亦是满足我们社会在21世纪要求的一种教学。

那些包含即兴发挥的优质教学，很明显地要求教师有一些课堂经验。但是，即兴发挥很少明确地成为教学对话的一部分，因为我们没有讨论太多的即兴发挥，我们限制了为完美的即兴发挥增加知识与才能的专业能力。不像其他即兴发挥职业，我们没有精心构建出一个什么是完美的即兴发挥的共同理念，我们也不知道教师如何学会即兴发挥，或者教师作为教育工作者在促进这种学习上能做些什么。正如本章稍后我要解释的那样，许多学者相信，即兴发挥在未来的知识型社会的教学中将发挥越来越重要的作用。

本章重点关注教师教育，因为这些项目是教学对话的重要组成部分；这也是我们传递给下一代教师的观点，即我们希望教学应该如何实施的一种方式。我认为重建教学作为即兴发挥活动的观念存有两个障碍。首先，

第二章 专业的即兴发挥与教师教育：开启对话

我发现，只有少数教师教育者系统地思考过教学中即兴发挥的作用，或是将它作为学生的学习目标加以重用。其次，我认为由于某种根深蒂固的文化传统对教学观念的影响，教师教育专业的学生不会自发地想到教学应该即兴发挥，这一点我在文中也曾提及。为了克服这两个障碍，我描述了教师教育如何轻松地运用熟悉的方法来帮助未来教师了解教学的即兴发挥特性。

本章伊始，我就阐明了教学的即兴发挥观点对于21世纪教育要求的重要性。然后，还讨论了如果我们认为教学不仅具有即兴发挥的特性，而且还是一种专业的即兴发挥活动，那么从中能获得的益处是什么？接下来，我以教科书的内容分析法为例探讨了教师教育对话中，即兴发挥如何型构；此种内容分析法不仅有助于我们了解为什么教学的即兴发挥形式在新入职的教师身上较少见，而在那些课堂经验丰富的教师身上则很普遍。本章的最后一部分，我建议教师教育者运用策略帮助师范生进行有效而专业的思考，教师的即兴发挥该做些什么？纵观全章，我从建构主义的教学观着手，即教学必须即兴发挥，因为有效的教学需要教师提供即兴发挥的平台促进学生思考。

本章谈到了本书探讨的一个重要问题，即兴发挥对于我们理解的教师专长意味着什么？我与本书的其他作者都赞同一种新的教师专长观，那就是，教师专长应该包括即兴发挥。然而，我所关心的问题是教师专长不仅应该引起学者的注意，而且还需要引起职前培训教师的重视。我探讨了将教学视为专业的即兴发挥的一种形式与以计划为中心的教学观之间的冲突，教师教育专业的学生经常将此种观念带到他们的课程中，并使这些课程的计划性得到强化。我建议通过转变职前教师的观念来解决此类冲突，从合乎需要的程式教学转变为合乎需要的即兴发挥教学。

此外，本章还涉及了本书探讨的第二个问题：教学与其他形式的专业即兴发挥的关系如何？与许多作者一样，我运用了即兴发挥比喻来分析教师的专长。正如索耶指出的那样，这个比喻有些局限性，因为教学环境与教学目标在一些重要的方面不同于那些艺术表演。在本章我表述的观点是教学应当与爵士乐、戏剧的即兴发挥一样，具有一些共同的重要特征，即为了实现职业预期目标，需要教师明确地掌握与有意识地学会如何成功地即兴发挥的大量知识，尽管目前还不是这样。这就是教学矛盾：知识结构与即兴发挥之间的平衡常态。我希望本章与本书能够为即兴教学形成明确的专业知识起到添砖加瓦的作用。

即兴发挥的教学与知识社会

20世纪70年代初，学者认为美国开始步入"知识社会"时代（贝瑞特，2002；哈格里夫斯，2003；索耶，2006a）。因为我们的经济、文化、生活越来越依赖于我们生产与管理新知识的能力。教育研究者关于知识社会的著述指出，我们当前的许多学校教育的教学实践是为了应对19世纪末及20世纪初工业经济的需求，那时重视书本知识与机械程序的获得（布兰斯福德，布朗，和科金，2003；罗格夫等人，2003；索耶，2006a）。然而现在，知识社会对于学校教育的要求已不同于工业社会。为年轻人进入知识社会做准备，我们需要的不仅是形成学生的知识基础（贝瑞特，2002；布兰斯福德，布朗，和科金，2003；哈格里夫斯，2003；索耶，2006a）。对于今天的年轻人来说，批判而能变通的思考能力有助于他们发现解决问题的新方法，而且这些能力已证明要比运用固定程序或信息回忆的能力重要得多。良好的批判思维与日益重要的创新及创造思维一起，依赖于概念知识的深化，而不是限于机械的记忆或事实的基本理解。如今学校的研究生也需要富有成效的合作能力，如工作团队与复杂的合作企业成为知识行业的固定形式。（索耶，2006a）为了满足知识社会的要求，学校里的教学时间应不仅限于向学生传递信息，而是要在教师的指导下，创造机会促进学生自身复杂思维的形成（布兰斯福德，布朗，和科金，2003；罗格夫等人，2003；索耶，2006a）。此外，学生需要积累经验参与合作学习。从这些方面来讲，知识社会的学校教育毋庸置疑需要依赖于教学的建构主义理念。

近十年来，研究学习的学者们已经达成了一种共识，建构主义对于理解人们如何学习十分重要，尤其是对了解人们如何深入学习概念性知识更为重要（布兰斯福德，布朗，和科金，2003；索耶2006b；西格勒，1998）。建构主义学习理论认为学习是个人建构新知识的过程，依据经验

第二章 专业的即兴发挥与教师教育：开启对话

整合他们已有知识，深化目前的理解力。同时，建构主义理论是一种学习过程的描述性理论，因而没有为教学提供现存答案，为了实现教学过程的最优化，我们还需要就如何利用建构主义理解的学习优势进行大量的学术探讨。不同知识领域的具体建议不同，但还是有一些共同特征作为建构主义的标志呈现出来（理查德森，2003；温德斯切尔特，2002）。首先，建构主义引导下的教学背后的核心理念是学生应该面临这样的教学情景：挑战已有的概念，整合它们，以形成更为复杂的知识概念。教师的作用就是设计教学场景以及开展教学活动，启动这个过程，根据需要调整教学活动，促使学生以更为有效的方式思考。为了顺利达到这一目标，教师需要许多机会探明学生如何思考，思考什么？这样就意味着教学实践应该包含大量的师生互动。建构主义的教学还包含对小组工作的重视，也是一种责任承担，这既来源于皮亚杰的观察，学生的学习彼此促进，也包含着维果茨基对学生参与合作的意义建构过程的理解（温德斯切尔特，2002）。此外，建构主义导向的教学强调教师应该支持学生通过发展认知能力与评估能力，把握自己的学习。

即兴发挥在建构主义导向的教学中以多种形式存在。互动的教学方式使得课程天然地不可预测，因为不可能事先准确地知晓学生会对课程产生什么影响。这取决于他们如何将课程的新知识与已有的旧知识联系起来。另外，当学生有机会互动时，也无法预测他们会对彼此的行为做出何种回应或者思维作为群体互动的一种产物如何产生。建构主义的课堂上，必须对学生不断发展的理解力给予回应，教师应该在仔细观察与学生思维展开对话之后，及时地做出教学决策。

为了阐明即兴发挥在建构主义教学中的作用，我们可以考虑一下（西蒙 1995）描述的数学教学循环。尽管西蒙是在数学课堂的背景下观察这个教学循环，但他描述的此种教学过程的基本特征在其他学科的建构主义教学中也存在。教学循环首先以教师提供一个假设的学习轨迹——称之假设是因为教师无法预先知道学生的实际学习轨迹是什么？基于这种假设，教师为课程设置学习目标，选择设计活动来完成这些学习目标。然后，当教师在课堂上与学生互动并观察学生时，两件事情（选择学习目标与设计活动）就会自然而然地连续发生。

创新型教学中的固定程序与即兴发挥

教师与学生一起通过对话，共同建构日常数学概念的经验（西蒙，1995）。同时，教师观察互动情形，评价学生的想法。基于这些评价，教师调整着假设学习的轨迹，当然还需要学习目标与信息活动的临时调整。因此，教学循环配合着教师的能力即兴发挥：教师必须回应学生不断发展的想法，经常需要临时决策与灵活教学，而不是严格遵循先前制定的计划。

在西蒙的模式中，学生与教师都在即兴发挥，为了形成新的更为复杂的思维方式，学生需要机会来发现他们现有理解力存在的局限，主动学习不熟悉的概念，发现与探索新想法产生的可能。学习本来就是一种创新表演，可解释为学习者建构新的理解力的即兴发挥（索耶，2003）。教师在此过程中的作用是建构与维持课堂环境，允许学生尽可能地参与最有活力的即兴智力活动。这不仅是为学生提供即兴建构新理解力的活动，也是在课堂上确立某种社会与智力规范的一件事情。比如，学生在进行智力探险与犯错的时候，应该使其体会到安全与支持（罗伯曼和林奎斯特，2007）

索耶（2004）强调即兴发挥教学极其珍贵，因为它允许知识的共同建构。新的教学中的建构主义已受到社会文化心理学家观点的影响，强调学习是一个社会过程，依赖于学习者与他人（可以是学习者或可能是教师；图哲和罗格夫，1989）的观念互动。照此理解，教学的目的应该不仅是个别学生的个别思考，而应该是学生与同学或老师参与的概念交流。通过合作性对话，学生集体形成更为稳固的理解力。课程的顺利实施需要共同决定，可能是由教师以一种策略性的方式加以引导，但同时也需要教师与学生之间以及学生彼此之间传授与获取互动的产生。教师将教学视为即兴发挥的活动非常重要，这样他们就不会对课程实施控制太严，有助于共同建构过程取得成功（索耶，2004）。

即兴发挥的教学强调知识的产生而不是知识的获取。比如，凯莉，布朗与克劳福德（2000）认为即兴发挥的教学在科学教育中至关重要，因为学生需要体会到科学是一种过程，而不是一种结果。即兴教学的方式，比如问题导向的科学就认为科学是一种互动完成的活动，这主要是源于科学家们不断进行的合作性活动。科学课堂上提供的传统科学观认为，科学是通过接受一套静态事实来获得的（凯莉，布朗，和克劳福德，2000）。这样相同的观念在其他学科也存在。近十年来，教育界的学者一直在强调当代学习教育的重要性，帮助学生理解一些学科，比如数学、历史是人类知识生产过程的动态产物（布兰斯福德，布朗，和科金，2003；罗伯曼和林奎斯特，2007）。教师教授这些科目时，应该采用开放性目标的即兴发挥形式，比如问题导向的学习，能够帮助学生更为了解学科知识产生的这个过程，然后开始将自己视为参与者，加入到这个过程（斯卡德玛丽亚和贝瑞特，2006）。

在描述建构主义导向的教学时，教师的灵活性与回应性文章出现的频率较高。事实上，较为常见的是将教学的即兴发挥元素用这些术语进行讨论，而很少有人将教学与即兴发挥这个词语联系起来。

尽管有许多理由可以说明，将即兴教学视为即兴发挥，而不是运用较为常见的术语，像灵活性与回应性，对我们来说很重要。第一，索耶（2004）指出，谈到作为即兴发挥的教学，允许我们将它与照本宣科的教学直接进行比较——这种方式存在的问题是因为它关注知识的获取，而不太关注知识的产生，因为照本宣科的教学不允许教学源于学生的智力活动。第二，从即兴发挥的角度考虑教学，不仅能够帮助教师思考回应性与灵活性，而且还能顺利地促进学生的即兴发挥与师生间有效的合作。第三，即兴发挥的教学可能使教师教育更富有成效，只是简单地要求教师需要灵活性与回应性，并不能保证课堂教学的有效实施。专业的即兴发挥是一种珍贵的模式，因为爵士乐与戏剧中的即兴发挥者都要切实地学会如何能够做到具有灵活性与回应性。第四，将即兴发挥的观念运用于教学可以帮助我们将教师视为创新的、博学的、自主的专业者（索耶，2004），而不是以实施别人已准备好的教学程序为主的技术员。此种观点已困扰该职业差不多一个世纪（罗格夫等人，2003）。

作为专业即兴发挥的即兴教学

基于前面已经阐述理由，我们开始密切关注教学的即兴发挥特性，这点非常重要。然而，只是意识到教学的即兴发挥特性还远远不够。从建构主义学习理论与知识社会的教育要求来看，即兴发挥不是教学中的偶然

创新型教学中的固定程序与即兴发挥

现象，而是核心特征，因此，我们需要集中精力来关注它。我们需要将自己视为专业人士，而不是偶然的即兴发挥者。

如果我们开始将自己视为专业的即兴发挥者，那么我们就可能从教学职业中获得诸多益处。首先，将我们自己视为专业的即兴发挥者，就会产生一种需要我们认真进行即兴发挥的紧迫要求，关注我们的成功与失败，如何运用策略将即兴发挥进行得更好。其次，将教学视为即兴发挥的职业将有助于大量专业知识的形成，以支撑我们的即兴发挥。已有的即兴发挥团体，比如爵士乐与无剧本的表演，他们有精心安排的组织以及什么是出色的即兴发挥的共同理念，而这些可以为新手提供清晰的学习目标，另外，他们还有帮助他们达到目标的技巧。

比如，在戏剧的即兴发挥世界（我自身的背景），成功的即兴发挥不仅是没有台词的快速表演，即兴发挥的演员有一套具体的标准来评价表演是否成功，这些标准有以下几点。

- 表演应该充分合作，而不是仅靠个别人来推动，在舞台上，演员们不应该忽视相互间的表演或让其相互冲突，这种现象称之为卡壳或断线。
- 平台或剧情元素，比如场景、角色与冲突，在表演过程中应该清晰可辨，剧情表演应该稳步推进，意指新的信息与事件应该在每一轮对话中增添进去。
- 尽管大多数即兴表演都十分有趣，幽默不应该源于取笑或单人表演，而是精心准备的场景下精心准备的角色互动。
- 不管剧情发展如何令人发指，舞台表演必须真实可信，意味着观众应该能够将场景与人物联系起来。

正如列出的建议那样，成功的即兴发挥的完备资料应该包含一套词汇，为讨论成功原因（失败因素）提供便捷。然后，这些资料就转换成新入职者的学习目标，比如，即兴发挥演员学习的"是的，而且"规则，这些在每一轮表演中都会用到的规则，表演者应该接受上一轮表演中已经确立下来的规则，然后补充点儿什么。"是的与而且"规则有助于即兴表演演员合作表演推动剧情发展，避免失误产生，比如说卡壳或断线。即兴表

第二章 专业的即兴发挥与教师教育：开启对话

演的团体有几套这样的即兴表演规则，所有新演员都要学会遵守这些规则，这些表演大纲反映了团体积累起来的智慧，怎样才能获得观众的认可。大纲具有可教性，可以帮助新手从一开始就形成一些表演需要的策略与技能。

没有人指望新手演员立马就能擅长即兴表演，这需要时间和实践——尤其需要训练来获得专业知识（专家即兴表演者所依赖的）。由于已有六十年传统，即兴表演团体已形成了许多教授即兴表演的方法，不仅如此，还有伟大的即兴表演教师（如史宝林，1983；约翰斯通，1987），他们与伟大的表演家一样都值得人们尊敬。教授即兴表演的书籍十分丰富，最优秀的即兴表演教师从广为认同的练习与策略中吸取经验。这些练习揭示了即兴表演团体的知识教学之道，使得即兴表演教师更容易促进学生学习（类似的知识可以在爵士乐社团找到；参见伯林纳，1994）。

教师职业同样需要大量知识，包括精心构建的有关良好的即兴教学的观念、一套共同的词汇、新手教师的学习目标、培养即兴发挥能力的有关技巧。推动这些目标的一种方式就是挖掘其他即兴发挥团体的智慧，一些学者已经开始了此项工作。唐莫耶（1983）运用维奥拉的戏剧即兴表演的经典手稿来分析问题导向型教学的成功案例，比如唐莫耶从课堂的注意力集中（史宝林，1983）来理解教师设计的各种问题导向的活动，不断为学生提供机会，允许他们通过智力的即兴发挥，强化一套重要的认知技能。唐莫耶的研究表明：拥有一整套与即兴发挥相关的概念如何有用，可以利用这些概念检查教学活动。索耶（2004）将教学视为有序的即兴发挥，指出戏剧的即兴表演不是简单地随心所欲，而是包含了固定程序与开放性目的的一种策略性平衡。即兴表演的演员运用游戏与其他框架作为平台来进行成功的即兴表演，这样的程序为正在进行的即兴表演提供了参照，将需要即兴发挥的数量减少到一个可控的范围，形成一个连贯的表演。索耶建议有相同想法的教师依据需要设计课堂活动。活动允许学生有足够空间建构各自的知识，同时为建构过程提供平台支持。索耶指出，一项源于戏剧即兴表演的观察——即兴表演既包含纪律，也包含自由，有助于我们超越一些简单的论断，即仅从课堂是否具有即兴发挥特性的角度来探讨。

我们也可以用较为复杂的问题加以取代，比如何种教学程序适用于何

▶ 创新型教学中的固定程序与即兴发挥

种背景与科目？教师如何学会在固定程式下有效地即兴发挥？还包括那些课程附加的问题（索耶，2004）。索耶（2004）还指出，戏剧即兴表演者使用的一些技巧对于教师培训非常有用。目前还有一些努力尚在落实之中。芝加哥具有传奇色彩的第二城市戏剧团为教师们创造性教学的即兴发挥提供了一系列研讨会（Http：//www.secondcity.com）。纽约市东部研究所的"发展教师伙伴关系"项目给教育者传授教学包含的即兴发挥技能，还有用于课堂学习活动的即兴发挥活动。DTFP项目显示帮助教师更善于与学生合作，成为娴熟的环境构造者———一种源于戏剧的即兴表演与维果茨基的最近发展区理念的类似观点（罗伯曼，2007）。

索耶、唐莫耶与罗伯曼的研究证实了在戏剧社团关注即兴发挥知识的价值（还有一些有趣的启示来自于舞蹈的即兴表演；参见本书芙妮尔所撰的章）。然而，从其他即兴发挥职业获得的智慧不应是我们唯一的策略。正如索耶（2004）所言，K-12学校的教学要求与艺术表演中的创造性要求极为不同。学校教育的标准更高：即兴发挥的失败将对孩子的学习产生极其严重的后果。如果我们要提高教学职业的即兴发挥能力，就需要形成一整套观念与词汇，以及适用于教学的教学技术。实际上，这就是当前大多数学术研究关于即兴发挥教学可能产生的结果。同时，我们还需要同样努力为此类学术研究招来一批观众，将即兴发挥会话拓展到教育者身边的其他人。我们需要采取步骤帮助教师了解为何此类研究很重要，为何理解教学的即兴发挥很重要，为何我们必须努力做到成功地即兴发挥。

教师教育中的即兴发挥教学：信息的评价

为了了解即兴发挥在教师教育中如何建构对话，我翻阅了大量的教师教育的教材。教材集中体现了教师教育中论述的各种主题，教材只要被采用，就必须展示教师教育者认为重要的观点及理念。我分析了十四种常用教科书，以探明每本教材如何处理教师即兴发挥这个问题（见表2-1）。教材的挑选是通过查阅美国教育教材主要出版社线上目录的方式来进行的（圣智、霍顿米夫林、麦格劳·希尔、皮尔逊/阿林和培根、皮尔逊/美林、普伦蒂斯-霍尔、赛奇）。所有常用教材（不限于特定年级或只是领域水平)都收集在手,在研究期间,只有圣智出版社的一本教材没有收集到。这些教材偏重于介绍教学的某一方面,有些内容,比如,课堂管理,就没有包含进去。

表 2-1　用于内容分析的十四种常用教材

	作　者	年　份	题　目	出版社
1	阿连兹	2009	学会教学	麦格劳·希尔
2	布里奇	2007	有效教学的方法:研究导向的实践	皮尔逊/美林
3	伯顿,博德	2007	有效教学的方法:促进学生理解力的提升	皮尔逊/阿林和培根
4	克鲁克尚克,詹金斯	2009	教学行为	麦格劳·希尔
5	易贝,赫雷尔·乔丹	2006	K-12学校的教学:反思的行动方式	皮尔逊/美林
6	弗莱堡和德里斯科尔	2005	常用教学策略	皮尔逊/阿林和培根
7	古德,布罗菲	2008	课堂观察	皮尔逊/阿林和培根
8	雅各布森,埃根	2009	教学方法:促进K-12学生的课堂教学	阿林和培根
9	考查克,埃根	2006	教与学:研究导向	阿林和培根
10	朗·埃文斯	2006	有效教学的模式、策略与方法	皮尔逊/阿林和培根
11	莫尔	2009	有效教学的策略:从理论到实践	赛奇
12	奥利奇,哈德	2004	教学策略:有效教学指南	霍顿·米夫林
13	奥恩斯坦	2004	有效教学的策略	麦格劳·希尔
14	温德伯格,洛维尔	2003	有效教学的实践标准	阿林和培根

我查阅过的教材以多种形式看待建构主义(如雅各布森、埃根,和考查克,2009;考查克和埃根,2006;奥恩斯坦和拉斯利,2004)。一些人直接以早些时期课本上出现的建构主义学习理论作为参考,运用它引导全书的讨论。另外一些人只是临时提了一下建构主义,以便它与其他常用的术语或观点相联系。比如,易贝、赫雷尔,还有乔丹(2006)将建构主义与反思性行动(他们书中的中心议题)联系起来,指出建构主义是一种适合每个学生认知过程的教学,这也是他们界定的反思性行动的其中一个目

创新型教学中的固定程序与即兴发挥

的。还有一些人（如朗和埃文斯，2006）将建构主义描述为教学策略的收集，而不是了解所有教学情形的人类学习理论（参见戴维斯和苏马拉，2003年讨论这种常见的建构主义的误解）。即便在教材中，也不会将建构主义作为学习指导理论，建构主义研究中出现的许多建议细致周全，比如教学需要学生主动思考，新知联系旧知，为师生互动创造机会。然而，较为合理的做法就是期望这些教材将教师的即兴发挥作为教学的必需特征，在教学实践中体现出来。

奇怪的是，只有一本教材，奥恩斯坦与拉斯利（2004）提到了即兴发挥这个词语作为教师表演的参考。在熟练教师与新手教师差异性的讨论中，他们引用了博尔科与利文斯顿（1989，如下所述）的话语，奥恩斯坦与拉斯利解释道：

> 熟练教师参与了大量直觉的即兴教学，他们开始编制一个简单的计划或大纲，然后随着教学过程的展开而补充细节。新手教师花更多时间制订计划，紧扣书本内容，很少偏离，或者是课程展开时，也较少回应学生的需求与兴趣（2004）。

这一部分继续补充讨论熟练与新手教师的其他差异，没有进一步涉及教师的即兴发挥。另一本教材中，弗莱堡与德里斯科尔（2005）也有一部分谈到了运用戏剧的即兴表演作为一种教学技术，但没有提及也没有建议即兴发挥应该成为日常教学过程不可分割的一部分。事实上，这一部分的作用只是让人记住即兴发挥不是教学的常态，而是仅用于某种场合的一种特定技巧。

然后，我探讨了这些教材出现即兴发挥的可能缘由，即使他们没有使用这个术语。所有教材至少都赞同一些观念，比如教师的灵活性、回应性以及计划的临时调整。但是缺少对此类问题的持续讨论，只是强调具体的课程计划以及教学简介，而且没有突出即兴发挥的因素。意味着初入此行的读者不可能了解教学必须而且经常即兴发挥。

比如，在奥恩斯坦与拉斯利（2004）所编教材的597页，仅有四小段话间接提到教学的即兴发挥特性。

第二章　专业的即兴发挥与教师教育：开启对话

- 早些时候的研究表明熟练教师更加擅长即兴发挥。
- 143 页的一个参考文献，作为讨论的一部分，即为什么一些经验丰富的教师不使用教学目标，埃利奥特宣称教学的许多内容不能事先计划好。
- 关于灵活性的一段在 186 页，这一部分是关于课程实施的大纲，文中，作者解释道，教师必须灵活——也就是说，以不同于计划设定的方式准备组织一堂课。学生的反应使得教师有必要在计划中精心组织一些活动，或是努力应对课程实施过程中出现的突发状况。
- 文中关于教学策略的一部分谈到提问的技巧，暗指——而不是直接表明——教师需要参与现场决策，为了应对学生无法预料的突发行为，在课堂讨论中促进学生的思维。

与这四句简短的话语相反的情况是该教材用了 100 页来描述教学如何计划，50 页讨论教学策略。我查阅的其他教材也同样强调计划与教学策略。我们期望与教师即兴发挥相关的主题，比如，注意学生的个别需求，为学生提供不同层次的学习，考虑学生的多样化背景，倾向于建议课程应该怎样计划，而且此种建议很少包含即兴发挥的教学计划。所有这些教材至少都提到了教学计划应该经常临时调整，但缺少对课前准备与课程中的决策需要的传授与获取关系的持续讨论。确切地说，我并不反对强调计划——教师计划也是成功的关键，但事实就是教材同时很少讨论课程中的计划如何修改，或者是人们如何为即兴发挥制订计划，了解在给学生教学前，如果要认真编制课程计划，什么因素最为重要，即便可能是课本。

所有十四种教材都采用了个案研究与课堂教学简介来阐明重要的概念。但是，书中呈现的简介与个案研究很少证实教学的即兴发挥特性。大致上讲，这些例子详细地描述了课堂发生的事项，而没有让我们了解教师的瞬间思维。这样就让人觉得，重要的教师决策已成为过去式，在编制课程计划时就已做出。如此描述也让人觉得，教师只是课程方向的塑造者，因为几乎从来没有人对合作性课堂对话的课程实施情况进行明确说明。

这些教材没有让入职培训的教师明白教学的即兴发挥特性。我们都明白，入职培训的教师并没带着教学的即兴发挥信念来开始教师教育课程。大多数入职培训的教师持有教学传递者的观点，即教学被视为没有问题存在的信息传递，将教师头脑中的信息传递到学生脑中即可，主要是将信息告知给学生（帕特里克和宾特里奇，2001；理查德森，1996；维登，梅耶-史密斯，和穆恩，1998；伍尔福克-霍伊和莫菲，2001）。这种传递模式与西方学校教育的传统密切相关，而且已经证实是我们义化中占主导地位的民间教学方式，或者是教学的固有模式（奥尔森和布鲁纳，1996；罗格夫，2003，托夫，1999）。在关于此项问题研究的一个有趣例子中，韦伯和米切尔要求孩子们、新入职教师以及熟练教师画一张教师的图片。他们收到的图片是最为传统的那种：一位妇女站在黑板或课桌前，手指着或讲述着。韦伯总结道，这种传统形象不仅广泛存在于新入职教师之中，而且还存在于我们文化中的大多数人身上。2008年，为了探明此种形象是否继续存在，我将韦伯的任务重新布置给我的学生，要求他们画出教学过程中的学校教师形象。我得到了几乎同样的结果：几乎每张图片都是教师站在讲台前，通过话语提供信息或是手指着黑板。即便有画到学生的，也只是画出学生消极地坐在那儿，秩序井然，眼睛盯着教师。

这个实验揭示了教学的主导形象，教师教育专业的学生将其带到课堂教学。这是一种有问题的形象，因为它揭露出教师作为智力权威的绝对地位，而且将教师的作用理解为学习信息源。与此同时，在教学过程中，学生在智力活动中的作用表现得并不明显。实际上，这种传递者观点已经表明与建构主义的教学原则相互冲突。当教学仅被当作是教师向学生传递知识的事情时，就没有必要关注一堂课需要学生具备何种思维——然而这却是建构主义视角下课程设计需要考虑的关键因素（安德森，2001；布莱恩，2003；霍尔特-雷诺兹，2000；温德斯切尔特，2002）。传递者视角的主要考虑是呈现何种知识，如何呈现以及用何种秩序呈现（布莱恩，2003；罗巴多，克拉克，和埃利斯，2005；斯特劳斯，2001）。在传递模式下，描绘一名教师站在讲台前面对一群沉默的学生还可以理解，然而，在建构主义引导的教学模式下，这样描绘一位教师就没有什么意义。从建构主义的视角来看，教师的表演不能描绘为没有学生参与的情景，因为学生的智力活动十分重要。

第二章　专业的即兴发挥与教师教育：开启对话

大量的研究文献显示大多数入职培训教师持有隐含的传递者教学观（参见帕特里克和宾特利奇，2001；理查德森，1996；维登，梅耶-史密斯，和穆恩，1998；伍尔福克-霍伊和莫菲，2001）。研究还显示，传递者相信表演只不过是一个镜头，教师教育专业的学生循此镜头解释他们课程中呈现的观点（安德森，2001；布莱恩，2003；霍尔特-雷诺兹，1992；帕特里克和宾特里奇，2001；理查德森，1996）。这些信念阻碍着准确理解建构主义方式的教学，还有可能阻碍教学的即兴发挥特性的呈现。从传递者的视角来看，没有理由进行即兴教学。相反，准确地计划教师在课堂上的说与做，甚至涉及细微的情节，看起来都可以给予建议，以确保所有重要观点的表达都能有序进行。教师教育专业的学生有可能阅读的这些教材没有明确地讨论即兴发挥及其重要性，他们围绕这些教材展开讨论，将认真计划或照本宣科视为一堂课的必要环节，错过或忽略一些隐含的参考，即对于即兴教学有价值的参考文献。

教师教育中明确设计即兴发挥是提高即兴发挥专业能力的重要一步。如果新教师了解了即兴教学对于学生学习的价值，他们更有可能为即兴发挥作计划，而不是为课本作计划。如果他们学会了批判性地思考教学中即兴发挥的作用，并反思他们在即兴发挥中的成功与失败，他们将成为更好的课堂即兴发挥者，因而也是更优秀的教师。此外，这样的对话可以产生一种要求，对即兴教学开展更多的学术研究，然后整合到教师教育中去，进一步提高即兴教学的良好效果。我希望看到以后的教师教育教材能够大量直接地探讨即兴发挥，此类讨论极其缺乏，教师教育工作者应该通过与学生探讨此类专题来填补这个空白。

将即兴发挥引入教师教育的对话

将即兴发挥对话整合到教师教育中来，我们首先要做的事情是借助于大量成熟的文献，阐述教师教育的教学信念。正如早期讨论所建议的那样，帮助入职培训教师理解即兴教学作用的第一步：探讨教学过程的假定，其中一些可能与有效教学包含成功的即兴发挥观点相互冲突。

教学信念研究中发现的一个问题是教师教育专业的学生信念的内容不

▶ 创新型教学中的固定程序与即兴发挥

仅有问题，而且事实上是这些信念的隐含性。当他们开始学习课程时，学生没有意识到他们已经持有教学的假定，所以不知道他们的假定不同于教授们提出的研究型理解（帕特里克和宾特里奇，2001；斯特劳斯，2001；伍尔福克-霍伊和莫菲，2001）。因而，研究者，比如安德森（2001）、帕特里克与宾特里奇、伍尔福克与莫菲倡导直接地探讨培训入职教师的信念，以便他们能够了解自己的教学观，切实明白如何将那些观念与他们课程中出现的观点进行比较。要求学生明确表达与审视他们的教学观念，当他们面临新的具有挑战性的观点时，有助于他们成为更为审慎的学习者，也为长期的职业生涯中的反思性地思考教学过程提供了舞台，这也是许多教师教育课程努力培养的品质。

作为此过程的一部分，要求教师教育专业的学生思考他们关于教学的即兴发挥特性的假定，首先，以此类基础性问题，作为开头如教师应该即兴发挥吗？或者是即兴教学采取何种方式？正如安德森（2001）指出的那样，教学理念讨论的目的不是让学生相信他们的理念是错误的，而是要让教师教育工作者明白他的学生是如何思考教学的。为了在新的理念框架下，找到平衡他们现有理解的办法，技能娴熟的教师教育工作者将会仔细倾听他的学生表达的教学理念，然后找到办法将这些理念与他所希望理解的观点联系起来。关于即兴发挥，教师教育工作者可以通过思考如下一些问题来审视他们的学生。

- 从程式化的教学来看，他们想到计划了吗？
- 相比较那些教学效果不好的教师，他们期望优秀的教师是较多还是较少运用即兴发挥？
- 他们看到了学生在即兴发挥中的作用吗？
- 他们如何理解师生间的合作关系？

教师教育工作者可以倾听这些问题以及其他问题，运用他们的观察来了解课堂讨论与活动，以促进学生思考教学的即兴发挥特性。研究者建议设计大量活动以促成有关入职培训教师信念的对话。此类对话也可作为一种机会开启教师即兴发挥特性的对话。帕特里克与宾特里奇指出，让学生设计他们如何看待教学过程的观念地图或其他一些代表形式，以便为他们

第二章 专业的即兴发挥与教师教育：开启对话

反思自己的信念提供机会，也使学生了解彼此的信念，这样促使他们相互质疑并挑战彼此的观点。任宁格描述了一系列设计好的活动来揭示学生关于学习的假定，以小组讨论问题作为开始，哪一种学习比喻更好？疏导员还是木匠？小组持续地刻画出学习过程的模式，以便后来的课程调整与修改。布鲁门斐、希克斯与克拉西克建议开展课程计划活动，这也是方法课程的主干部分，是学生表述与检测信念的重要基础（这个信念是有关具体的教学选择与学生学习的关系）。伍尔福克·霍伊与莫菲（2001）指出，让学生写出学习哲学是揭示假定的宝贵依据。要求学生修改这些哲学观，在之后的准备阶段，也能追踪到学生的信念变化。因为学生关于教学过程的假定在此类活动背景下进行探讨，教师教育工作者就能留意与教学的即兴发挥特性相关的主题。此类主题然后包含在围绕这些活动出现的讨论之中，如此一来，学生不仅可以开始揭示他们关于教师即兴发挥的假定，而且还可以开始了解即兴发挥是教学的重要议题。

研究者也揭示了教学信念极为抵制变革的一些教学信念（维登，梅耶-史密斯，和穆恩，1998），探讨信念的课程只是简要地提及或以零碎形式存在，不可能有效地促进学生形成稳固的研究型理解能力。相反，整个课程中学生不断发展的教学信念需要持续的对话。这些对话应该在课程项目的每一部分展开（包括课堂作业与田野经验），以避免课程信息的零散性限制了学生对有问题的假定进行反思的机会，比如传递主义（维登，梅耶-史密斯，和穆恩，1998）。因此，有关教学的即兴发挥特性的对话应该贯穿教师教育课程的始终。这样教师教育学生就有多种重复的机会来反思他们教学信念在这方面存在的问题。

在要求新入职教师思考即兴教学时，教师教育工作者会预料到将要面临某种挑战。我提到许多新入职教师持有的传递者信念有可能妨碍即兴教学的思考，因为教学被理解为传递，看起来需要更多照本宣科而不是即兴发挥。因此，教师教育工作者应该寻找机会来辨明并质疑传递者信念，它妨碍学生重视即兴教学的价值。另一个挑战源于新入职教师的见习期观察，洛提（1975）表明，新入职教师在学习教师教育课程之后，有12个月或一年以上时间观察教学，以学生的身份，作为见习观察者，人们将获得的许多印象带入准备性项目（预备性课程）。但是这些印象只是学生能

— 37 —

创新型教学中的固定程序与即兴发挥

看到的教学的一部分，教师的计划与临时决策大多数学生看不见，遮蔽了教师娴熟的即兴发挥的特性。没有办法了解教师的最初意图与实施策略，我们就不明白他们的即兴发挥。从学生的视角来看，常规与秩序都是隐含于教学之中的，但即兴发挥不是（拉巴里，2005）。这就是为什么讨论即兴教学特别重要。不是在新入职教师自己信念的背景下，而是联系实际教学的案例，如果这样，教师的即兴发挥可能变得更为隐蔽。

第三个挑战是来自于教师教育专业学生的即兴发挥观念，教师教育工作者的目的不仅是让学生理解教学的即兴发挥特性，而且还要他们开始将自己视为专业的即兴发挥者，有意识地形成并掌握即兴发挥的技能。促成上述理解可能有些难度，因为教师教育专业的学生不可能完全了解完美的即兴发挥的构成要素是什么，或者需要包含哪些因素才能取得即兴发挥的成功。与本书的其他作者一样，我认为教师教育工作者可以与其他职业的即兴发挥团体进行比较。尽管这里需要的不仅是指出教学与戏剧即兴表演的共同特性。近十年来，电视节目像《到底是谁的台词》与即兴表演喜剧的大量出现，已经使得戏剧的即兴表演成为一种主流意识。但是，大多数表演与教学一样，只有当即兴发挥取得成功时，看起来才会觉得很容易。职业的即兴表演者只有在进行大量的训练与准备之后，才能在业界取得成功。因此，教师教育工作者可能要求学生考虑此类问题。比如达到专业水平，即兴发挥需要掌握哪些技能，可以借鉴哪类即兴表演者的经验，甚至让学生查阅一些即兴发挥学习的书籍，可能非常有用。要求他们将教材中探讨的技能与教学中包含的技能进行比较。首先，教师教育学生应该明白专业的即兴发挥者都是有意识地持续努力地提高他们的技能，对成功的即兴发挥进行反思也是学生成为教师的重要组成部分。

众所周知，教师教育的学生观察实际教学时间越久，效果就会越好。许多教师教育项目在学生教学之前，包含无数的田野经验，而且采用录像个案研究正日益流行（费希曼和戴维斯，2006）。此外，方法教材的共同特色就是叙事性的个案研究。许多教师教育项目包含学生的各种实践教学经验，比如助教机会与微格教学，所有这些方法的价值不仅在于让学生了解教学的复杂性，而且还要他们了解展开的对话。通过与同学或教授讨论这些教学例子，教育专业学生就能学会分析思考教学，这也是成为职业教

第二章 专业的即兴发挥与教师教育：开启对话

育者的重要一步。作为这些对话的一部分，应该要求学生思考即兴发挥。当讨论到他们各自的教学经验时，要求学生说出教学中即兴发挥的作用，迫使他们把想出办法使即兴教学更为成功作为一个挑战。当讨论到观察与个案研究时，即兴发挥的作用不太明显，所以，对教师教育工作者有用的一点就是指出即兴发挥为何不太常见。比如，一段录像的个案研究会停下来问观察者，教师在某一时刻可能在思考什么，她可能如何应对各种不同的偶然情况，或者课程可能产生的多种方向的头脑风暴，依赖于学生的反应。从学生需要达到何种即兴发挥要求的角度来对个案进行评价，展示何种知识建构机会，或者从教师成功确立课堂规范来支持成功的即兴发挥的角度来对个案进行评价。（学生看起来是否安心地进行智力冒险？）

除了将即兴发挥纳入教学案例的讨论之中，它还应该被包含到课堂计划的讨论之中。博尔科与利文斯顿（1989）发现，经验丰富的教师较新手教师更多运用即兴教学，因为经验丰富的教师有更为高度整合的知识结构，包括教学策略与课本知识。这个结果也提醒我们注意，某种程度上，即兴发挥的技能可以是课堂经验的一种功能。另一方面，此种研究也暗示我们，如何教新教师计划他们的课程。确切地讲，这可能对教师教育的学生来说非常宝贵。思考计划对即兴发挥意味着什么？计划时间可能是花在某人的书本知识准备上，而不是完全地照本宣科，因为精心组织的知识内容允许教师较为灵活地理解学生不断发展的思维。

此外，教师可能希望更为关注活动设计，而不是预先规定课程的实施；这样将帮助他们注意支持学生进行哪种探索，有关这些主题的会话可以以一些基础性问题作为开始，比如如何期望即兴发挥与照本宣科影响计划的方式？或者如果你想让课程以即兴发挥的形式展开，计划时间如何安排？

结 论

即兴教学对于满足知识社会的教育要求十分重要，因为建构主义的教学方式强调，为了形成深刻的概念理解，学生需要机会支持智力探索，不仅教学需要为教师预留空间回应学生发展的思维，还必须设计成为允许教

▶ 创新型教学中的固定程序与即兴发挥

师与学生共同即兴形成新的理解。教师需要成为自愿有效的即兴发挥者。这就意味着,作为一种职业,我们必须开始明确探讨我们开展的即兴发挥,本书的作者形成了大量关于熟练教师即兴教学的知识,与其他专业的即兴发挥团体发现的知识并行不悖。然而,同时随着研究的向前推进,我们需要与我们下一代教师开启即兴教学的对话。未来的教师需要将即兴发挥视为他们专业工作的重要部分,有意识地思考与分析如何将即兴发挥进行得更好。教学是专业即兴发挥的一种形式的观点可能对许多新入职教师来讲是一种挑战,由于固有的传递者信念,使得照本宣科授课比起即兴发挥更符合要求。因此,对教师教育工作者更重要的事情就是帮助未来的教师了解他们的教学假设,包括那些即兴发挥的假设,为他们创造机会形成更为稳固的教学过程的理解,以及为什么即兴发挥是教学过程的核心因素。

第三章

创新性、教学伙伴与教学的即兴发挥空间

帕莫拉·伯纳德

学校改革的两种主要议程,即问责议程与创新性议程存在冲突(伯纳德,2008)。问责议程要求教师衡量并测试学生、汇报采用的指定标准与系统,并在州政府规定的方式下进行教学。创新性议程则希望教师轻松地、灵活地冒险、大胆尝试。为了让学生获得创新性职业所具备的知识与技能,教师不断推动教学与课堂创新。期望教师培养创新型的学习者,在21世纪这个鼓励创新与创造的经济社会中取得成功。

问责议程通常使得教师很难做创新性工作。教师经常被政府施加的一连串问责要求(标准、考试、目标以及表格)所压倒,政府的共识就是日益掌控教师职业(亚历山大,2004),期望教师以特定且规范的方式表现。与此相反,创新性议程则鼓励教师冒险、大胆尝试,自行探索创新性。但是,教育领域关于什么是创新性的回答仍然模糊不清。教师创新、创新教学、为创新而教学以及创新性学习等语言之间的变换较为常见,使人感到困惑。本章我通过为创新而教来创造一种积极的学习环境,让学生能够冒险,参与富有想象力的活动,用不同的方式来做事情。

伍德与杰弗里(1996)10年前开展的重要研究已经探明教师如何处理改革带来的各种冲突,尽管这么多年过去了,情形依然没有改变,教育政策既不可能直截了当地,也不可能毫无问题地转换成教学实践。所有强加给教师的刚性标准引发了教育界创新与问责议程之间的冲突(波尔,2003)。

众所周知,教学是一项需要高水平专业特长的复杂任务。良好教学的共识就是组织有序、反思与计划并基于完备的学科知识,依赖于有效的课

创新型教学中的固定程序与即兴发挥

堂管理，而且需要理解孩子们的发展需求。然而更为重要的是，良好的教学可以引发、激励与促进孩子们的创新性与想象力，并使用令人振奋的多样化途径来实现这一目标（亚历山大，2008）。

在英国，由于政府重视创新性学习，艺术家与教师之间伙伴关系的迅速推广。在这些伙伴关系中，现职的专业艺术家在一个有限的时间段内观摩课堂，与全职教育工作者并肩工作。伙伴关系已成为教育领域知识传递的一种模式，也为创新机会提供了谈论场所。在教育领域，英国解决绩效氛围与孩子们幸福的责任反映在新政府的一项新举措之中，比如创新伙伴关系。这是一项英国文化、媒体与运动部（DCMS，2004），儿童、学习与家庭部以及英格兰艺术委员会共同耗资1.5亿英镑的举措，创新伙伴关系投资于创新性实践与学校之间的关系建构，鼓励并支持学习中的创新性[①]

教师与专业艺术家在参与学校和社团的艺术活动上，有着长期的合作传统。尽管艺术家与教师的伙伴关系在实践模式上有较大差异，然而他们在学校中的有效伙伴关系却表明创新性行为本身就是一种赋权行为。教学是一种微妙而复杂的艺术，成功的教师像艺术家一样将他们的工作视为持续反思与学习的过程。

学生是这些伙伴关系的直接受益者，当然也有可能通过提高教师的专长来使学生间接受益。伙伴关系依赖参与个体的帮助、信任与开放（伯纳德和斯旺，2010；克拉夫特，2006；高尔顿，2008；杰弗里，2005）。对于良好的伙伴关系来讲，要么依赖于学生，要么依赖于教师的专业发展。温格（1998）认为必须存在真正的合作、对话、开放与相互调整。只有在这样的条件下，合作性的伙伴关系才有可能形成，教师与艺术家才能参与对话，在教学中运用对话。为了促成此种情形，他们需要花时间来思考、鼓励与维持模糊性，分享理解有关他们在做什么以及在群体内这意味着什么等问题（高尔顿，2008）。

教师与艺术家共同建构教学，他们的合作包含教学行为，还有了解、塑造与解释这些行为的观点、价值观与集体传统。为了分析、了解此种情形，在我的研究中，我探讨了教学的核心行为，也就是任务、活动、互动

---

① 参见 http://www.creative-partnerships.com。

第三章　创新性、教学伙伴与教学的即兴发挥空间

与判断——教师与艺术家对话的特征。

当教师与艺术家合作时，他们对于课堂的空间、材料与时间的组织有不同的看法。特邀的艺术家突出地运用较多的即兴发挥、开放性的教学方式，然而课堂教师却突出地运用结构化的方式。因此，这些教师与艺术家的伙伴关系为我们提供了一个探讨行动中教学矛盾的机会：这些伙伴关系是如何解决这种矛盾来平衡特邀艺术家采用的一种无法预见、即兴发挥的方式与教师采用的有预见性、规范与问责风格之间的关系的。如果此类矛盾能被解决，自然就会提高教师的专长。研究告诉我们：改变传统的学校时间与空间的界限，允许无法预见的、严格而反思的即兴教学，对教师来说十分重要（杰弗里，2006）。

即兴发挥与教学空间

在音乐创作中，即兴发挥被认为是自主地发现与发明原创音乐，也就是表演的时候，没有预先设想的结构、乐谱或背景（所罗门，1986：224）。所罗门对于即兴发挥的界定有助于将教学理念上升为一种表演性行为，灵活地、反思地、自主地、适应性地在剧本与无剧本之间进行表演；部分是即兴发挥，部分是编排舞蹈，在所有出场人员的互相合作中形成了表演。

在音乐表演与戏剧中经常提到的即兴发挥的另外一种维度是随着演出节奏持续表演，或者是随着指挥家的手势进行表演。这些技能娴熟的表演基于高度的专业知识与实践，这也正好是表演者的专业特长（肖恩，1983）。即兴发挥的行为包含头脑闪现的观点能够形成思维（据派克来讲，就是爵士乐演奏者的手指，1974），能够用艺术家和教师回应学生的感知特性来证实。此种观念迎合了拿度（1996）的看法，他认为即兴发挥的现场经验是身体与思维参与有意识的、反思性活动的一种连贯的体验。当教师与艺术家共同工作时，尤其是过了一段时间之后，他们的专业知识实践能够审视与反思、分享创造新的实践。

伯利纳（1994）提供了对于开放性与不确定性的进一步理解，即兴发挥的对话行为与环境允许个体生成性、适应性与交互性的产生。他说，兴奋感描述出艺术家的经验在此种环境下得到强化，对于爵士乐与故事讲述者来说，通过活动中身体、智力与情绪的激发，以及在稳定的压力的冲击

— 43 —

创新型教学中的固定程序与即兴发挥

下,创新过程的斗争强度加剧。从每场演出的开场部分开始,即兴发挥者进入了艺术世界的时空,在此情形下,演员的表演随着剧情展开,反应必须相当迅速。而且,他们行为的结果具有不可逆性。在这些动态的表演中,人们可以想象飞速闪过的画面与冲动、迷人的音乐、激动的情感、舞蹈造型、理论符号与感知评论。即兴发挥者将前一段剧情的逻辑延伸开来,好像曾经出现过的人物在他们场景周围,环绕与取代这些表演……如果缺少经验的话,就很难圆满地完成这些表演(1994)。

在本章,我分析了创新伙伴关系中的两种不同的角色——教师与艺术家。我关注这两种不同类型的缄默知识、信念与专业视角的冲突。我的目标是了解他们如何缓解此类冲突,从而创造一个共享的教学空间,使得教学中出现即兴发挥形式。是什么因素将他们带入共同教学,独立地且肩并肩共建一种应急教学?我关注两个问题:什么时候需要艺术家帮助课堂里的教师开展教学和艺术家如何帮助教师改进他们的教学。

当教师与艺术家合作时,他们不同的教学观以及不同的专长范式必须在建构一种有效的学习环境之前得到解决。此类探讨阐明了教学矛盾,因为特邀的艺术家展示了更多创新的即兴发挥的结果,而课堂教师呈现了更多受制约的、照本宣科的结果。教师-艺术家的伙伴关系有助于淡化教学的照本宣科色彩,使之富有活力(伯纳德&马多克,2007;伯纳德&怀特,2008;杰弗里,2005)。

在特定的职业角色里,教师身份经常产生较大影响,他们的教学方法与价值观在课堂上经常受到由机构内的行为管理者(经常在教师技能娴熟的特征成型之间形成一种内在冲突)发起或组织的审查与测试(比如讲授的知识内容)。艺术家的情况则与此相反,常规地展示被视为艺术家、艺术实践者以及专业人士从事的文化生产的必要部分。教育领域的艺术家经常是进入教育空间的外来者,扮演着学习的促进者或挑战者,为探索世界提供更多包含感觉的、浸入式的即兴发挥的方法,这些方法源于课堂背景下的教学工作方式,而不是惯例。确切地说,艺术家经常被认为不是教师,而是为学习者开启新环境、前沿以及不熟悉的挑战的其他人。

在本章,我将超越教师与艺术家带有分歧的常规模式,刻画出合作伙伴关系中两组例子的特征:教师与艺术家合作教学案例中的每一组清晰地

第三章 创新性、教学伙伴与教学的即兴发挥空间

证实了他们如何来创造教学空间，解决教学矛盾，为激发学生的创新性而创造条件（比如允许学生对未来的不可知）。我通过总结这些具体例子得出的结论是：建议为解决教学矛盾提供必需的条件。

教学伙伴关系与创新教学

许多年以来，学校聘用特邀的专业艺术家，在音乐、舞蹈与戏剧课程之中，与学校教师以及与伙伴关系的形式一起工作。过去十年以来，这种实践在英国已明显地增多了，并促成了国际咨询委员会《关于创新与文化教育报告》的公布。自从这份有影响的文件发布之后，许多政府政策与咨询文件也相继出台，间接地提高了学校与艺术家之间的教学伙伴关系的兴趣。这种伙伴关系被认为对创新学习有直接影响，即使在伙伴关系结束，艺术家离开之后，教师已形成的创新教学能力还是会对创新学习产生间接影响。在教育研究中，有一小股但仍在逐步增强的研究已经发现，教师-艺术家伙伴关系会产生教学潜能（伯纳德和马多克，2007；伯纳德和斯旺，2010；詹金斯、杰弗里，和沃尔什，2008；崔昂塔夫罗和伯纳德，2010；优皮提斯，2006）。我们的愿景及希望是改善学生的学习以及教师的教学实践，学校组织也会因伙伴关系而改变，以及伙伴关系对学校改进的重要意义。

在英国，因为2002年创新伙伴关系的政策举措（2005a，2005b），教育伙伴关系的数量得到了极大程度的拓展。创新伙伴关系是政府创新项目的旗舰项目，设计该项目是为了培养全国年轻人的创新性。此项目的愿景是在文化媒体、运动部（DCMS，2001）与艺术委员会出资1.5亿英镑的支持下挥就而成的，将艺术家（当代艺术家实践与创新者的代表，比如建筑师、科学家与多媒体开发者）引入学校，通过艺术与文化教育，以提高年轻人的学习能力。目前英国有33万多年轻人，4500名教师-艺术家参与了合作，伙伴关系已被认为很有可能促进学校的艺术教育与创新教育。

创新伙伴关系项目由英格兰艺术委员会于2002年4月启动，与文化媒体、运动部以及之后的教育技能部共同采取措施。与十年前早些时候学校里常驻艺术家的短期项目不一样，此类创新学习教育的旗舰项目已经先后

创新型教学中的固定程序与即兴发挥

吸引了英国36个地区的110万年轻人，12800所学校。直至2010年，英国政府已为实现多样化的目标耗费了7.47亿英镑。第一个目标是帮助学生更加创新地学习；第二个目标是帮助教师更加创新地教；第三个目标是帮助学校成为创新型的组织；第四个目标是在学校与艺术家之间形成稳定而持续的伙伴关系。关于艺术家（最近更多指的是英国的创新实践者）对学校与课堂的影响研究集中于他们的教学实践（高尔顿，2010）或者学生与艺术家学习的感性认识（伯纳德 & 斯旺，2010）。本章探讨了在学校里，教学矛盾在以教师与艺术家伙伴关系开展的这些合作性教学实践中如何得到解决。

2009年，创新型伙伴关系项目移交给新的国家机构——创新、文化与教育部（CCE，2009），该机构成立以来，一直资助与管理着年轻人的创新项目。2009至2010年期间，机构还追加投资1亿英镑。其中一个关键的政策信息就是通过学校与其他机构之间的关系，确立教育的新平衡（NACCCE，1999：10）。根据这些教育政策举措（还有 CCE，2009；NCSL，2002；QCA，2005），我们所了解的愿景与希望（学校创新伙伴关系的前景，2007）是教师将会更好地学会如何解决教学矛盾：在与艺术家合作实践中，鼓励与支持他们了解自发且无法预知的工作特性，教师需要临时做出决策，没有深思熟虑，大量的后续决策，习得的技能通常能作为教学策略的一部分加以运用，并与艺术家的专业能力联系起来，在课堂教学的现场实践与预先计划之间，形成一种解决教学矛盾的新方式。

创新教学的专业关系与能动空间

当艺术家与教师合作时，教学的全部过程均受到影响。教师与艺术家带着不同的理论、信念、实践、问题、愿景与希望进入伙伴关系，因此，在这两类专业人士的社交互动中，教学矛盾表现得十分明显。有翔实的证据表明，当艺术家参与学生、教师的教学活动时，他们运用了更多即兴发挥的方式（洛夫莱斯，2008；塞夫顿－格林，2008）。研究建议艺术家分享课堂的创新思维过程，通过教学的见习模式，而不是大多数学校课堂占主导地位的讲授者风格（格里菲斯和伍尔夫，2009）。这一建议得到了普

第三章 创新性、教学伙伴与教学的即兴发挥空间

林格的进一步证实,她指出艺术家将教学视为观点探索的实验过程,包含灵感、批判性思维以及意义建构。她认为艺术家教学是通过分享艺术知识,以及让学习者参与到他们周围的形式展开(普林格,2008:46)。

高尔顿研究了一群在学校里有着成功工作记录的艺术家,这群艺术家中不仅有传统学科的艺术家,而且还有经常运用各种信息与通信技术的实践者,比如数码相机、电影摄像机。正如普林格(2008)描述的那样,高尔顿发现这些艺术家大多数觉得教学是与教师(及学生)的一种持续对话,他们花时间制订计划以便有效地参与课堂的即兴发挥实践(高尔顿,2008)。艺术家也将自己界定为创新的实践者,基于他们拥有的艺术专长、知识与技能;他们还将自己界定为在学校里将教学实践运用于他们工作的人(霍尔和汤姆逊,2007;霍尔,汤姆逊,和鲁塞尔,2007;杰弗里,2005)。

创新的伙伴关系已启动"行动研究"来调查这些伙伴关系(第一轮开始于 2004~2005 年;第二轮开始于 2005~2006 年)。有一些研究探讨了小学(霍尔和汤姆逊,2007;霍尔,汤姆逊,和鲁塞尔,2007;马多克和沙普森,2008)、中学(CapeUK,2005;考昆,克拉夫特,和狄龙,2007;高尔顿,2008;杰弗里,2005)、大学里艺术家-教师的伙伴关系(考昆,和普莱斯,2007a;杰弗里,200?),以及专业发展项目中的艺术家与教师的伙伴关系(詹金斯,杰弗里,和普莱斯,2007a;杰弗里,和沃尔什,2008;莱贾德,2006)。这些研究主要分析了艺术家对学生学习经验的影响,结果表明艺术家对学生学习产生的影响更大。

我们只有意识到艺术家广泛地介入教育的价值时,才能提高学生的学习能力(比如悠久的戏剧教育传统)。本章将探讨教师-艺术家伙伴关系的益处,复杂性以及面临的挑战,为艺术家集体地探讨如何解决教学矛盾提供解决方案。

创新教学的即兴发挥维度

越来越多的研究在关注教师的经验对于教师-艺术家伙伴关系的作用,以及它的益处、冲突与两难处境(考昆,2008;霍尔和汤姆逊,

> 创新型教学中的固定程序与即兴发挥

2007；杰弗里，2005；莱贾德，2006；优皮提斯，2006）。在那些创新性伙伴关系项目开展得极为顺利的学校里，一个关键的问题已经出现了：艺术家如何看待教学启发、指导与顾问型的教师？没有证据表明艺术家激发学生，也没有研究探明教师从与艺术家一起实施的教学中学到了什么。即兴发挥的比喻有助于说明创新性学习必须具有多元特性。它不是单一行动或线性思维，而是几条线或几种方向的瞬间交汇，不会受制于已有知识或传统，使冒险成为天性，面对此种情形，艺术家能采用不同方式，并与教师参与不同的合作性活动。

即兴发挥是一种具有可变性、适应性、回应性与生成性的活动。即兴发挥构成了创新谈话的一部分，允许将教学元素理解为一种表演，在固定与可变的结构之间转换，在一个已有的或临时的框架下自主地选择，游离于书本与非书本的形式之间。教学，像即兴发挥，是观念与伦理的建构，有时间性与空间性。教学实践可能十分严格，拥有不可渗透的边界，这样会妨碍学生或教师在安全的、已知的与可预见的界限内外移动。

在预先存在的教学变化与艺术家实践中，当教师与艺术家一起工作时，他们要进行大量的冒险。即兴教学一直在协调教学矛盾：它在计划、文本、深思熟虑、有意识的片段与机会主义行动之间摇摆，确保课程实施的自主性；它的瞬间性意味着同步时刻产生新的即兴教学的特性。从教师专长的文献（见本书索耶的阐述）来看，我们知道熟练教师熟知教学结构——大量的计划、常规与文本。此外，教师必须掌握教学实践——包括即兴发挥的一系列教学策略。

即兴教学何时可能发生

研究显示特邀艺术家能够以一种更为即兴发挥的方式教学，教师能从这些即兴教学方式中学到什么呢？教师形成与使用一整套教学方法策略，艺术家经常尝试新观念或适应旧的观念，在教学行为中时常冒一定的风险。教学法与教学的差异，正如亚历山大（2004）所认为的那样，同时也为其他人（戴和桑德斯，2006）普遍接受的一种观点，即教学是一种行为（像即兴发挥），然而教学法不仅包括行为，而且还包含着思想、信念与理

第三章 创新性、教学伙伴与教学的即兴发挥空间

论。因此,当艺术家与教师共同教学时,会发生什么情形呢?他们的行为与思维融合时会是什么样的情形呢?上述两个问题与他们是谁以及他们重视什么同样相关,艺术家与教师的合作是如何解决此类教学矛盾的呢?

熟手教师以规定的方式(比如教案)或即兴发挥(非文本)的方式运用常规与活动结构(见本书索耶的阐述)。正如即兴表演这个比喻,像所有合作性表演以及对话,有入场与退场,比如即兴发挥的戏剧中,演员会简要介绍那些没有参与当前舞台演出的人员或者坐在幕后以及坐在舞台两侧的人员;他们不想干扰正在进行的演出。但与此同时,他们必须靠近一点,以便能够听得见对话,了解什么时候适合作为一个新的角色开始进入表演。

比方说,合作性教学表演的一个关键特征,正如伯纳德和斯旺(2010)界定的那样,是在课堂上由教师与艺术家以伙伴关系表演创造的课程中,当重要事件以先后顺序出现时,如何选择进入。好的故事讲述者能利用倒叙与前叙,介绍出场人物与事件,勾起读者好奇心,那些进入艺术家教学框架的教师可能运用终端浏览法扮演事先组织者或课堂推动者。当教师与学生开始表演之后,久而久之,可能会出现有时在课程框架之下或有时会超越课程框架的情形,艺术家与教师显示了对于即兴发挥情节顺序的一种共同理解。因为任何主题,教师个体似乎都可以选择不同方式进行介绍,采用不同方式安排教学情节的顺序,甚至他们经常在所包含的工作顺序,哪里需要省略、哪里需要强调等事情上做决策。对教师来说,试图强加秩序或以一种对话教学法参与课堂,肯定会出现问题,从最初对情节的共同理解到不同观念的交锋。教师经常遭遇共同的误解;他们的叙述,正如他们学生所解释的那样,介绍的一些内容经常会与预期相悖。对于艺术家来说,情节设计与工作事务的不同反映在他们对过去的不同理解,这样会导致随着背景变化而产生问题与解决方案,从而使现场演出成创新形式。这样的新观念、新主题以及新背景的共建会形成一些非常重要且明显不同的教学实践。

这种即兴发挥的实践在教师-艺术家伙伴关系中并不经常出现。一个特有的矛盾是在目前的问责氛围下,明确鼓励教师要多与艺术家合作,因为以前,这种合作通常较少。教师经常被迫为考试而教,在一个急功近利

创新型教学中的固定程序与即兴发挥

的氛围里，学生经常被迫以参加高标准的考试、机械化的信息传递等形式来应对体制的要求，集权化的问责制只关注短期效应。教师与艺术家教学法的差异没得到解决，教学矛盾体现在教学文化的激烈碰撞之上（普林格，2008；高尔顿，2008）。同样，在霍尔、汤姆逊与鲁塞尔（2007）的文章中，围绕两种文化碰撞而产生的问题已经表明，需要形成共同的原则与价值观以便强化人们希望出现的合作性教学实践。

接下来的部分，我利用一些艺术家和教师访谈者的手稿来做分析，他们在教学中以不同的方式利用即兴发挥维度来解决教学矛盾——创新议程与问责议程之间的冲突。

我探讨的第一种伙伴关系是桃乐丝——一位有着 20 年经验的作曲家，与约翰——一位有着 20 年经验的教师。约翰是表演艺术系主任，音乐教师，指挥系编剧。因为桃乐丝与他的学生一起取得的成就，他极为尊重她。我认识他们已经有相当长时间了，因为他是一些创新课程研发的热心推动者，而她已经让学生明白作曲是一件可以做到且有趣的事情。以下就是桃乐丝描述即兴发挥教学的对话如何给她教学实践中带来的分享空间。她说：

> 我对整体性创新教育理念感兴趣，我的工作基于这样的理解，不存在一个对或错的结果或者一个答案，我想支持年轻人创新而不是压制他们，我通常以活动作为开始，开启与探索可能性，公开交换观点，这样我们就能采取合作行动，激发我们探索创新教学的热情。每一件事情都是有序进行的，我没有拟定一份详细的计划，但是我与教师召开了长时间的计划性会议，而且我喜欢在一个项目开始前，花不少时间观察教师的课堂实践，我们互相观摩，此种做法对我工作影响较大，我重视学生的想法，与学生一起工作，让他们提高，开始探寻问题。

> 我尽力促进一种灵活的反思实践，有一点儿像自己的研究实践，我鼓励冒险与游戏、玩耍，希望学生对自己的行为负责，这很重要。我让他们以参与的方式工作，也期望教师们交换观点与经验。我在那儿不是在教，而是在分享。

> 在会议上，我与教师进行大量交谈，并开展合作，它有助于分享负担与压力。在工作前或工作过程中，会议后，我会花大量时间讨论

第三章 创新性、教学伙伴与教学的即兴发挥空间

什么因素起作用,什么因素不发挥作用。我还开展了许多延伸性对话,在会议开始之前,以及会议开始后不久。在会议上我与教师开展了大量分享对话,我喜欢讨论每个人的教学领域－以分享学习与教学空间,我认为学习者可以通过这种合作,还可以通过师生一起工作交换观点,获取很多理解。对我来说,关键是所有作曲过程的参与及反思,以及对整个教学过程的反思,鼓励教师与学生表达他们的想法,一起弹奏,开启空间,促进教师向孩子们学习,并且相互学习,它打破了界限,架设桥梁,而且成为有更多开放性结果及支持的活动。

正如其他研究发现的那样(普林格,2008;高尔顿,2008),在艺术家描述各自艺术实践与教学的报告中,艺术家觉得伙伴关系的关键是教师与学生之间的持续对话,为他们提供空间与时间进行思考与表达观点,提供准确的反馈,拓展而不是尽力改变学生与教师的观点,在他们实践中另外一些常见因素包括允许学生有选择与学习自主权,反思的时间,创设一个激励的环境,最为要紧的是在一个真正的伙伴关系内,促成创新行动。

考昆(2008)认为当一个创新型伙伴关系发挥作用时,教师和艺术家确实会相互尊重,意识到各自的专业特长,他们彼此支持,两者都提到合作过程对他们实践的有力影响。

约翰老师探讨了伙伴之间高水平合作的缘由,他认为这就是:相互支持、尊重、共同参与。他阐明了艺术家要求学生与教师挑选承担任务的理由,探讨了他与桃乐丝共同认可的成功结果。较为奇怪的是约翰将学习与教学行为区分开来,而且还将其视为不仅是发生在课堂上艺术家与学生之间,而且还是在艺术家与教师之间的一种交流。约翰说道:对我来讲,与艺术家工作就是需要做好几件事情,其中一件重要的事情就是观察并试图模仿他们不同的工作方式;我在与学生完成他们布置的任务的过程中学会了许多,而不是期望他们来分配任务,然后走开。我明白,在授课过程中以及一系列课程之间,艺术家是如何让学生充分参与,探讨各自的观点,让他们选定承担的任务与活动,讨论何种特定的任务会促进学生富有想象,充分参与,从而促成新事物的产生,并以不同的方式与他们一起工作,为冒险提供安全空间。另外一件重要的事情是与学生进行互动。这里我尽力想做的事情就是成

▶ 创新型教学中的固定程序与即兴发挥

为一个能回应问题的人,就像一名学生;提出观点,利用我们各自的反思能力来分享。但是我犹豫最多的是想放弃控制。它就是一种全新的教学,站在教室后面,让学生充分展示,而不要打断他们或给他们教学指令,让学生自己选择最合适的方式学习。学生反思他们的学习以及作为学习者的自身。我也是如此,但是作为他们的教师,我要将自己的实践呈现出来,更自发地与艺术家分享。我已学会基于这样的想法工作,不要在乎答案的对错,或限于寻找唯一的答案。我已学会更多回应方式支持年轻人的创新。正如桃乐丝一样,我以轻松的热身活动作为开始,开启与探索可能性,公开交流观点。与桃乐丝不一样的是,我制定了详细的计划,来应对课程目标及考试要求,但是我已从桃乐丝那里学会了如何解放自己,在课本教学与无课本教学之间取得平衡,通过将体制下的不良影响缩减到最小来满足学生的需求,使学生经常参与艺术冒险,而不用害怕出错。

现在出现的问题是艺术家倾向于对自己做出不同的界定,有时候持与教师相反的立场(普林格,2008)。艺术家经常反对将他们的实践描述为教学。相反,他们经常将自己描述为教学矛盾语境下的教学法实践:在教学计划、教学才能与常规之间的即兴对话能够产生高水平的真实决策。对于艺术家与教师来讲,当他们运用时间、空间、课堂和学校管理的相关资源协调不同观念的冲突时,较为常见的事情是还得面临不确定与不自在。

在艺术家主导的项目(一个学期包含十个研讨会)结束时的访谈中,一名艺术家,谈到他在一所学校工作时经历的冲突,还提及了两类相互竞争的议程——高标准考试与给予学生话语权和创新空间的重要性。

对我来说,主要的一件事是艺术要求冒险、质疑、挑战现状,变通与打破规则、思考、扰乱、冲突、不适与冲击。这些原则超越了我在学校里的教学实践。冲突与明确的风险总是存在的,对于那些参与具有灵活性的艺术生产过程的人来讲。反思结果放在一个开放的空间,仍然还需要接受点评,同时还需要批评性反思我们究竟学了些什么,为什么要学,如何学,以及我们在学校里的伙伴关系中如何与教师及学生工作才能真正奏效。鼓励学生的作用就是寻求一种思路,促使他们质疑或挑战教师的价值观与实践,以及那些在学校被视为具有破坏作用的价值观与实践。但是我还没有发现这种破坏性的创新存在的问题。你必须小心行事,这种担心应

第三章 创新性、教学伙伴与教学的即兴发挥空间

该不会,但却经常促成我将专业工作与教育伙伴关系整合在一起。在两类相冲的优先性之间走钢丝,意味着我取得的进展可能轻易丢失。有时候,你不得不邀请学生发现空间,花时间坐在一起思考它并尝试它,而且减少可以觉察到的风险,通过提供思考,鼓励他以多种方式进行思考,而不是局限于寻找一种方式着手工作。此外,情感发挥的作用也很重要,我从未羞于与学生分享我的观点,但是这种做法并不适用于所有教师。有些人还是不能脱离说教式教学,因此,也不可能引领一种路径或协调活跃彼此思维。所以,他们只能成为信息的提供者或纪律监督者。

一名训练有素的教师运用了程式教学;她甚至将自己的实践比作精心组织的乐谱,当她与艺术家工作时,她明确指出:存在冲突,我们没有时间建构某种关系,他们非常松散地引导学生,以一种非常不同的,相当模糊的方式,学习旅程对我……他们运用了一种极其不同于我的模式——实际上,运用得非常好……浪费时间在我认为没有必要的会话上……产生了冲突与负担,有些学生发现面临太多挑战。没有时间用于数小时坐在一起交谈。他们看起来不明白在一堂课上,课程与它的固定程序如何发挥作用。在学生情绪高涨的时候没有给予时间或机会让他们自由地发挥。我在旁边观看,而不是参与进去——我不喜欢被置于现场,所有眼睛盯着我,而且我必须准备重新取得控制,采取警察行为……我知道为什么许多学生变得不安,对于一些学生来说非常缺乏稳定……当任务高度模糊时,自信心真的受到冲击,因此也会觉得风险很大。我不得不帮助一些学生,通过明确地告知他们如何做,才能达到过去常常设定的标准……但这样做会使艺术家为难,他们使这种差异表现得特别明显,而且也没得到解决……没有时间深入探讨,调整他们,我怎么也不像一个同行。他们具备所有才能,但缺乏批判性元素,对我来说,将教学界定为可控过程,在一个精心组织的乐谱中,我应该充分发挥作用。最后,我既没有时间,也没有精力与他们一起完成工作。

在艺术家与教师的伙伴关系中产生的矛盾可能较为复杂,容易引发自信的碰撞。当权力关系形成之后,在某些场合,放弃控制也意味着意见的失势。艺术家对课程实施持有强势的观点,也就是经常将自己视为号令者或者监督者角色。普林格(2008)与高尔顿(2008)有相似见解,艺术家

创新型教学中的固定程序与即兴发挥

能够采用创新的实验性教学模式,因为他们通常不会受到课程的约束,然而教师并不常有这样做的自由。

在艺术家与教师教学法质化差异的背景下,伯恩斯坦(1996)提供了一个框架,从能力与表现角度来区分两种教学法。能力教学法关注学习者及其取得的学习结果,倾向于主动、创新与自我管理。表现教学模式重视明确无误的产出结果,以至于期望学习者习得某种技能,或形成特定的文本或产品,以实现预期的目标。艺术家的教学方法,较经常地从他们以及他人认为应该拥有的专业知识与技能的角度来界定自己,重视学生观念的形成以及个体的创新性,同时鼓励他们反思学习过程及学习结果。能力教学法的重点将学习控制权大部分移交给学生。

伯恩斯坦认为,表现教学模式重视学习者取得的具体学习结果,重视学习者形成特定的文本,重视必需的专业技能以生产这种具体的结果、文本或产品(1996)。在一些特定的教学会议上,表现模式作为一种教学的核心行为,可能包含临时的即兴发挥形式,促进学习者独立自主或者要求教师自发提供学习平台,以帮助学习者深入学习。教师被两种相悖的议程推动:要求他们促进创新性的同时,也要实现问责目标,以标准化考试来衡量成功。一些研究表明,许多可以理解的冲突正源于此种矛盾(考昆,2008)。

哪种教学实践与伙伴关系有可能促成更好的专业教师实践呢?前面的叙述说明了艺术家与教师的教学合作是一种双边活动。首先,我们有足够的证据表明,艺术家能够与教师及学生一起工作(高尔顿,2008)。他们一起即兴工作、交流观点、构建对话(索耶,2004)。其次,我们还有证据充分表明教师与艺术家以多种形式展开教学。艺术家倾向游离于能力与表现教学之间,关注的重点分为两个方面:学习者及学习结果,教师及其表演教学。教师倾向于表现教学模式,重点关注清晰可辨的目标与产出;但也发现了鼓励学生探寻不同的思维模式,质疑与挑战旧课程的价值观与实践以及专业反思结果的作用,大多数艺术家与教师逐渐明白创新性学习不是为了得到一个对或错的结果,而是一种在即兴发挥与精心安排之间的舞蹈。因为伙伴关系,教师改变了他们如何解决教学矛盾的方式:他们变得更会即兴发挥。

第三章 创新性、教学伙伴与教学的即兴发挥空间

教育伙伴关系中与他人的即兴发挥

对教师来说，最为重要的是艺术家如何在实践中运用专业知识。舒尔曼（1987）认为，教学内容等于专业知识的观点将会使教师更加重视教学大纲。教师知道如何评价学生学习的进步。他们将艺术家视为成功的专家，因为他们掌握本学科的高深知识以及作为表演艺术家积累起来的多年经验。此种艺术专长观与一种更为普遍的应变性专长观形成对照，应变性专长观关注专家在特定背景下运用知识技能的能力，采用不熟悉的方式完成熟悉的任务（布兰斯福德，布朗，和科金，1999）。索耶（2004）已将这些观点运用于即兴教学，尤其是学习环境的反思性适应能力。

艺术家经常适当地参与校外特定空间的活动。作为与学生和教师互动的一种方式，艺术家宁愿将自己的角色定位于创新的促进者，为学生在校外的画廊、博物馆、社区提供教育课程，比如乡村会堂与教堂以及其他场所。这些地方能提供必需的条件支持与培养新教师教学中的创新性，提供新的起点探寻思路，可能也是参与富有想象力的创新活动的特定场所。置身于有意义的历史环境能够促进合作，强化与拓展学生和特定社区及场所的关系。当艺术家与教师综合理解孩子们在不同背景下如何面对不同的地点与时间，他们就会形成独特的教学伙伴关系。当艺术家提议的多样化空间证实了其有效性之后，合作的教师也学会了如何为学生创造机会学会适应课堂外的环境：它就像用眼睛的变化，如果你以摄影作为业余爱好，那么你就会明白，看待事物就像看待风景一样，如果我用这样的方式拍了一张照片，在电脑上我将它剪辑成另外的样式，那可能才是一张真正的好照片。现在我用完全不同的方式来看待事物。我认为我现在用一种更为创新的方式教学。我认为我已掌握一些新的教学方式，就像我已获得更多探索自己艺术天地的资格。我表演，我玩耍。我现在已经体会到作为艺术教师的一种全新感觉，乐意与我的学生分享我的作曲。我对学生的观点更感兴趣，给予他们更多机会来探讨观点。我将他们视为艺术家。我更深刻地理解灵活和参与想象以及如何激发动机、探索观点，直至导向结果的重要性。我觉得更为自信的是找到一些方法来在创新的自由与控制之间，以及

▶ 创新型教学中的固定程序与即兴发挥

教师与学生的引导上，学校等级制下的共同协调的合作上取得平衡。

这位教师与艺术家一起工作，他们相互适应，彼此支持。许多教师强调冲突关系以及由于常规变化而感受到的威胁。然而他们提到了经验有助于更加创新地教学，运用创新旅程作为教育驱动者以及培养年轻人的创新技能。冒险与探索未知事物的能力与意愿，对艺术家-教师互动中充分发挥作用的正统观念与职业神话都能形成一些挑战，正如一位教师观察到的如下现象。

有一种明显的冲突，他们引导学生踏入旅程，还有一种反应就是想转换成为另外的学习方式，这样就会产生我所看到的冲突。比如，我工作时通常将课桌排成一行。但实际上，我认为真正的好办法是看到学生如何以小组形式在不同的空间，以不同的方式创作新曲。他们不仅利用空间开展一些令人激动的活动；他们还让学生以一种新的自我决定为中心的小组形式工作，用不同的方式作曲，有意识地尝试、模仿、验证观点。尽管这是一个信息创新的空间，但感觉像科学实验室、艺术室与废旧品回收站的结合体。学生专心致志作曲，真的一点儿也不让人觉得奇怪。我很少见到一个群体如此醉心于一种有意义的、喧嚣的、反思的氛围。学生们自觉地反思他们的创新过程，拍摄照片，保存所有草稿以便记录他们在什么时候、以何种方式在创新。

我逐渐意识到，艺术家个个才华出众。他们不知道自己有多么出色，而且还极其认真地对待学生创作的曲子。他们都是行业内的翘楚，对所有学生都很体贴，知道每位学生都在冒险，时常激励他们。他们具备使学生的每个观点都呈现出来的才能。像我一样的普通教师理所当然认为是如此简单的一个观点，或者只是说，是的，那是一个好主意，而他们这样做是为了支持孩子们。我已从他们特殊的参与中学到了许多；就像在不同世界工作，现在我知道事情进展到哪儿了，只是这已成为一种不同的游戏。我已学会用不同的方式推动，并协调伙伴工作。我仍然感受到问责在许多方面引发的冲突，不过我还是喜欢我的教学领域作为一个分享的平台所具有的真实交互性，而且这种平台一直受到他人影响。此种关联肯定有益于学生看到我们在支持他们，与其保持联系。

这些教师所学到的东西就是如何在课堂上更能即兴发挥，与学生更好合作。当然这还需要包含一种彼此的协调与坦诚，能够谈论教学实践，感

第三章 创新性、教学伙伴与教学的即兴发挥空间

觉到一个人需要能够倾听、协调的推动力以及观摩不同课堂实践，使得教师（与艺术家）体验到一种全新的目标感与专业感，减少疏离，热心于教学的探讨。如果教师打算学会如何在课堂即兴发挥得更好，就需要邀请专业艺术家来评判"什么因素能起作用"以及如何让具有即兴发挥特征的实践丰富并活跃学习环境，重新运用上面提及的（讨论、观摩、倾听）那种理解能力（马多克，2007）。

艺术家与教师、学习者相互合作的方式为教师如何能够更好地协调教学矛盾提供了一个重要思路。同样，这些方式也可用于冲突关系的协调，所以教育伙伴关系的成功取决于冲突关系中保持着的某种平衡。一方面，当艺术家和教师彼此坦诚时，他们就会觉得有必要尊重他人的需求，伙伴关系的这一点创造了最有效的学习环境，当即兴发挥行为（合作的）与即兴发挥（课堂活动）出现时，当艺术家与教师相互适应彼此的工作方式时，他们就会形成提升教育创新的新方法。

总之，有助于教学伙伴关系中创新的即兴发挥形式出现的方式有以下几种。

1. 有时间来批判性反思当下的教学实践。
2. 允许大量的学生对话，许多对话发生在学生、教师与艺术家之间，并反思课堂对话的核心内容。
3. 采用各种方式来促进教师、艺术家与学生的观点交流。
4. 留够时间给拓展性的计划会议，以便能够反思由少数核心观点组织起来的教学内容。
5. 想方设法形成这样一种课堂氛围：鼓励学生依据问题猜测答案，而不用害怕失败。
6. 形成具有灵活性、冒险、多元化、专业创新的教学实践，阐明创新的即兴发挥形式所特有的内在自由。

教育伙伴关系必须具有即兴发挥的特性；他们在教学中更多采取即兴发挥的方式，较少地依赖教学大纲与固定程序。因此，这些经验有助于教师了解如何用不同的方式协调教学矛盾，重新关注即兴发挥实践。

第四章

计划教学内的即兴发挥：内城区学校形成新的教学模式

凯莉·罗伯曼

教师的教学由多种"剧本"主导：课程教学是公开的剧本，种族、阶级、语言、文化为"隐性"剧本，由社会所设定的师生关系为社会剧本。然而，所有剧本都是以元文本的形式获悉。教师的首要工作就是帮助孩子获取知识与技能———一种深深根植于文化模式的教学，我们称这种教学模式为授受主义（派珀特，1994），或传授与获取（罗格夫，1990；史法德，1998），存取模式（弗雷勒，1994）。这种教学要求教师运用最好的技艺帮助孩子学到更多知识，从而能更好地理解这些知识。针对当前教育存在的问题，教师旨在通过小班教学、文化教育的方式，并重点关注考试与测评来对教育进行改革，以此让学生的学习更有效率、更加平等，让老师对学生的学习更加负责。然而，很多证据（达林－哈蒙德，2007；科恩，2004；科佐，2005；梅尔和伍德，2004；塞兹，2004）表明，这些努力并没有奏效。

学习的获取性理解（以及它的元文本）已招来众多教育者的批评，他们认为这会导致学校围绕一套狭隘的知识技能体系来组织教学（伊根，1992；艾斯纳，1998；格林，1988；霍尔兹曼，1997，2009）。如玛克辛·格林（1988）20年前指出的那样："她担心批判力与想象力，以及看待事物的新视野整个地与我们在美国学校发现的教学实践者的行为相悖。"当前教学的重点是标准化教学与考试，有人可能认为格林所讲的教学实践者的教学方式已成为一种无法摆脱的固化思维，获取性学习模式已将学校转变成为"无菌环境"，培养出来的成年人完全没有准备呈现出当今繁荣世

第四章 计划教学内的即兴发挥：内城区学校形成新的教学模式

界的所需要的灵活性、创新性以及合作性技能（艾斯纳，1998；又见索耶，2004）。

一直以来美国的学校几乎都在关注孩子们的习得技能与信息获取的培养，这与20世纪美国大多数哲学家与教育者所认同的对于发展的定义密切相关。发展，从某种意义上讲，是走向成熟的过程，为获取技能与信息提供舞台，因此，我们不认为它是公立学校的领域。人类发展的遗产作为一个逐步演变的舞台（独立于学习，可能被学习所决定）留存至今，已被证实在大多数公立学校是缺乏关注的对象，而他们只是关心在儿童教育的早期阶段，设计合适的发展性环境与课程。当然总是有一些学者反对这种分割，主张关注孩子的一生（卡门和盖茨，2004；杜威，1938；诺丁斯，2005），并且公立学校不会被这种指向所影响；即使有变化，那也是他们的关注点越来越狭隘了，因为教师感觉到要求他们集中精力关注技能与信息学习的压力在与日俱增。

然而，还是存在理解发展与学习的其他方式，用这种方式教育者将发展置于舞台中心。大约在一个世纪前，俄罗斯心理学家列夫·维果斯基曾指出，从孩子出生那天起（1978），学习就与发展紧密相关。学习与发展是辩证发展过程中的组成部分，学习导向、支持与整个人类的发展密不可分。对于维果斯基来说，唯一有效的学习就是先于发展的学习。

近十年来，许多学者着手研究维果斯基关于学习与发展的著作。这些学者探讨了维果斯基关于学习引导发展的观点，这种观点主张通过创造学习环境，让学生挑战自我，探索未知世界（科尔，1999，2006；霍尔兹曼，1997，2009；纽曼和霍尔兹曼，1993；威尔士，1999）。

作为传统文化历史心理学的分支，纽曼与霍尔兹曼已将维果斯基的观点作为一种辩证的方法论（又见纽曼和霍尔兹曼，1996；霍尔兹曼，1997，2009，维果斯基，1978）。他们的著作重点关注辩证的、即兴发挥的、突发性的活动（1993）。通过此类活动，形成了人们生存发展的社会、情感与文化环境。在这个过程中，他们成为自己生活与学习的主动的创造者与生产者。对整个人类发展来说，只要置身于主动参与创造的环境之下（不是当他们到达某个特定阶段），年轻人就能形成学习的需求与愿望。纽曼和霍尔兹曼称此种方式为发展性学习。

因为学校的规章制度，大多数发展性学习方式只是用于学校外项目的

创新型教学中的固定程序与即兴发挥

形成，帮助支持内城区的年轻人视自己为学习者，帮助他们融入都市成为这个世界的公民（更多集中于学校外的发展性项目，可见法曼，2008；弗兰妮和库兰德，2009；戈登，鲍曼和美嘉，2003；霍尔兹曼，2009）。本章我描述了发展教师伙伴关系的项目，用一种温和的举措来了解学习这种方式能否被传统的公立学校教师所运用。当然，不能期望他们完全忽视获取性学习的需求，因为不管是新入职的教师还是经验丰富的教师，他们都没有权力或权威完全将元文本排除在学校之外。我们的目标是为教师提供技能，以便与课本相抗衡或补充课本，当然仍旧是在当前教育体制的约束下工作。

DTFP在教师培训中会用到的一个技能类似于戏剧中的即兴发挥。即兴发挥，旨在关注持续出现的过程以及全员参与的活动，为教师提供与学校教育的文本相对照的具体方式，同时包括让学生主动参与创设课堂环境。在课堂上运用即兴发挥时，可以不用照本宣科；即兴发挥就是活动与表演的材料。学生与课程之间既是更为直接的关系，也是一种富于创造性的关系，他们不仅在学习材料？作为学习者与创造者，他们也在成长。即兴发挥，因为整合了规则与创新，解决了教学矛盾的许多问题，尤其是创新与固定结构、控制与自由以及参与创新与学习内容之间的关系。

本章解决的问题是，如果教师在课堂上引入发展性学习方法论，允许他们与计划教学的主导内容相抗衡的时候，会发生什么样的情况呢？文章开篇就探讨了DTFP运用的方法论，阐述了该项目，并为参与该项目的教师如何在课堂上运用此类方法提供例证。

维果斯基的表演性方法论

维果斯基认为："人类学习的前提是具体的社会化及孩子们智力生涯成长的过程，而且唯一有效的学习就是发展性学习。"他与孩子们一起做的实验证实了学习的社会特性。他的研究揭示了学习作为一个持续出现的社会活动，辩证地与发展关联，是一种不同于个体学习者获得目标知识的标准获取模式。

第四章　计划教学内的即兴发挥：内城区学校形成新的教学模式

维果斯基最为人熟知的可能是引进"最近发展区"这个术语（ZPD），这个术语有助于我们了解他关于学习导向发展观点的概念。学界关于"最近发展区"（ZPD）的概念虽然有多种解释（科尔，1985；丹尼斯，科尔和威尔斯，2007），但是当代许多教育工作者将它界定为孩子独自一人时的表现与当他们得到一个发展程度更高的成年人或同龄人提供的帮助时的表现的区别（波德罗夫和梁，1996；罗格夫，1984；威尔士，1999）。许多教育工作者与课堂教师现在已经采用"脚手架"（贝格，2009；博克和温斯勒，1995）这个术语来比喻了解与实践教师如何利用 ZPD 设计学习环境。

其他教育工作者认为"脚手架"的比喻与 ZPD 的观点仅体现出孩子独自一人时的表现与他们受到发展程度更高的个体帮助时的差距。当然，这只是对维果斯基观点的一个狭隘理解（戈登斯坦，1999；摩尔，1992；斯马洛林斯基 2007）。纽曼与霍尔兹曼（1993，1997）也赞同此种说法；他们延伸维果斯基的 ZPD 理念，并以此倡导一种学习与发展观作为一种创新型即兴发挥活动的理论。ZPD 就是创造环境的活动，在此种环境下，孩子（与成年人）可以冒险、犯错、鼓励彼此探索未知事物，而不是作为一种学习工具将信息分割。"ZPD 就是现在与未来之间的曾经出现与持续变化的距离。人类活动催生并滋养着 ZPD，人类的学习与发展都伴随着它的产生"（霍尔兹曼，2000）。从这个角度来看，维果斯基的理论有助于人们创造这样的环境。

从出生到婴儿时期，到蹒跚学步，再到幼儿园，我们大多是在孩子们做游戏的情形下，支持他们探索未知事物。维果斯基（1978）将年幼孩子们的游戏与 ZPD 理念联系在一起："在游戏中，孩子们超越了他的平均年龄，超越了他的日常行为，在游戏中，他似乎比平常大了一岁。"维果斯基指出，由于规则与想象情景的复杂关系，在游戏中，孩子们可以做他们在非玩耍情景中不知道如何做的事情。了解了孩子们假装游戏情形的一种方式就是通过做他们不知道如何做的事情，孩子们就可以学会做各种各样入学前应该学会的事情。尽管维果斯基谈到的是学前孩子的游戏，在本章中，我还是将对这种比平时大一岁的表现的理解拓展到大一点的孩子或成年人身上。

▶ 创新型教学中的固定程序与即兴发挥

表 演

当 ZPD 形成时,了解正在发生的事情的一种方式就是人们超越自己的表演。表演有多种意义,我把它定义为同时成为自己或不成为自己的能力。正如当年幼的孩子们玩耍时,或当年长的孩子以及成年人表演时,他们不会失去自我,但是他们也不完全受制于自我。纽曼与霍尔兹曼(1993;霍尔兹曼,1997,2009)认为,人类的表演能力作为一种宝贵的工具不能仅限于戏剧,在他们看来,人类能成为自身发展的主导创造者,因为表演能力,能同时成为自己以及不成为自己。基于对此种表演的理解,伪装、玩耍与想象对于情绪、社会、道德、认知的发展至关重要。

大多数学校没有考虑人类能表演他们是谁以及他们将来是谁;相反,学校只是关注他们是谁或者他们知道什么(或不知道什么)。我们需要转变观念,将教师与学生看作是开启学习空间的表演者,帮助学生超越自身以及他们的已知范畴,通过其他多种方式将自身、他人以及学习内容联系起来。

一些学者认为发展性学习是指一种经常在学校环境之外,学生能够通过创新或艺术经验来进行的持续学习。比如,埃利奥特·艾斯纳(2005)写道:"教学上的艺术体现在缺乏规则的情况下进行表演与判断,依赖感觉,关注细微差别,通过自己的选择进行表演与评价,然后做出调整。"通过非正式学习,在博物馆里、旅行中、舞台上、音乐与艺术课中,学生们能够在其他环境发现自我,他们持续的经验积累所能展现的不仅是自身已有的知识;他们也可以成为自己生活中的生产者与创造者(戴维斯,2005;艾斯纳,1998;霍尔兹曼,2009;卡琳娜和霍尔兹曼,2005;纳赫马诺维奇,1990)。在这些情景中出现的学习表现在文化多于认知;它不是基于孩子们的已知和未知;相反,它主要是创造一种环境让孩子们在其中以新的方式表演。通过扮演多种角色,不管是在舞台上还是舞台下,年轻人都可以认为自己能够超越期望进行角色表演。然而,对于许多孩子来说,尤其是那些贫困的城市幼儿,学校没有提供参与活动的机会,也无法培养创新与全员学习的能力,而这些是可以推动人的全面发展。DTFP 的

第四章 计划教学内的即兴发挥：内城区学校形成新的教学模式

一个目标就是帮助教师找到方法，将有时候在校外出现的表演性发展学习带入课堂。

即兴发挥

帮助教师把自己与学生看作表演者的一个有用方式就是即兴表演戏剧。即兴发挥，就像你在电视与喜剧俱乐部看到的那样，是一种表演艺术，由全体演员在没有剧本的情况下集体创造场景或故事。许多研究者已经将有经验的教师教学与即兴发挥联系起来（贝克桑-内特和马图索夫，1997；博尔科和利文斯顿，1989；英格尔，1980，1987）。本书一个统一的主题就是即兴发挥理念对于教学而言是一种有用的比喻。即兴发挥的教学是一种突发的而且由学生共同创造的活动。即兴教学的情形与年幼孩子们的游戏表演十分相似（罗伯曼，2005；索耶，1997a）。实际上，教师们所谈到的即兴发挥就是帮助人们重新发现他们孩提时代就有的创新与合作技能（约翰斯通，1981；纳赫马诺维奇，1990；史宝林，1999）。即兴发挥就如游戏表演，一群人集体创造一种突发场景或故事以呈现彼此的观点或建议。

即兴发挥是帮助教师创造发展性学习环境的宝贵工具，因为，它像许多创新活动一样，关注并帮助全员进行发展与创新，而不用预先得知其结果（罗伯曼和林奎斯特，2007）。共同参与的即兴发挥帮助教师与学生建构学习环境，这种环境较少由所谓正确的需求所主导，而且在这种环境里，所有人在学习与发展的过程中，可能需要冒险。此外，尽管即兴发挥只是一种临时表演，它还是包含着一种结构。即兴发挥者一起创造并运用了一套规则与策略，为创新提供了一种框架（约翰斯通，1981；索耶，1997b；史宝林，1999）。这种结构与突发性活动的结合对于在校工作的教师来说很重要，因为它能提供一种解决教学矛盾的方法——表演，虽然是在学校环境的制约之下。

项目描述

DTFP 是纽约市东部研究所（一个独立的非营利性组织）的一个项目，

创新型教学中的固定程序与即兴发挥

是自 20 世纪 70 年代以来，在商界就开始研发的一种非传统的学习方式。多年以后，研究所已经形成自己对发展性学习的独特理解并组织了一系列实践活动，这些项目包括一种治疗法，一所独立小学，并与几个校外青少年发展项目保持着密切联系（想要了解更多这些项目，可参见霍尔兹曼的著述，2009）。所有这些项目都基于发展性学习理论，其核心信念是通过表演，（同时表演我们是谁及我们不是谁）质性转换成为一种可能。从 2006 年开始，DTFP 成为期限为一年的培训项目，培训对象是纽约市区获得教师资格，且目前在公立学校任教的教师。DTFP 没有获得学校的资助，它通过私人捐赠与雇用志愿者人员独立运作。

此项目的培训包括两周一次的星期六研讨会与一月一次的现场顾问。项目的课程包括维果斯基激励方法论的哲学与实践探索，还有戏剧的即兴发挥训练。该项目的一个目标就是帮助教师伙伴与学生创造支持性的表演学习环境。当然，还是要与维果斯基关于学习与发展的理解相一致，而不仅是教他们"支持性的表演环境的七个步骤"，目标要求所有教师与指导者形成这样一种环境。正如一个伙伴所说："该项目的一个非常有趣并令人耳目一新的特征就是我们不仅在学习即兴发挥的知识，而且我们还在实践即兴发挥，我们的学习内容与学习过程没有分开。"她补充道，这一点显得尤其珍贵，因为它不是让研讨会停留于一系列该如何去做的清单上。她在获得了与同行建构学习环境的经验之后离开了该项目。在她过去的经验中，专业发展基础包括新课程、新方法或方式的学习，但是学习过程与所学的内容并没有任何关系。

教学伙伴

参与者的选择是通过评价申请者的简历，成绩报告单，个人声明以及项目指导者的反馈来完成的。为了创造一个多样化群体，依据经验水平与教学的年级水平，挑选出来的每个参与者在完成项目之后都能收到 2500 美元的津贴。

2006~2007 学年，该项目有 11 个伙伴。这是一个多样化的群体，6 个欧美人，4 个非洲裔或者拉丁美洲裔的美国人，1 个西班牙裔的美国人。

第四章　计划教学内的即兴发挥：内城区学校形成新的教学模式

他们在不同背景下的公立学校工作，所有人都在城区工作，其中 6 个是小学教师，三个是高中教师，一个是初中教师，一个是学前机构的巡回特殊教育教师。他们都有 2 到 15 年的工作经验，所有伙伴都是女士。那里的大多数学生都是有色人种，有免费或廉价午餐。除了两位任教于开设进步课程的小型非传统公立中学之外，其他伙伴都在开设有标准化课程的传统学校工作。除了学前机构的教师外，所有教师都负责为学生准备高标准（high-stakes）的考试。

星期六研讨会

星期六研讨会是 DTFP 的核心学习活动。教学伙伴每隔一周就要碰一次面并开展由项目指导者主持的三小时研讨会。这些会议由即兴发挥的戏剧活动、哲学对话、教师的指导组成。它不是一种零散的研讨会形式，相反，研讨会具有即兴发挥及突发性的特性。比如，会议以即兴发挥的热身活动为开始，这样就容易开展关于个人与群体关系的哲学对话，进而开展关于伙伴课堂的突发事件的指导性讨论。该会议的计划基于之前几次会议的活动。而且，这些计划在每次的三小时会议开始之后，不断进行调整。

即兴发挥活动

所有星期六研讨会都涉及即兴发挥戏剧活动的学习与实践。多年以来，即兴发挥者已经掌握了设计活动的本领和技能，运用于学习与实践的即兴发挥技能。除了传统的即兴发挥活动之外，项目还采用《无文本学习：K-8 年级课程运用的即兴发挥活动》（罗伯曼和林奎斯特，2007）书上的活动。此本书上的活动通过精心设计，与标准的公立学习课程相契合。

即兴发挥活动至少有四个目标：①促进全体伙伴参与研讨会，形成积极的学习环境；②传授即兴发挥的技能，这是在课堂建构学习环境的关键；③为教师提供即兴发挥活动，以便他们能运用到自己的课堂中；④当活动设计成熟后，关注教与学。

哲学对话

星期六研讨会的第二个部分是哲学对话，围绕一些主题，比如学习发

创新型教学中的固定程序与即兴发挥

展与教学政治的关系形成。这样的对话基于让伙伴阅读的一篇文章或一本书,其他一些对话产生于即兴发挥游戏过程中或伙伴课堂上有关实际操作的交流中。这些对话试图揭示形成教师与学生校内外生活的一些假设。为了与研讨会的其他部分相一致,哲学对话通常即兴产生,伴随着伙伴彼此之间的表演或与书及文章的作者一起表演。对话形成的过程应与对话内容同等重要。这样有助于创造一种环境,在这个环境里每个人都能表演或即兴说出观点及信念,有时候教师们会发现这些观点太复杂或太抽象,与日常生活没有联系。

指导

研讨会不是作为教师实践的一种正式组织活动,而且也没有人对此进行评价。然而,在学习即兴发挥游戏或开展哲学对话的过程中,伙伴们常提到他们的实践领域,因为他们想使之变得更好,或者质疑如何将表演整合到他们的实践中。很大程度上,这些指导性对话的重心在于帮助伙伴如何用一种创新的方式应对他们在课堂上使用的课程。如何组织学生,使得他们自身或彼此之间的合作更积极主动。这些对话经常促使新的表演的产生或游戏的出现。

每月一次的顾问

每个伙伴都有一位导师,这些导师都接受过研究所通过表演方式进行的教与学的培训。导师每月一次拜访他们指派的伙伴,伙伴彼此之间通过电邮与会议电话保持联系,在研讨会期间,伙伴也可拜见导师。导师的工作就是作为桥梁将伙伴在研习会学习的内容与他们的课堂教学联系起来。

在课堂形成新的教学表演

DTFP 的研讨会组织了一场戏剧活动(包括即兴发挥),这对教师与学生的学习实践十分宝贵,也展示了一个强调表演作为所有人类活动的特征的理论框架(戈夫曼,1959;纽曼与霍尔兹曼,1993)。许多参与此项目的教师也积累了一些戏剧表演的经验,不过该理论框架对于大多数教师来说是新的。接下来的部分,我们将探讨参与 DTFP 项目的伙伴是如何受到这些方法的影响,以及伙伴们的日志里阐述着他们在课堂上如何运用从该

第四章　计划教学内的即兴发挥：内城区学校形成新的教学模式

项目学习到的一些理论。

教学是表演吗？

本章所讨论的关于教学的一个矛盾之处在于：良好的教学活动必须具有创造性并且是即兴发挥的，即使教师是在一个程式化的或标准化的课程设计中教学。此种矛盾导致许多教师相信教学只能是在打破传统教学文本的前提下才能创新。假定大部分教师不能完全自由地实现这种突破，他们相信必须将时间花在教学内容与创新上。DTFP的方法论挑战此种做法，通过为教师引入新的表演观，鼓励教师将即便是结构安排最为严密的活动也作为一种表演形式。

研讨会的讨论过程中出现这样的现象并不奇怪，教师认为自己在课堂进行表演，当他们做某事超越常规时，比如用一种有趣的声音对学生说话，或者穿上不同的服装，但是他们仍然没有将"正常"的教学视为一种表演。他们首先会明确自己的教师身份，然后才会设计有趣的活动。DTFP的哲学挑战此种二分法。该项目的一个目标就是鼓励教师相信自己每时每刻都可以进行表演。

通过从一开始就将教学视为表演，伙伴们开始形成新的教师表演。对于一些教师伙伴来说，这意味着能够与学生一起投入感情、搞笑或犯傻。对于另外一些伙伴来说，这意味着可以选择进一步形成严肃的、高标准的，甚至是严格的教学表演，让这种教学更有成效、更为创新，与学生关系更加密切。比如贝丝，就描述了有意识地与她的四年级学生形成一种更权威的表演经验："我不懂如何处理权威，所以在我导师的建议下，我一直在尝试一种真正的稍带夸张的权威特征，像一个漫画里的权威，学生喜欢，而且真的有了不同的表现，因为我扮演了稍带夸张的权威，然后，他们真的也成为稍带夸张的完美学生……我环视四周，没有冷笑！没有嘲笑！我不想听到这样的笑声！"

了解并形成表演，使伙伴们能够为学生持续地提供表演机会，而不是机械地应对学生们的行为或者是体会他们在那一刻的感受。这就可能为学生提供一个更感性的、社会化的教育发展模式，也给孩子们提供新的表演

▶ 创新型教学中的固定程序与即兴发挥

机会。最后，通过伙伴相互之间以及与学生使用表演语言，他们在课堂上形成了一种重视创新与游戏的新方式。

将学生视为表演者

正如前面已证实的例子，除了将自己视为表演者之外，伙伴开始将学生同样视为表演者。不过，这样一来，原来课堂上已形成的对话风格会受到影响。总之，学生与教师的关系（尤其是进入初中年级的孩子）经常被刻板化：教师与学生的角色分明，可以互动的范围对于任何一种角色来说都是相当有限的。通过该项目，伙伴们开始能够处理好这些角色，不仅知道如何回应学生，而且知道于如何帮助学生回应自己和其他教师。举个例子，在四年级课堂上，瑞秋运用关系游戏——她在研讨会上学到的一种即兴发挥活动——当学生受到教师的不公平对待时，如何帮助学生积极主动应对，而不是忍气吞声。在关系游戏中，两个参与者假定存有一种关系（比如姐妹、医生/病人，教师/学生）和首要的线索（比如，你偷了我的钱包，我讨厌开心果）。然后，参与者重复表演场景，每一次都以相同的故事主线为开头，为了回应那条主线，即兴展开许多不同的对话。

瑞秋写道：

> 一个特别的下午，一位名叫爱莉安娜的学生心烦意乱地来到了教室，她之所以心烦意乱是因为她觉得学校的一名教师没有聆听她的心声，对她不公平，不让她使用卫生间。我决定在现场（我已经学会经常将此法应用在教学中）与她运用师生关系来玩这个游戏。她挑选了一名学生与她一起表演，我们选择了第一条主线，我需要去卫生间。爱莉安娜表演了三次，每次我们都进行了讨论。班上的同学指出虽然每次表演时她使用了不同的语言，但生气的表情自始至终都是相同的。班上同学认为所有演出中的情感都是相似的。与她一起表演的女孩纳塔莉，试图改变这种表演基调，但是很明显，爱莉安娜并不配合。
>
> 与班上同学讨论此种情形相当有趣，我们集体决定要求两个不同

— 68 —

第四章　计划教学内的即兴发挥：内城区学校形成新的教学模式

的人表演相同场景。此种场景表演了三次，每次都有极大的差异，因而引发了关于生活中的表演效果的更多的讨论。当我们表演完这个游戏之后，爱莉安娜仍旧记得她的老师不能针对她遇到的情形做出新的回应。班上同学建议爱莉安娜自己尝试新的表演，不用等候教师来改变。

在这个例子中，瑞秋创造了一个环境，班上同学能够采用一些相关的新方式来表演。瑞秋利用了她在研讨会上表演的游戏，把它应用在自己的课堂上。瑞秋将她的学生视为生活中的表演者与创造者，而不是教师反映的消极应对者及替罪羊。爱莉安娜可能觉得她不能引导权威人物，但是瑞秋提前跟她谈到了她所处的位置，让她以及她的同学有机会看到他们如何为自己的学习承担更多的责任。

课堂创造者与课堂管理者

教学的另一个矛盾就是为了建构一个能激发学生参与的课堂，教师必须放弃一些控制权。通过参与，学生主动创造学习环境，发现他们需要而且愿意接受引导，一起学习。有时候这种想法会与教师的观点相悖，教师认为课堂气氛不能过于活跃，除非他们首先能维持并管理好课堂。DTFP 为教师引入了一种理念——课堂管理不能缺少活跃气氛与即兴发挥。

接下来，我们需要将教师与学生视为表演者，教师参加完 DTFP 项目后的一种转变就是如何谈论与理解课堂管理。大多数情况下，在传统公立学校工作的伙伴们都愿意让孩子们一起分享他们发现的挑战。从项目开始的第一天，老师就鼓励学生讨论课堂上发生的情况，并将此作为持续进行的即兴表演的材料。伙伴们已经接受了这种方法论，即使他们在谈及困境或孩子时，他们也只是从有利于形成他们表演才能的角度解决这些问题，而不是尽力将困境固化或抱怨孩子。

比如，教师们在讨论课堂上遇到的各种挑战的时候，希瑟，一位二年级老师——寻求研讨会的帮助以应对她班上一名经常发脾气的女孩。研讨会提供的建议是她可以设计一个发脾气的戏剧，让她的所有学生都有机会

▶ 创新型教学中的固定程序与即兴发挥

表演。当这个女孩发脾气时，让她看看自己和其他人生气的模样，而不是尽力让这个女孩停止或扭转她的行为。希瑟与她的学生可以将发脾气作为孩子们（以及成年人）有时候可以进行的众多表演之一，并可视为可以用无数方式进行表演的一些事情。然而，女孩仍然可能不合时宜地发脾气，希瑟、女孩以及班上其他同学对发脾气出现的一些新情况有不同的反应。希瑟说这样的对话超出了她为如何应对孩子们的行为所做的各种假设。

更为重要的是，DTFP 的活动引发了教师对什么是行为的根本性反思。在这样的情形下，希瑟将孩子们的行为解释为一种奉献（在即兴发挥中，表演者说与做的任何事情都可以作为一种奉献，全体演出人员可以通过接受或运用每个个体的奉献创设场景），并作为一种表演，而不是好与坏的行为。她可以选择与其他人进行某种表演，或者发现某些奉献有用，有些则毫无意义。当孩子们行为出错或不按既定方向行动时，就已经开启了创新的选择。

另外一个与希瑟班集体表演行为相关的例子是她的导师格温，参观她课堂上进行的表演。在格温参观之前，希瑟已经告诉格温班上有许多争吵，她已为此筋疲力尽。少数学生挑唆事端，其他同学开始偏题。希瑟与格温决定让他们班集体参与即兴发挥的故事讲述活动。希瑟要求学生坐在地毯上，告诉他们游戏规则。故事主题为肥猫与瘦猫。游戏开始不久，班上三分之一的同学要不是相互交谈，就是成对争吵。下面的节选来自于希瑟日志经历的描述：

希瑟：谁想玩这个游戏？不一定每个人都得玩，不玩也没关系。我们可以让不玩的同学做点其他的事情，来支持小组的故事讲述。

大约三分之一的同学选择讲故事。格温建议那些不玩游戏的人听讲述的新故事，并用图片表示出来。格温提出建议后，又有三分之一的同学做出了选择。就这样，地毯上，有 7 个故事讲述者，14 个孩子画画（专心致志且热情高涨）。

地毯上的小组讲了一个新故事，在这期间，格温要求画画的人展示了各自的图片，没有一张图片是与我们讲述的新故事相关。而实际上，他们都是肥猫与瘦猫的图片。

第四章　计划教学内的即兴发挥：内城区学校形成新的教学模式

希瑟：好，我们已经依据故事画了这些很棒的图片，我们该怎样处理故事与所有的图片呢？让我们表演一下吧。

许多人举手自愿充当表演者，希瑟挑了一个孩子表演瘦猫，以前是班上的淘气包，但是这次画得特别认真。另外一个表演肥猫，格温表演做比萨的人，所有的演员都站在前面，希瑟要求班上同学为演员提供表演线索。另外一个学生，曾经非常喜欢搞破坏，这次成为最为活跃的剧本撰写者。演员们获得线索之后，就开始表演。班上同学还为片尾曲谱写了词与曲。当每位演员依次退出舞台时，还各自单独演唱了歌曲的最后一段。

在这个案例中，孩子们的行为使得教师难以用传统方式开展集体的故事讲述活动。此时，不能停止游戏或是惩罚孩子，当然也不能让他们任性而为。在即兴发挥的形式中，希瑟与格温接受了这种偏离任务的行为，然后继续创建场景。第一步尽可能使孩子们离开地毯做其他事，而不是将其当作一种惩罚。这是一种普遍的技巧。许多老师都能找到办法让孩子们退出他们不打算积极参与的活动。接下来发生的事情证实了希瑟与格温的表演效果，不能将离开这个圈子的孩子视为不参与故事讲述的人，他们必须将孩子们在圈外所做的事情视为故事讲述的一部分。整个活动（不仅是特定的故事的活动）都应被视为一种持续进行的即兴表演，每个人都参与创造。所有的孩子不仅拥有为小组做贡献的经历，而且会主动促成接下来的活动。最后，通过将整个活动转变成一个书面剧本，他们就能将读写能力与希瑟要传授的一些其他重要技能相结合。

传统课程下的即兴发挥

本书要讲述的另外一个矛盾是为了学到课程内容，学生需要运用材料创造性地参与。在DTFP项目中，即兴发挥的工具可以让教师将他们的课程内容以学生参与创造性活动的方式传授。这种创造性活动不仅限于课程内容；它也有助于学生将自己视为创造者。

为了帮助他们学会在官方课程的文本下能够即兴发挥，伙伴们开始分

创新型教学中的固定程序与即兴发挥

别接受适应与创造即兴发挥活动的挑战,并可以用于特定的科目与年级教学。在接下来的简介中,玛丽亚描述了另外一次即兴发挥活动中的适应性经历——巴士即兴教学,用在她的9年级世界历史课上:

> 为了评价学生了解已学过的关键历史人物的深度,我尝试在历史课上开展巴士即兴教学活动。班上同学在教室中央设计了一辆有8名乘客与1名司机的巴士。活动开始,我制作了索引卡片,都是我们从9月份到现在学习过的一些人物名字的索引卡片。这组卡片包括以下历史人物:游牧猎人、采集者、耶稣、佛陀、孔子、秦始皇、阿克巴大帝、马丁·路德、路易斯十四、玛丽·安东尼特、中世纪骑士、路易十四、马基雅维利、南布朗克斯的和尚、萨拉丁、文艺复兴的廷臣、第三等级市民与各种启蒙思想家(霍布斯、伏尔泰、孟德斯鸠、洛克)。8名学生从这些人物卡片中挑选了一张,这些历史乘客中的每一位与3~4名其他学生组成的小组一起工作,评述这个人物的历史,探讨这个人物在巴士上的行为。5分钟后,这些人物排队等候巴士。
>
> 为了提醒学生进入角色,我让巴士司机扮演文艺复兴的廷臣,许多学生熟悉的一个人物。不管历史乘客在对廷臣说什么,他的工作是成为一位完美无缺的绅士。随着这些人物进入巴士,我可以有趣地了解到学生对这些历史人物的理解深度,即使两个人物不生活在同一个时代。比如,玛丽·安东尼特和第三等级市民有一个口头争论,渴求面包;马丁·路德与耶稣之间关于耶稣是否真的希望有追随者的讨论;马丁·路德与教皇之间的争执;或者是马基雅维利与伯里克利,秦皇帝与伏尔泰之间的故事。

历史巴士活动要求玛丽亚的学生主动参与表演内容,同时需要他们所有人与玛丽亚一起创造。尽管只有8名学生乘坐巴士,但是通过集体塑造角色,每个人都做出了贡献。这意味着并非只有参加表演的学生才对此做出了贡献,那些没有主动参与表演的学生也有提供表演内容的责任。玛丽亚能够运用即兴教学来检查与巩固学生已经学过的内容。不同于许多传统评价,这种活动也允许学生继续相互学习。

在玛丽亚的活动中,明显的益处就是历史源于生活,为学生提供机会,

第四章　计划教学内的即兴发挥：内城区学校形成新的教学模式

从多角度看待事情。理解历史巴士活动的另一种方式是了解学习更多的是以表演而非认知的方式出现，玛丽亚的学生正成为他们学习的表演者与创造者。学习包括关系建构——不仅是学习伙伴关系的建构，还有课程内容本身的关系建构。然而，大多数情况下，传统的历史教学很少为学生提供主动建构这些关系的机会。表演活动像历史巴士，能够为学生提供一种方式与课程内容建构关系，有助于把这些内容转变为自己的东西。玛丽亚和她的学生开始不仅将课程内容视为学习内容，而且还作为历史学家形成持续进行的即兴表演的材料。它也证实了即使在开设传统课程的高中，年终有高标准的评价，玛丽亚还是能够做一些创新的事情支持课程，而不是与之相抵抗。

玛丽亚对于历史巴士的表演结果与其他即兴发挥十分满意，但是这些都还没有完全打消她对这种授课方式的顾虑。玛丽亚有一种强烈的责任，想要她的内城区学生顺利地通过6月份举行的重要考试，正如她相信这就是他们摆脱贫困，进入更为广阔世界的敲门砖。在项目后半期，即使她已变得非常专业，将即兴发挥整合进课程，她还是不断地表示，她不能给学生提出更多要求，当他们表演时："在即兴发挥活动中，他们是如此投入，更加富于哲理，抓住了要点，他们对彼此及小组更加负责，但我知道在一定程度上，我不能用这种方式教学，我应该是一个更加严格的教师，更多以主导者身份告诉他们我们需要认真。"这样的引述表达了许多教师持续存在的一种看法，也就是说，即兴发挥比较起传统教学的要求更低。尽管DTFP没有消除这种看法，但它创建了一种教师开始质疑传统教学的环境。

结　论

只要学校持续期望教师运用课本获取知识，那么就有可能挤占这种创新的、持续出现的发展性活动的时间，这种活动能真正体现有效学习的特征。作为教育工作者，我们知道找出办法帮助教师生成实践，创设环境让学习与发展共存很重要。我们需要找到一些方法为教师在一种不太支持创新的体制内提供需要创新工作的工具。本章即兴发挥训练工具为伙伴关系提供了一种方法论，支持他们在某些受制约的环境下进行创新工作。DTFP是一个成功解决教学矛盾的项目。

创新型教学中的固定程序与即兴发挥

DTFP方法论基于这样的理解，学习与发展密不可分。它包括成为自己或不成为自己——换句话说，就是表演。这就是在儿童上学前，从婴儿成长为幼儿期间，学习与发展进行得如此之好的原因。该项目帮助教师学会重塑他们的教学表演，在某种可能的程度内，成为支持学生发展的东西。

即兴发挥证明了这是一种无比珍贵的活动。在伙伴们的实践中，通过成为即兴发挥者，伙伴们已经开始将他们自己以及学生作为持续进行表演的创新者，与传统的学校课本相关，但又不局限于此。相反，在这些表演中，他们已经开始运用一些材料，从世界历史课程到二年级学生的口角与争执，它们都可以作为一种材料来创造课堂学习环境。

DTFP是一个试验性项目，只培训少数教师。没有人声称它能够改变整个体制。该项目的目标在于帮助那些参与者将发展性观点引入到他们各自的课堂，关注可能形成的一些新方式，支持学业成绩而不用牺牲创新性与趣味性。第一年的结果表明该项目的前景可观，但是还需要研究该项目是否对学校的学习环境有影响，以及接下来的研究探讨在项目结束后，是否继续开展伙伴实践，还有这些实践是否改进了学生的学习成绩。

在为教师提供新的学习与教学理解，以及采用具体的实践工具来加深这些理解时，DTFP允许教师挑战大多数学校惯常且线性地将学习理解为知识的获取与证实理念的方法论。学校没有创设一种冒险的环境，让学生与教师探索未知，而是倾向于提供一种环境，重视与奖励学生做已经知道如何做的事情。我们其中的一个发现就是可以将发展带入由标准化及考试主宰的学校。我们比以往更加确信，学习是将教师与学生看作表演者，这是在当前许多教师面临受制约的环境下，成为一名成功的教师所需要持有的信念。

第五章

有章可循的即兴发挥与创造性教学

罗纳德·巴格托　詹姆斯·考夫曼

教师们最大的一个担忧,尤其对那些新入职的教师来说,就是课堂混乱。许多教师担心将创新引入课堂会导致课程混乱(阿琉海曼和莫瑞-雷诺兹,2005;巴格托,2007;韦斯特比和道森,1995)。与此同时,大多数教师一般都重视学生的创新(伦科,2003),担心过多关注课本内容可能会使教学行为成为一系列照本宣科的独白,传授给满屋子消极的学生。这些看上去自相矛盾的担忧与责任使教师发现自己在平衡两种冲突中陷入了矛盾:(1)教学需要传授学科课程内容,同时也想培养学生的创新性;(2)教师允许创新,却又害怕导致课堂秩序混乱。

本章我们探讨了这些冲突,以及教师如何通过有章可循的即兴发挥来解决矛盾。我们展示了教师在学术工作上如何设计大纲才会使工作富有成效,同时加入必要的即兴发挥,鼓励学生创新。本章开始就探讨了教学矛盾源于计划课程与现场课程之间的差距。然后,我们引入了有章可循的即兴发挥观念的阐述,讨论这种观念如何有助于解决教学矛盾。

计划课程与现场课程

无论教师为一堂课做出任何计划,他们都会迅速承认计划课程与现场课程之间存有差距。可以理解的一种举动就是教师试图以现场课程来适应计划课程,重新取得对课程的控制权。这种策略存在的问题是它可能强化教学矛盾中的第一种冲突(例如,教学既需要传授学科课程内容,也需要培养学生的创新性)。如果计划课程总是固定不变的,那么简单地坚持计

创新型教学中的固定程序与即兴发挥

划就会导致忽视及抹杀现场课程的不可预知性（以及潜在的创新）。相反，抛弃课程计划，寻找那些在现场课程中出现的不可预知的东西会强化矛盾的第二种冲突（例如，想允许创新，然而害怕混乱）。

我们认为，当谈到创新教学时，与其试图强迫缩小或弥合这种差距，不如使用更有成效的做法——找到在两种差距之间的中间地带工作的办法。这种中间地带能为新奇与创新表达提供机会，正如泰迪·青木（2004）所认为的那样："……一种生成性空间在计划课程与现场课程之间相互作用。一个相互作用的场所会创造性地产生新事物，新事物在此也能够成型。它是一个促成新事物出现与形成的场所。"这种在中间地带工作的理念大有裨益——尽管它只是一种相当抽象的方式，但它可以启发我们思考如何解决教学矛盾下的冲突。那么教师在这种空间——也就是学科知识的学习与创新性形成的这个空间实际适应得如何？我们将这种计划教学与现场教学结合起来的情形称为有章可循的即兴发挥（索耶，2004）。

有章可循的即兴教学

索耶（2004）首先介绍了有章可循的即兴发挥观念，用比喻的方式来解释如何使教学成为一种创新型艺术。具体来讲，他强调了教学中的即兴发挥在活动结构与课堂常规以及课程计划与实际教学相结合的情况下如何发生。索耶对这个概念的讨论首先集中于如何界定合作性的课堂讨论为有章可循的即兴发挥。我们希望通过详细探讨索耶的最初工作来阐明有章可循的即兴发挥如何能够帮助教师找到办法解决我们在本章开始就简要提及的教学矛盾。在此之前，我们首先需要描述我们的定义，阐述有章可循的即兴发挥概念。

尽管有关即兴发挥的定义有很多，但保罗·伯利纳（1994）的定义是最好的入门级定义：即兴发挥就是在某种特定的演示条件下接收、形成、随机应变而来的未曾预料的想法时，果断改变原定的素材和教学设计，从而使每一项创新都独具特色。

在阐明有章可循的即兴发挥概念时，我们对伯利纳的定义做出了如下修改：创新教学中的有章可循的即兴发挥包括计划课程与未知概念在特定

第五章 有章可循的即兴发挥与创造性教学

的现场课程环境下的接收、形成与随机应变,由此也为学科内容的学习增加独有的、灵活的特色。在我们的定义中,有章可循(有章可循的即兴发挥)指的是决定教与学活动中的某些方面要有一定的固定形式,即兴发挥指的是辨别出哪些方面需要一点灵活性。有章可循的即兴发挥,如索耶(2004)解释的那样,认识到计划课程的必要性——课堂表演必须要有计划。"有章可循"已经强化了与学科内容训练及教师专长的联系,这两者必不可少,有助于指导教师决定学习的哪些方面可能或应该变为固定模式。教师要求学生学习与学科课程相关的指定内容(经常作为课程标准、课程纲要等)。

我们定义中的即兴发挥部分也包括课程中更多可变的(或未知的)空间——在计划课程与现场课程的未计划空间,从特定课程的计划性开场能够为不可预期的与原始地阐述学科内容提供机会。唯有如此,有章可循的即兴发挥才会像其他即兴发挥的形式,不仅仅是一种瞬间的自发反应。正如伯利纳(1994)解释道:

> 即兴发挥的一般定义只强调它的自发与本能的特性——突出无中生有的特征——这是一种令人惊奇的不完整。这种对于即兴发挥的简单理解掩饰了即兴发挥者所依赖的训练与经验,也模糊了实践与他们参与的过程。事实上,即兴发挥只有依赖于思考者已经掌握了大量的音乐知识,包括无数常规,它们才能促成观点有条理地、令人信服地、富于表现力地形成。

一位教师采用有章可循的即兴发挥方式进行创新型教学时,他必须同样地拥有经验与专长来平衡自主性与学科内容的关系(博尔科和利文斯顿,1989;索耶,2004)。这种经验与专长不仅能应对教学过程中出现的不可预知瞬间,还能计划他们的课程,以便顺其自然地创造类似的机会。在接下来的文章里,我们将简要地探讨创新型教学与有章可循的即兴发挥之间的关系,然后为教师如何能够运用有章可循的即兴发挥设计与创新教学提供具体案例。之后,我们希望强调有章可循的即兴发挥能够帮助我们解决教学矛盾中的两种核心冲突,并由此形成创新性学习的学习环境。

▶▶ 创新型教学中的固定程序与即兴发挥

创新性与有章可循的即兴发挥

为了理解教师如何能够运用有章可循的即兴发挥设计与创新教学，我们首先需要简要地了解创新性的定义是什么？在创新研究的领域，人们普遍认为创新包括原创性、独特性或新奇性以及有意义、有作用，或教学任务的适宜性（巴朗，1955；考夫曼，2009；斯腾伯格，考夫曼和佩雷茨，2002）。创新性——和原创性与教学任务适宜性紧密结合——与我们之前描述的有章可循的即兴教学相适应。特别是在遵循课程或教学任务的规约之下（这与教学活动的固定方面或有序性相关），为学生表现他们的原创性提供机会（这与即兴发挥的可变方面相关）。

重要的是，所谓的原创性与有意义是在特定社会、历史与文化背景下的定义（普拉克，巴格托和陶，2004）。而且，正如我们在别处描述的那样（见巴格托和考夫曼，2007；考夫曼和巴格托，2009），创新表现有不同层面，从理解性的或微型创新（比如孩子会将他喜爱的故事人物和他刚学的一首歌联系起来），到日常生活的创新或小型创新（烹饪时，用在饭店未吃完的泰式食品或冰箱里的新鲜蔬菜做成一道美味拼盘），再到专家或潜意识创新（一位数学教授为一道看上去无法攻克的数学难题寻找新答案），到最后的具有传奇色彩的或巨大的创新（乔治·格什温谱写的乐曲至今还为人所喜爱）。

在课堂环境下，小型创新（小型创新与微型创新）很明显更为合适——因为它经历了许多年持续的强化训练才形成了高级创新所需要的知识基础（埃里克森，1996）。这样就意味着，比如，三年级的孩子对于科学实验的微不足道的观点仍然被认为具有创新性，即使在高年级课堂上这种想法可能不被认为具有创新性。而且，关于微型创新，一个学生新奇的以及个人有意义的见识或解释（经常在学习时发生）都是产生较大创新潜能的重要源泉。那些了解微型创新潜能的教师能更好地运用有章可循的即兴发挥方式来开发（通过包含在不可预知的情形下出现的可变瞬间）并形成这些潜能（通过帮助学生学习一些学科的计划内课程）。

在对创新性与有章可循的即兴发挥之间的关系有了更好的了解之后，

第五章　有章可循的即兴发挥与创造性教学

我们现在可以举出一个具体的例子：一名教师该如何计划一门课程，来自然地引发即兴发挥。

课程计划与有章可循的即兴发挥

在这一部分中，我们举出一个例子，展现一名教师如何运用有章可循的即兴发挥来设计课程，以解决教学矛盾中的既需要教授学科内容同时也满足学生创新需求的冲突。具体来讲，我们举了一个例子，一名教师如何计划俳句诗歌课程，在教授学生固定的诗歌形式的同时，还满足培养学生创新性的灵活需求。

当设计这样一门课程时，教师需要决定课程的哪些方面是固定的，哪些部分是灵活可变的。对于固定内容，教师首先可以为学生提供各种诗歌模式，以便学生能够了解俳句诗歌的相对常规的结构模式。然后，教师可以让学生们自己写诗（课程的可变部分）。在评价学生对俳句诗歌的理解时，教师仅仅要求学生复制以前的诗歌模式，这只是完成教学计划中的内容，并没有为学生提供创新表现的机会。举一个比较极端的例子，一名学生上交了一首独创的诗歌，但没有遵照俳句的句式，这首诗歌可能被认为具有原创性，但在这堂课里却不被认为具有创新性（因为这首诗不是俳句）。相反，为了使学生的俳句诗歌具有创新性，教师需要设计一门课程，为学生提供足够的空间来展示他们在内容上做出的独特贡献，当然是在俳句固定的句式下。如此一来，判断学生的诗歌是否具有创新性就不仅基于其提供的内容是否具有原创性，而且还需遵守俳句诗歌的固定句式。

在俳句例子中，形式是固定的，内容是可变的。当然，不一定总要求形式固定内容可变。相反的做法也有利于创新性学习的形成。比如，本章的第二位作者，任教于四年级，他的老师教了一节关于加州淘金的课程，布置的作业必须和淘金相关，但是可用不同的形式来表现内容——这样就促成了矿工日记的形成（最后以假金粉作为结尾），用于表现课程的固定内容（淘金热）。

当我们阐述这些例子时，为课程的可变部分提供空间（不管怎样，许

创新型教学中的固定程序与即兴发挥

多教师都可以做到），为原创性以及要求学生完成规定的计划性任务（而不是站在对立面）提供机会。只有这样，计划教学活动才会有助于我们重构本章中探讨的教学矛盾中的两种核心冲突（例如，要求既包含学科内容，又尽力培养学生的创新性与担心创新带入课堂会导致课程混乱之间的矛盾）。此类计划包含学科内容的具体规定以及在这些规约之下，为学生提供创新的机会。

总而言之，教师能运用有章可循的即兴发挥方式来计划他们的课程，通过考虑哪些方面可能需要固定（比如，学习的内容），哪些方面是可以变化的（比如，学生如何真实地呈现他们对内容的理解）。在一些教学场合，学习活动几乎是完全固定的（比如教育学生如何使用本生灯），而在其他情形下，大部分教学是可变的（科技展览项目上的头脑风暴观点）。而且，在计划教学中运用这种"固定与可变"的启发式教育法，不仅包括决定哪些方面需要或多或少的可变，而且还要认识到当计划课程遭遇现场课程时，固定与可变方面可能需要在教学过程中迅速重新调整。这种迅速调整包括每一事项从足够灵活到可以脱离固定课程计划，也包括在课堂讨论中，当面临一个未知但重要的转变时，如果教师发现学生还没有理解课程内容时，就需要将可变的活动重新调整成为计划教学中的活动。尽管这可能是说起来容易做起来难（克拉克和英格尔，1977），但我们相信只要有经验与实践，这种需要调整计划课程的意识可能会转变为教学中采取即兴发挥举措时必不可少的"瞬间意识"。

计划从有到无

正如我们之前所讨论的，有章可循的即兴发挥这种启发式教育法的固定或可变形式有助于教师在计划教学中提供灵活应变的机会（在课堂中创造更多可变空间，来表现学生们的原创性），帮助教师更好地引导在现场教学中出现的未知瞬间。正如我们现在所探讨的，为了培养学生的创新潜能，创造此类机会，开启未知的课程瞬间需要教师采取即兴发挥的方式。尽管这种情形可能会发生在任何一场教学活动之中，但课堂讨论是这些未知瞬间产生的重要场所（索耶，2004）。

第五章 有章可循的即兴发挥与创造性教学

为创新留足空间的课堂讨论最初的模式是固定的（准备好的材料或问题），然后慢慢地融合了可变部分（在教师与学生之间进行的一种即兴对话游戏）。太多即兴发挥的课堂讨论可能会蜕变成为一种离题的或基于各自观点的争论。但如果教师允许讨论超越他或她的控制，对话可能最终会被少数高度积极的学生所主导，班上大多数同学会因此失去兴趣。当然，反之，如果讨论过于照本宣科，学生可能会产生厌倦或注意力不集中。如果没有为创新留足此空间，不去冒险，那么教师就会失去促成创新潜能的机会。

一位教师的真实经历证实了有章可循的即兴发挥是如何支持学生创新。上井（2000）的录像影片展现了一位教师和她的二年级学生通过两列加减法题目展开教学。在录像中，这位教师在黑板上写下一个问题（固定的或预先的教学计划）：26 - 17。

教师为学生留出足够多的时间思考这个问题，然后，轮流叫起学生小声地向她说出自己的答案。在几个学生报出他们的答案之后，这位教师在黑板上写出了几种答案：18，11，9。因为这个问题只有一个固定答案（"9"），我们理解的做法就是这位教师本可以忽略错误答案，只需要向全班同学指出正确答案是"9"。然而，她没有采取这样的方式。这时，她做出了一个相反的举动，没有评价答案的对与错，而是要求学生解释他们怎样得出答案。我们认为在这一刻，这位教师体现了有章可循的即兴发挥，因为她迅速调整了评价"正确"答案的常规做法（见米恩，1979），相反，她只是对一些未曾预料到的答案做出了反应。这种灵活的举措不仅能够帮助学生得出正确答案，而且更为重要的是，对答案形成了一种更为牢固的理解。事实上，西格勒（2006）已经证实，让学生解释错误答案为什么错误，比让他们仅仅关注正确答案学得更有成效。在上井（2000）的录像中，这位二年级教师做到了这一点，用一种类似于索耶描述的那种方式，在学生之间促成一种合作性的即兴发挥，引导着他们构建自己的知识体系。

录像展示了学生如何形成他们各自理解的几个案例。比如，那些最初认为答案是"18"的学生，在他们听到同学是如何得出"9"之后喊道："我算错了！"另一名学生，史蒂芬，并没有很快放弃他的答案，插嘴道："我能证明答案是'11'。"同样地，他的老师没有告诉他他的答案是

创新型教学中的固定程序与即兴发挥

"错"的,而是请他对此做出解释。史蒂芬解释道,"20 减去 10 就是 10,6 减去 7 就是 1,10 加 1 就是 11"。在这一刻,另一位学生喊道:"不对。"然后,教师向其他同学解释道,史蒂芬有不同的答案,并在全班同学面前重复了他的理由。众多学生喊道:"不对!——我能证明答案是 9。"当其他的同学进行解释后,史蒂芬,原先认为答案是"11"的学生,似乎意识到了自己犯错的原因,说道:"我算错了"。然后,老师与史蒂芬又检查了一次,问他是否确定不同意他对问题的最初理解,他回答:"是的。"他十分确定。

我们认为这位教师在可变瞬间维系学生不同反应时的举措(通过不对答案做出评价)有助于帮助学生达到学习目标,通过允许观点的动态交换,帮助学生理解正确答案"9"。而且,我们认为,这样也有利于创新表现。为了言之有据,我们需要快速地重温一下微型或小型创新的定义。微型创新与新奇的、有意义的理解相关(基于一些互动活动的解释或经验),小型创新更多是与日常生活中(或者,如这个例子中的课堂上)独特而适当的创新表现相关。因为这两种定义,一名学生喊的"我算错了"意味着一个微型创新理解的可能(比如,"我刚才对这道数学题有了一种新的有意义的理解!")。当然,这名学生说出这样的话可能是迫于惯例的压力,希望消除社会对他们以及他们解释的关注。然而,我们还是认为,当学生意识到自己错了的那一刻(因为他们有了新的有意义的想法)即是微型创新的时刻。尽管我们相信这样的微型创新之见对于他们来说是一种重要的创新形式(见巴格托和考夫曼,2007),但我们也意识到,在课堂上,经常帮助学生分享与形成微型创新见解,使之成为可以识别的小型创新观念是很重要的事情。在维持新奇的同时,又符合学科内容的惯例(巴格托,2007)。如果我们回头再看一下这个例子,仔细琢磨学生的解释,我们就能发现,教师娴熟地融合了固定与可变部分,为分享这些关于数学的小型创新的概念提供了机会。

本案例中的这名教师维持着这种可变瞬间,通过允许学生分享他们各自有意义的解释,即如何得出他们的答案,而不是试图通过让他们采用更为固定的或常规借鉴的方法来得出答案 9(比如,从 20 中减去 10,加上 6,就是 16,然后减去 7)。这样一来,学生就能形成与表现出小型创新的

第五章　有章可循的即兴发挥与创造性教学

见解（见解不仅新颖而且准确）。我们来看一下一名叫加里的学生给出的解释。加里说，他首先从26与17中减去6与7得到"9"，从20中"拿走10"后"还剩下10"。然后，他说，"拿走7"后"还剩下3"。最后，他总结，"再把6加上就是9。"在老师给全班同学重复了加里（相当新奇且准确的）方法之后，他的一位同学有了自己的微型创新时刻，喊道，"我错了！"当另外一名同学查理斯解释他的答案时，相似的情形出现了。"好，从20中拿走10还剩下10，对吧？然后加上6，是16，减去7，就是9！"在这次解答后，那名叫史蒂芬的学生（他最初相信答案是11）坦言："我算错了"。

这个课堂例子说明了教师如何运用有章可循的即兴发挥帮助学生解决创新教学中的矛盾，同时不用放弃学习学科内容。该案例也建议教师为了娴熟地驾驭更多可变的教学瞬间，不用妥协于固定的教学目标，他们需要相当熟悉教学内容，以便轻松应对未曾预料的情形。实际上，教师需要能够意识到并确定什么时候，多大程度提供反馈，同时支持学生学习与创新表现——由经验与专长形成的一种技能（博尔科和利文斯顿，1989；索耶，2004）。

这个例子也说明了有章可循的即兴教学需要教师找到一种教学方式来支持学生的可变瞬间，以便让学生愿意分享他们独特的、不可预知的、多样化的观点，同时，挑战学生，让他们超越自己最初的观念——将他们的见解与更固定的学科标准与规约结合起来。我们不建议所有教师为采用与这位二年级教师相同的策略，而放弃一些较为常见的做法，比如他们可以通过将挑战固定惯例的教法与为学生提供分享他们独特见解的可变机会结合起来解决教学矛盾中的冲突。有章可循的即兴教学的一个重要组成部分包括必需的专长与意识，为学生提供适当的鼓励与重要反馈。

我们将这种挑战与机会的结合称为"金发姑娘原理"（巴格托和考夫曼，2007）。"金发姑娘原理"的核心是在可变的鼓励和更为关键的反馈之间建立"适度平衡"，而关键的反馈涉及学生如何较好地学习与遵守一些固定的课程标准与惯例。比如，如果给予学生的反馈基于较难的固定标准，他们可能会认为自己缺乏能力，因此也不愿意寻找可变机会来展现他们的独特见解与能力。比如，我们假设一个9年级学生，丽加纳，一个有

创新型教学中的固定程序与即兴发挥

微型创新想法的女孩,她想把她所学的历史与语言艺术的微型创新见解,用历史神话故事形式表现出来。不幸的是,她的老师与家人都不支持她将这些想法变成现实;重要的是,他们对她说,她没有成为一名作家的潜质。当她高中毕业的时候,她认为自己不是一个有创新性的人。她可能停止神话写作,即使只是作为自己一种的喜好,当有作业需要完成的时候,她也只会拿起历史书随便看一下。

相反,如果给予学生的批评性反馈不够,就不能帮助他们了解具体领域的惯例与真实世界的标准。然后,这个不良结果可能就是得不到支持。假设另外一名的学生,乔舒亚,着迷于科学故事,花了许多空闲时间写他自己的小说,但是他的努力受到过分的表扬,他的父母及老师,害怕批评性反馈会熄灭他的创作热情,给予他太多鼓励。他的父亲对此表现出过度的热情,告诉乔舒亚应该将他写的小说投给《阿西莫夫科幻小说》杂志。他的老师只是为他提供空洞的鼓励,从来没有指出他的小说的好坏。不幸的是,他的故事过于简单,太依赖于他所看的电视,缺少原创性或新颖的观点。当乔舒亚收到《阿西莫夫科幻小说》杂志寄来的一系列退稿信时,他震惊且沮丧。当乔舒亚长大后,他可以继续写科幻小说,然而,除非他得到如何改进的反馈,否则,他还是不知道如何进行真实世界的写作,这样的写作要求原创性与适宜性。

如果没有批评性的与支持性的反馈,学生像乔舒亚与丽加纳,将永远也学不知道如何形成与拓展他们的创新力。有章可循的即兴教学的一个关键目标,正如金发姑娘寻找的那碗粥,既不能太热,也不能太凉,就是为学生提供合适的反馈来激发他们的创新潜能。

有章可循的即兴发挥教学

尽管对于即兴发挥的教学,我们没有神奇的公式,但还是有一些基本的原则。有章可循的即兴发挥需要合理的冒险。教学是一种不确定的行为;好的教学需要一定程度的表演与些许的放纵。在有章可循即兴发挥的教学中二者(表演与放纵)都需要一些。

实际上,这种看上去不费力的教学却需要最充分的准备。我们当中的

第五章 有章可循的即兴发挥与创造性教学

一位教师，在他所教的大学课堂鼓励课堂讨论时，经常发现一些学生会放弃讨论的，他们不参与讨论完全是因为懒惰。事实上准备与组织讨论需要投入大量的精力与注意力（在我们的经验中，比较典型的是准备讨论的时间要多于准备一个讲座，讲座主要是教授的独白）。在课堂上，没有什么比主动参与学生讨论一个概念，分享他们的见解及个人经验更为美好的事情。没有什么比面对讨论主题死气沉沉、学生集体沉默寡言，讨论没有达到预期效果，也没有提出任何观点更为痛苦的事情。

我们可以为学生在课程上提供灵活表现的机会并分享他们的新奇观点。然而，这样做并不能保证学生愿意利用这些机会，教师也需要意识到课堂这一背景——比如学生的工作如何被认可、评价与奖励——可能会加强或抑制学生进行智力冒险及分享观点的意愿（巴格托，2005）。因此，即使教师试图在课程上创造灵活表现的机会（比如，写出学生们选择的任何主题的小故事），但教师可能会不经意地传递一些关于活动的奖惩措施，这实际上会压制学生的创新表现（比如，在写作之前告诉学生，只有最好的故事才会得到奖励，可以展示在教室的墙上，获胜的作者会收到成绩证书）。

特丽莎·阿玛拜尔与她的同事已经证实创新表现在以下情形会被压制：许诺奖励工作创新，强调社会对比与竞争，强调评价。在一个通过调查方法进行的研究中，阿玛拜尔探讨了内在与外在动机导向对研究生与本科生创新性写作产生的影响。她要求学生首先写一首诗来确立创新写作的基准。然后，她为他们列出了一个写作的理由清单。第一个小组收到的清单强调外在动机（比如，你想让写作老师对你的写作留下好印象，你了解到许多好工作需要良好的写作技能），然而，第二个小组收到的清单注重内在动机（比如，你喜欢自我表现的机会，你喜欢与文字打交道）。阿玛拜尔（1985）然后让学生将这些理由排序，然后要求他们再写一首诗。那些注重内在动机的学生与没有收到清单的小组一样，在创新的水平上，没有显示出明显的差异，而那些强调外在动机的学生，第二首诗的创新水平明显要低于其他人。

知名研究员贝丝·轩尼诗与她的同事（轩尼诗、阿玛拜尔和马丁内奇，1989；轩尼诗和兹比可斯基，1993）也开展过类似的研究，希望找到一些办法来帮助教师保护学生的创新性并免受外在动机的影响。这种免疫

▶ 创新型教学中的固定程序与即兴发挥

方式包括通过帮助学生关注学习的内在的动机特征（比如，学习中趣味性强的与令人激动的方面），来保护学生免受由奖励期望带来的负面后果。

重要的是，外在动机与创新性减少的关系并不总会表现出来。罗伯特·艾森伯格与他的同事（如艾森伯格和塞尔布斯特，1994；艾森伯格和夏洛克，2003）发现，比如，如果奖励在创新活动中不呈现出来，创新性是可以通过许诺的奖励得到提升。然而，教师可以借鉴的一点是：了解普通课堂实践中发送的动机信息。这样的实践能够而且会对学生的动机与创新产生影响——有时候是以一种无意识、非直觉的方式。意识到课堂里的动机信息如何影响创新表现有助于教师在课程中提供可变瞬间的机会，还能发现他们的学生不太情愿冒险分享他们独特的观点。

最后，我们认为在当前外部问责的氛围下，教师经常没有权利决定教授的内容、评价的方式。然而，我们也认为，教师们还可以做许多事情，通过采用有章可循的即兴发挥方式来进行教学，这样不仅帮助他们确保创新不会受到压制，而且还有助于解决教学矛盾，在教授学科内容的同时，还能兼顾创新表现。接下来，我们要强调贯穿本章的几个关键点，提供一些我们认为能够帮助教师在教学中逐步形成有章可循的即兴发挥的建议。

(a) 当学习某些固定学科内容时，可以通过课堂上的可变瞬间与活动相结合的方式来制定计划，鼓励学生分享他们的微型带有创新的见解与解释（如俳句与二年级数学的案例）；

(b) 花一些时间，在学生的不可预知的反应时刻简要地探究那些观点并做出评论，更好地了解学生如何解释他们所学的知识（简单地询问，"能多谈一下它和我们讨论的问题的关系吗？"在引出学生对相关主题讨论的观点时可能要花较长时间）；

(c) 让学生知道什么情况下他们的贡献没有什么意义，因为特定活动或任务中存在较多的固定学术学习的规约、常规与标准（这与"金发姑娘原理"相关，需要更多灵活的机会来平衡批评性反馈，帮助学生也学到创新表现需要的学科内容）；

(d) 在学科内容的背景下，为学生提供多种机会修改他们的观点，促成微型创新与小型创新的出现（这个可能包括学生将他们的观

第五章　有章可循的即兴发挥与创造性教学

点写在笔记本或黑板的一角，因为对于接下来的学习与理解，这些观点还没有完全成熟，还可以修改、形成，或者甚至可以弃之不用——例如"我算错了"）；

（e）在现场教学的临时场景中，时刻准备重新调整计划课程的固定或可变瞬间，创造一些预料不到的可变学习机会（比如，二年级数学案例中的学生解释），或者看起来需要更多的固定规约要求（比如，当老师发现学生还不具备参与可变学习活动需要的能力）；

（f）提供一种评价性反馈，以尝试鼓励学生表现，同时强调学生在学习学科内容的背景下应该如何改进（见布莱克和威廉，1998年的一场讨论）；

（g）最小化或免除外在动机的影响，通过在一个较为固定的学习任务课表下为学生提供灵活的选择——这样学生可以关注有趣的或个人认为有意义的任务（如俳句与淘金作业的案例）。

结　论

在本章的开始，我们就指出创新教学的矛盾，存在于担心陷入两种冲突之中：为创新而教学时害怕会产生课堂秩序混乱，和课程教学时担心创新性受到抑制。接下来我们探讨了索耶的有章可循的即兴发挥概念（2004），我们的目标是阐述教师如何解决这些冲突。我们提供了一些案例，讲述教师如何通过计划以及有章可循的即兴发挥的方式教授学术课程。尽管我们觉得没有完全可靠的方式来应对计划教学遭遇现场教学时出现的不确定性，我们仍然相信教师能够（以其经验与实践）找到办法来融合与调整他们课程的固定与可变部分，以便支持学生的学习与创新。

本章我们的目的是为教师提供一种新方式来思考他们在课堂上如何同时鼓励学习与创新。尽管我们希望为此提供一些新的见解与通用的建议，但最终还是需要每位教师找到他们各自特定的方式来推动他们的课程，实施有章可循的即兴发挥。一如既往，我们非常感谢那些有足够精力进行尝试的教师。

第二部分　学习的矛盾

第六章

教学中利用固定程式进行即兴发挥：
以小学课堂教学为例

弗雷德里·克埃里克森

在我早期事业生涯中，我发表了一篇名为《以课堂交谈来进行即兴教学》（埃里克森，1982）的文章。在这篇文章中我写道："即兴发挥"没有常见的"想象"那么自由。"即兴发挥"依赖于固定程式——"即兴发挥"要在一定的框架结构下进行，并且它需要利用固有模式的各个方面以便在实际的表演中能够创造出新的模式。举例来说，一个爵士乐团的即兴表演是建立在三种水平结构之上，而且每一层结构都基于下一层次的结构。第一层次，这首歌有一个整体的结构形式，合唱包括16或32小节，通常是以AABA或ABAC的形式组成连续乐句——贯穿整个歌曲合唱部分。第二层次，每一乐句都包括一连串的和弦，这些和弦组合在一起造就了旋律的发展，即变调。此外，就每一个乐句中相邻两个音符持续时间的长短如何分配，每个音乐家都有一整套音节润饰的才能，形成旋律轮廓。而这些才能都是音乐家在多年的演奏中形成的，在恰当的时机，演奏者可以将其融入到即兴独奏中。即兴独奏的产生也基于以上三种结构形式。

研究表明有经验的教师也会被相似的嵌入式结构所引导。前面讲的两种结构类型，即引导歌曲或课堂教学的整体结构以及步骤的组成顺序，预先决定了和弦顺序和口头交谈的次序。博尔科和利文斯顿发现了有经验的教师和新手教师在提前准备教学计划上的区别。相对于有经验的教师，初级教师花费了更多的时间在提前准备上。而有经验的教师相对来说花的时间较少，而且他们的教学计划更加具有灵活性。因为他们知道他们可以根据教学经验进行即兴教学。同音乐剧类比的话，有经验的教师的教学计划

创新型教学中的固定程序与即兴发挥

只包含了一个主题,至于在课堂上会发生什么,他们都只能随机应变。相反,新手教师的教学计划就如同照着乐谱进行演奏一样。这个研究暗示了优秀的教学更像是即兴的演奏而不是对着乐谱照本宣科。

就第三种类型的结构而言,这一层次的结构要求将各个短小的片段连接起来。这种连接与旋律的发展相似,因为旋律的发展也是靠相邻和弦的结合来完成。同时这一层次的结构类型与音乐家将片段的旋律组合形成一首完整的歌曲也相似。有经验的教师有一整套实践经验和技术,这些经验和技术都是由他们在课堂管理和如何传授学科知识的过程中采取一些瞬间举措组成。相比初入行的教师来说,有经验的教师会更多地使用教案和按固定程序教学。而看似矛盾的是,有经验的教师却又比初级教师更多地使用即兴教学。在这章中,我重点分析这种教学矛盾,即为什么一方面,有经验的教师比初级教师会更多地使用教案和固定教学程序,而另一方面,他们却又会在这些结构框架内进行更多的即兴教学。事实上,因为要接受课堂上学生的突发行动并对其做出正确的反应,高效的即兴教学需要教师受过专业的训练。有经验的教师通过富有创造性的即兴教学来引导课堂教学的方向,但即兴教学并不是教师的临场发挥,它要靠教学计划和固定的程序作为辅导。教学计划和即兴教学二者之间看似矛盾,但实际上教学计划正是为即兴教学打下基础。

在这章中,我提供了一些小学课堂教学的例子,这些例子展示了四种不同的教与学的矛盾:

1. 如何应对使用教师和学生都了解的预先存在的教学程序来辅助课堂即兴教学的挑战。

2. 教师如何根据学生的突发行动来引导课堂即兴教学,让学生都从中有所收获。

3. 如何使这些相同的教学程序更利于学生的即兴发挥思维的培养。

4. 如何使固定的教学程式为学生的即兴发挥做支撑,激发学生的创造潜能。

索耶(2001,2003)认为相似的结构与即兴发挥的矛盾不仅存在于戏

第六章 教学中利用固定程式进行即兴发挥：以小学课堂教学为例

剧表演中，甚至也存在于我们日常谈话中。索耶关于日常谈话中即兴发挥的研究主要利用与戏剧表演，尤其是即兴喜剧表演的对比。即兴戏剧表演是文艺复兴时期，意大利一些专业艺术家所倡导的喜剧风格。索耶举出大量的例子来说明：虽然同一场戏剧表演所用的剧本是相同的，但在实际表演中，每一场表演都有不同之处。即兴表演都是以剧本做基础，而剧本只是对背景、人物、情节的浓缩。就像有经验的教师的教学计划一样，剧情梗概提供的仅仅是一个大纲，而细节的展现却需要演员在舞台中的实际表演。

相似地，在许多不同种类的音乐剧表演中，即兴表演都是以一定蓝本为基础，虽然这个蓝本只是对一些元素的整理。比如，正如我之前提到的那样，爵士乐的即兴演奏都是在16或32节的和弦基础上展开的。许多音乐剧的即兴表演传统上都以一些固定结构作为基础，这些结构就好像蓝本一样，只展现一个主题，在原曲基础上的某些改变或适当加入修饰性的乐句都使演奏更具多样性。比如，在实际的演奏中，演奏者会用一个和弦去替换另一个。或者虽然音符按哆咪咪发的顺序排列，但在实际的演奏中跳过其中一个音符（从"哆"直接跳到"发"），就会产生新的旋律变化。

或者如果旋律由两个相连的音符跳跃组成，那么两个音符之间的间隔就会被一系列的曲调填满（如"哆咪咪发"）或者是按字母顺序排列的曲调（"哆，咪，哆，咪，哆，发"或者"哆，咪，咪，咪，咪，发"）。主旋律在女高音部分（更高的声调）由小号吹奏出来，接下来的女高音部分的变化可能由竖笛表现再来——在音传调节时，每一种乐器都会提供不同的演奏风格。为了在真实表演中产生富有意义的变化，音乐即兴表演者要善用主旋律。这种结构不是为了限制即兴表演，而是为了使其发挥更好的作用。

教师过多地偏离教学计划还会导致学生无法学到实质的内容。同样地，在音乐剧的表演中，如果即兴表演与原来的主题相差太远，也无法达到表演效果。历史上对于约翰·塞巴斯蒂安·巴赫在宗教活动上的风琴演奏一直批评不断。原因就在于他在演奏圣歌的前奏曲时加入太多的即兴演奏，以至于教堂会众无法辨别出这到底是圣歌的哪一部分。自由爵士或无调性爵士乐（比如，奥奈特·科尔曼）也受到了相似的批评。对于那些倾向于新奥尔良爵士乐这种有清晰节奏基础的听众来说，他们认为自由爵士

▶ 创新型教学中的固定程序与即兴发挥

乐的结构过于松散。在新奥尔良爵士乐的演奏中，一连串的音符都保持一样，只是主旋律的重复，又或者是按照 12 节蓝调的简单结构进行演奏。在 12 节蓝调中，除了一些变奏曲之外，其余的几乎是一样排列顺序的和弦在反复重复。在绝大多数的不同种类的即兴演奏中，主旋律的一些片段在整个演奏的不断重复中始终保持不变（索耶，2001）。这就使得其他片段在变奏的情况下也不会失去乐曲本身的味道。在奥奈特·科尔曼的无调性爵士乐中，虽然他对于音调的选择与标准爵士乐选择旋律和和声的规定并不一致，但他在演奏中对音符的时间间隔处理却非常符合规定。对于科尔曼来说旋律可以天马行空，但节奏却万万不可。

在我最近写的一本书中，我提到了一个观点：所有对社会实践活动的处理都是即兴的（埃里克森，2004）。我对即兴发挥概念的阐释是：即兴发挥是为了解决现代社会理论中存在的一些关键冲突，即现存的社会结构与日常社会实践之间的冲突。在 20 世纪 70 年代，一些原结构主义者开始批判结构主义的缺点，由此产生了后结构主义。后结构主义强调社会实践活动中即兴发挥的特质（布迪厄，德塞都）。与后结构主义者相似，行动理论者，如社会学家吉登斯同样强调，社会结构只能在日常的实践活动中被发现、被重现。我对即兴发挥的关注和研究，以及对这一思想的新贡献是通过强调社会活动和音乐演奏的对比形成的。社会生活就好似一场演出，随着时间的流逝不断地上演，一系列现实的积累要求表演者对现在做一些改变以便更好地通往未来。我以为所有社会活动的执行都是即兴的，因为它们的产生都是实时的。就像爵士乐队在舞台上表演，演奏一直在进行；在每一个指定的"现在时刻"，表演者都要做一些选择。在每一个"现在时刻"，无论是经过深思熟虑还是靠人的直觉，表演者都必须从一系列的代替形式中选取一些适合那个特定时刻表演的形式。在音乐中，这一系列的可供选择的替代形式或许就是同一和弦中不同音高的选择（比如，在 C 大调或者三和弦中，三种可能的选择形式便是 c 调、e 调和 g 调）。在谈话中，可行性方案的选择可能表现为如何用不同的表达方式让别人打开窗户（比如，提议"打开窗户"，"请打开窗户"，或者是在刻意看着窗户的同时说道"难道你不觉得屋里太热了吗？"）。这些例子都表明为了达到相同的目的或相似的效果，我们可以选择不同的可行性方案。

第六章　教学中利用固定程式进行即兴发挥：以小学课堂教学为例

在某些情况下，为了达到特定的功能，人们也会从不符合习惯的可行性方案中选择一种。这种做法的结果是会改变我们所期待的功能定位，也很可能导致对以前一系列活动的回顾和重新解读。语言分析学家指出没有答案的问题不能称其为问题。换句话说，行动的意义只有在别人据此做出反应后才会显现出来（谢格洛夫，1986）。在前文所列举的音乐演奏的例子中我提到，如果在 C 调中有人演奏了降 e 调而不是 e 调，那 C 大调就变成了 c 小调，而这二者是完全不同的音调。在前文中我同样提到了请求别人打开窗户的例子，如果有人并不选择前文中提到的方式，而是说"算了，我就这么热着好了"，这样就改变了话语的功能，使它从委婉请求变成了消极的，带有侵犯性的抱怨。在某个特定的"现在时刻"，如果从习惯性的选择范围之外选择一种形式，那么一种新的功能便在那个"现在时刻"被引入了。这种新功能不像其他功能，已经在之前的某个时刻被验证过，它的出现是没有计划性的。因此，唐突地引入一种没有经过计划的新功能会改变活动发展的整体顺序或轨迹，甚至有可能改变活动的组织框架。

在课堂上，学生常有一些突发行动，很有可能引发对教师预期教学结构的重新解读。有些时候，学生的突发行动只是蓄意地想挑战教师的权威，针对这种行动，最好的解决方式便是忽视或者是否定它，然后继续按预期的教学结构进行教学。但通常情况下，更好的解决方法是我在文章的第一部分举例说过的一个方法，即在不影响正常教学秩序的情况下，教师可以即兴地实施一些惩戒。然而，在许多情况下，那些突发行动反映了学生对此产生的误解或者偏见。我将在本章的第二部分举例说明此问题。在遇到这些情况时，有经验的教师可能会选择即兴教学，创造出一些不同于原定教学结构的方式，也就是创造一种新的结构来及时地应对学生的突发行动。通过有章可循的即兴教学，有经验的教师能最终创造出一种方式来解决学生误解的问题，使教学回归到原定的教学计划上来。

利用固定程式指导即兴教学

在所有即兴对话中，交流产生于两个功能水平基础上。当然，最明显的水平层次是话语的字面意思。在课堂上，教师与学生间大多数对话都围

创新型教学中的固定程序与即兴发挥

绕着课堂教学的内容。然而，在所有的即兴对话中都有一个第二等级的功能水平，这一等级的功能水平通常是不言明的，表现为谈话双方对于谈话如何进展而达成的一致协议。在课堂上的交流通常是属于第一层次的。教师会因学生说出不合时宜的话或用不合适的语调说话而直接用言语斥责学生。但有经验的教师对于这种元信息的传递通常采用隐蔽的方式，也就是第二种功能水平的交流。虽然这一功能水平通常与训练和使学生的注意力集中在课堂任务有关，但它同样与如何即兴应对学生因误解而产生的突发行动并因此创造的"受教时刻"有关。

在系统性强、计划充足的课堂里，第二等级的功能并不是必需的。因为所有的参与者都已熟记课堂计划，他们知道在何种时刻何种行为是被接受的。在这样的课堂上，师生之间不需要协商如何使课程顺利开展下去。然而，在面对突发情况时，交流本身总是需要协商（索耶，2003）。第二等级的功能水平被称为语境化线索（见甘柏兹，1992），语用效果（希尔弗斯坦，2003）或元信息传递（贝特森，1972 [1995]）。因此掌握这种功能水平对有效的即兴教学至关重要。

来看一个来自综合幼儿园的例子：9月中旬的一个早晨，在一年级的课堂上，教师正在给孩子大声朗读图画书上的内容。她坐在放置在教室前方的地毯上的儿童座椅上，而所有的孩子都围绕着老师席地而坐，形成一个半圆形的结构。他们之间的交流主要是通过演说的形式，并以书中的图画做辅助（教师举着图画书以便所有的孩子在她朗读时都能看见图片）。他们谈论的主题是由克莱门特·摩尔写的一首诗《圣诞节前夜，圣·尼古拉斯的来访》。或许有人会认为在这样的课堂上，即兴教学是不会发生的，因为朗读书本时产生的对话与平常朗读剧本相似，根本无须即兴发挥。然而，教师需要在给学生朗读的同时维持课堂正常的秩序，也就导致了如下的即兴发挥：

老师："在圣诞节的前夜……
整间房子里
没有一个人在吵闹—路易！
就连老鼠都不吵闹……"

第六章 教学中利用固定程式进行即兴发挥：以小学课堂教学为例

有人或许会认为像朗读文学读物，尤其是在给孩子朗读文学读物时是不会因受到干扰而被打断的。但是幼儿园一个名叫路易的小孩在老师朗读时，坐在地毯上以一种奇怪的、不合适的方式扭动着他的躯干、手臂和头。所以怀特夫人，也就是老师，在朗读诗歌的同时插入了一个对路易的"管理指令"。她在做这个插入时，既没有省略或延迟她朗读时固有的节奏——具体说来就是诗歌中的抑扬顿挫，通常以声高为标志——以黑体字的形式在手写稿中表现出来（注意：手稿当中的两个空格相当于停顿四分之一的时间，也就是一个逗号的停顿时间。四个空格相当于停顿二分之一的时间，也就是一个句号的停顿时间。连续的冒号表示音的延长，即元音的延长）。怀特夫人在朗读诗歌的同时插入了管理指令，这表明她能敏捷地做到在集中于课堂内容的同时也关注学生的动向。一个好的学生要有能够读懂老师语言行为（和非言语行为）中所传递的元信息的能力，特别是当老师正集中于教学内容时，这种元信息的传递方式是非常含蓄的。

接下来的这个例子同样来自这所幼儿园，也是在一年级的教室。9月份新学年的第三天，午餐过后，其他年级的幼儿园孩子都回家了而一年级的孩子却继续他们的学习。怀特夫人刚开始这一学期的第一堂数学课，这堂课讲的是集合和集合的属性。这是对之前春季所学内容的复习，也是孩子们在幼儿园所学的知识。怀特夫人在教室前方的地毯上放置了木块，这些木块的颜色有些是黄色的，有些是绿色的；有些是三角形的，另外一些是圆形和长方形的。怀特夫人把颜色都是黄色的但形状不同的木块组成一个集合，因为它们拥有颜色相同的属性。同样，她把形状都是三角形但颜色是黄色和绿色的木块放在一起，因为它们拥有形状相同的属性。每一个集合都用绳子围起来，而孩子们围着这些木块席地而坐，一起观察着放置于圆圈中心的木块集合。孩子们晃动着身体，指着木块，兴奋地讨论着。这样的讨论情形已经达到了怀特夫人最初的教学目标——利用地上的木块集合让孩子们复习集合的属性。她是这样开展讨论的：

老师：我们讨论过那个吗？我们讨论过那::::个（tha::::t）

当怀特夫人说话时，孩子还是在继续移动和说话中。词语"that"中间的一连串冒号表示元音"a"的延长。由于"tha::::t"中最后一个字母"t"是老师发出的，而且当老师在延长元音"a"的发音时，学生停止

创新型教学中的固定程序与即兴发挥

了移动,也不再说话。当这个延长的元音发出时,孩子身上的"变阻器"的阻力像被调大了一样,在半秒的时间内,孩子的说话和肢体活动都减少了。换句话说,元音"a"的延长不仅强调了单词"that"的发出,同时也延迟了老师的继续演说,使演说进入了一个新的语法单位。同时也使演说停留在前一个分句,也导致了句子的不完整。老师的意图,孩子们也应该明白,那就是这种听觉上和语法上的线索其实是作为一种含蓄的管理性指令,意思是"请安静,坐好!"怀特夫人在其他时间也经常使用延长音来作为"安静"的信号,所以孩子们都知道老师的延长音表示什么意思。她也有其他更加直接的方法使孩子们安静下来。比如,她可以直接说:"安静,坐好!"她也可以停止说话,同时噘起嘴举起手指并放在嘴上做出嘘声的动作,表示"安静",或者她可以直接说"嘘"!所有的老师都是语言选择方面的能工巧匠,他们经常需要在每个特定的时刻从各种各样的选项中即兴教学。

因为学生都习惯了老师用这种间接的方式使他们安静下来,所以他们能准确而迅速地理解老师的意思。这与音乐家的即兴演奏相似,演奏家需要适应相互之间的演奏形式。因为现实的音乐演奏或交谈发生地如此之快,对于参与者来说能够读懂相互之间隐含的线索是非常重要的。在日常交谈中,如果每件事都要直接说出来不仅会导致尴尬的情形发生,而且也耗费时间。这就是为什么这些索引性的、浓缩的和含蓄的表达方式在社会交往中如此常见(关于对索引性和间接性表达的进一步讨论,请参见西尔弗斯坦,2003;甘柏兹,1992)。

"教师面临的矛盾"的其中一点就是:这两种层次的功能水平经常处于矛盾和冲突中。教师很难在教授教学内容的同时既对课堂的突发行动做出即兴处理又不影响正常的课堂教学秩序。"教师面临的矛盾"的另一点是含蓄地传递元信息会更容易造成学生的误解。教师对元信息的即兴传递,及其深层意思的传递,我在下一篇文章会另有阐述。在之前我提到的数学教学课堂上,老师举着两个黄色的三角形木块,问学生它们之间的相同和不同。学生们都齐声回答说:"它们有相同的颜色和形状。"然后怀特夫人就问:"那它们的不同之处呢?"孩子们都犹豫了。怀特夫人提示道:"S:::"。"Size(大小)!"孩子们又齐声回答道。

第六章 教学中利用固定程式进行即兴发挥：以小学课堂教学为例

两分钟之后，老师又说："我们讨论过那个吗？我们讨论过那:::个吗？"然后她在三角形的集合区中拿起了一个木块，并且指着这个集合说："这些木块都具有的属性是……""相同的形状，"孩子们齐声回答。"所以它们属于这个集合，尽管它们的颜色不一样。"怀特夫人说道。然后她又指着另一个集合开始说道："这些木块都有相同的属性——"当她在说这句话时，坐在她正前方的一个叫里克的孩子开始说话并不停地前后晃动。怀特夫人在说完这句话之前即兴地给出了一个管理指令。她说道："这些木块都有同样的"sh"（对着里克）。"其他孩子都立即齐声回答道："Shape（形状）！"显然，孩子们都认为怀特夫人对里克说的"sh"是对他们的提示，就好像两分钟之前她给出"S:::"来帮助他们得到答案"Size（大小）"一样。

引导即兴教学，创造"受教时刻"

对于如何解决显性元信息传递与隐性元信息传递之间的矛盾，教师们没有更好的方法。教师直接指出打乱课堂正常教学的行为通常是保持良好的课堂秩序，使学生集中于课堂任务的最有效的方式。但这种方式不仅耗费时间而且会扰乱老师对教学内容的正常传递。所以有些时候，隐性的元信息传递方式是更加有效的策略。

然而，学生的突发行动并不总是对课堂纪律的挑战。在很多情况下，学生出其不意的回答暗示着他对某个概念的误解，教师可以据此对这个概念进行一次有用的探讨。一个不擅长于即兴教学的教师可能会选择忽视学生这些出其不意的回答，而把它们当作对课堂纪律的挑战。然而，一个有经验的教师却能对这些"受教时刻"做出反应，并且从已准备好的教学结构中进行发散教学。

这是来自德博拉·鲍尔在三年级数学课堂上的一个例子（格林，2010）。在课堂一开始她就叫起肖恩，因为肖恩提出了一个想法："我正在想6这个数字。我只是在想，它也许可以是奇数。"鲍尔听着并允许他继续说下去，因为肖恩已经变得非常兴奋，"因为2，4，6三个数字中，6由三个2构成！"

鲍尔只是说道："啊哈。"

肖恩继续道，"还有两个3也是6。所以6既可以是奇数也可以是

创新型教学中的固定程序与即兴发挥

偶数！"

鲍尔环视了班上的其他学生。"还有其他意见吗？"她问道。

这次的讨论并不是鲍尔今天课程计划的一部分。然而，在她即兴引导教学的影响下，在这堂课快结束时，一个来自尼日利亚的女孩给出了对奇数和偶数的准确定义。学生同样给一种新类型的数字创造了一个名字，这种类型的数字是奇数和数字2的产物（比如说，2乘以3等于6），他们给它取名为"肖恩数字"。

当预期外的行动出现时，很可能会引发一场有益的课堂讨论时，即使在计划之外，有经验的教师也会抓住时机采取隐性元信息传递的策略。在上文中提到的鲍尔老师的课堂上，她并没有在传授课本上的知识，相反她是在引导一场学生之间的即兴讨论。换句话说，她的教学处于第二层次的功能——元信息传递的层次。即兴教学通常会导致焦点的转移，从对课本知识的传授——即兴对话的第一层次功能转移到第二层次的功能上，即对学生的即兴发挥的引导和疏通。

固定程式指导下学生的即兴学习

通过大声朗读诗歌来把握重音节节奏的效果很明显，这可以参照之前朗读诗歌《圣诞节前夜，圣·尼古拉斯的来访》时的例子。而在日常对话中或其他活动中，这种对重音节节奏的把握也会发生。所以节奏模式的功能体现在实际的交谈中，应该在哪个合适的时刻重读哪个音节。在之前的例子中，我们看到老师是如何利用计划中的教学结构来进行更有效的元信息传递。当然，前提是学生也知道这些结构并偶尔有创造力地利用这些结构来实现自己的学习目标。接下来的这个例子展示了这名叫卡洛斯的学生在固定程式指导下如何进行即兴学习。卡洛斯是一个内陆城市某双语学校的一年级学生，此学校的学生大多是西班牙人。[①]

在这一学年的开始，学生们正学习阿拉伯数字以及如何用西班牙语来

[①] 这个例子我在之前一篇文章中提到过，探讨的是如何用课堂讨论来引导学生进行即兴学习（埃里克森，1982）。它同样也出现在最近的一章关于课堂交谈的音乐感的文章中（埃里克森，2008），这里提到的这个例子就是从这一章中节选出来的。

第六章　教学中利用固定程式进行即兴发挥：以小学课堂教学为例

指认阿拉伯数字1~10。这些数字被写在一些大卡片上，而教室前的黑板上贴满了这些卡片。每张卡片上的字都足够大，这样班上每个学生都能看得清。

老师让卡洛斯站在黑板前拿着教鞭，当老师读这些数字时，卡洛斯要用教鞭按顺序指出来。老师在读数字时有一个固定的节奏，她会重读跟在"数字"这个词后的字，即："数字1……数字2……数字3……（1, 2, 3重读）"，然后她停顿一下，等待卡洛斯将教鞭指向那个数字。

在完成了十个数字的指认后，老师说道："非常好，卡洛斯。"然后让他回到座位上以便让别的学生可以轮流参与。卡洛斯烦躁地摇了摇头，然后不情愿地坐下来，他显然希望继续留在黑板前。当其他孩子开始以同样的节奏指认数字时，卡洛斯拿起了桌上的两支铅笔，把它们当作鼓棒。当老师等着台上的学生移动教鞭时，他用铅笔在桌上敲打出"咚"的声音。这是轻微的扰乱行为，但是老师忽视了它。

卡洛斯可以在没有得到老师准许的情况下继续这种行为是因为他利用了层创结构的可预测性，这种结构是由师生持续的互动顺序性提供的。学生对于传统的课堂交流的结构的了解以及对实际表现中时机的把握都有利于即兴发挥，但有可能导致学生篡改规则甚至是打破规则。当课堂交流中，如果有学生不了解课堂交流有顺序之分，随意剥夺其他学生说话的次序，那他的行为就是扰乱课堂秩序（具体讨论参见埃里克森，2004）。卡洛斯的这种即兴行为实际上并没有剥夺其他学生的说话机会。相反，他的行为只是像搭了顺风车，因为他只是在其他学生用教鞭敲打黑板指认数字的同时也用铅笔作鼓棒敲打桌面。

支架式教学下学生的即兴学习

作为这一系列案例中的最后一个，我想列举一个关于如何用创新的方法来教授科学这门课程的例子。这种新的方法孕育于一所位于洛杉矶，加利福尼亚大学校园中的小学，即加利福尼亚大学实验小学（USL）。在过去的八年间，我一直忙于与这所小学低年级的老师合作，目的就是建立一个多媒体网站。这个网站向人们展示如何用这种新的教学方法帮助5~7岁的

▶▶ 创新型教学中的固定程序与即兴发挥

学生深入理解物理学中的物质、能量和运动这些概念。[①] 在这些案例里，我认为该课程是有效的，因为教师可以提供给学生一个结构框架，而学生可以在这个结构框架的指导下进行有效的即兴学习。这些指导学生即兴学习的结构被许多教育学者称为"支架式教学"——帮助学生从初学者成长为专业学习者的指导形式（伍德、布鲁纳和罗斯，1976）。

这个科学课程由两个相邻班级的一年级老师进行试点实验。他们基本的教学方法集中于关键概念的讲解，保证学生能彻底理解它们，同时也要确保所有的学生都能理解每一个所展示的"关键概念"。只有在学生都理解了前一个"关键概念"的情况下才能移动到下一个概念的讲解。学生理解力的培养在于为他们提供多种方式获取关键观点的一手经验。这些一手经验可以通过各种各样的感官形式来获得——视觉的、听觉的、动觉的和触觉的（参见爱德华、甘迪尼和法尔曼1998年《关于在雷焦艾米利亚的一所学校所得的教学方法》一书）。例如，在介绍物理中动力学的基本原理时，老师让学生把大理石从一个有槽的斜面滚下来，然后改变斜面的角度，让学生观察斜面角度的改变对大理石滚下的速度是否有影响。这种做法为学生提供了视觉和动觉上的直接体验。它同样也提供了二手甚至三手的经验，例如，对学生来说，观看老师调整有槽的斜面和观察老师演示大理石的下落属于视觉上的二手经验。老师在演示大理石落下的同时在给学生解释大理石的运动原理，并对相关的专业词汇进行解释。对于学生来说，这是听觉上的二手经验。当学生在书本上看到了展示这一现象的图片以及文字说明，这对于学生来说是三手的视觉经验。

在这种教学方法中，多种符号媒介可用于讲解课题的主要内容，比如，分析图、说明和解释。不同的符号手段代表不同的理解方式，它们也成为学生需要完成的任务的一部分。这些符号都经过特殊设计以便同样的关键概念能用不同的符号方式传达给学生。例如，这一学年的开端，学生要理解的关键概念是：物质能在不同的形态之间转变——从固态到液态再到气态。物质形态改变时，其内在的分子运动是无法用肉眼直接观察到的

[①] 这个网站被命名为"课堂生态系统的探索者"，它受到了国家科学基金会#0554615计划的拨款支持。

第六章　教学中利用固定程式进行即兴发挥：以小学课堂教学为例

（当物质被加热时，其分子运动的速度和幅度都加大）。所以这堂课上，此概念的教学只能通过比喻的方法完成。当固态分子的动能增加，越过了临界点时，固态就变成了液态。当液态的物质被进一步加热，越过临界点时，液态就变成了气态。孩子们可以通过加热冰块让冰块融化，然后加热冰块融化变成的水就能看见蒸汽。但这都只是间接的经验，因为学生不能用肉眼直接观察到分子的运动。我们可以这样比喻：当温度升高，物质的分子便开始"跳舞"。当温度进一步上升，它们会拥有更强的生机和活力来"跳舞"。孩子们可以把自己想象成分子，并演示分子在温度不断升高时的不同"舞蹈"。这种体验可以说是一种直接的经验（从比喻上来说）。当学生在直接和间接经验的指导下了解了分子运动与物质的固态、液态和气态之间的关系后，他们被要求用不同的符号媒介来展示它们之间的关系。例如，可以要求学生用现有的物体嵌入黏土以模拟分子的相对运动。也可以要求学生口头解释他们的模型或是用文字写下分子是如何运动的。再或者让学生画一个分子运动的分析图表，用来表示物质在三种状态下的分子运动形式。然后，学生可以回顾他们最初通过直接经验所学得的关于分子运动的概念。老师会要求学生把自己当作分子，并表演分子在气态时的运动形态，然后是同一分子在液态和气态时的运动形态。

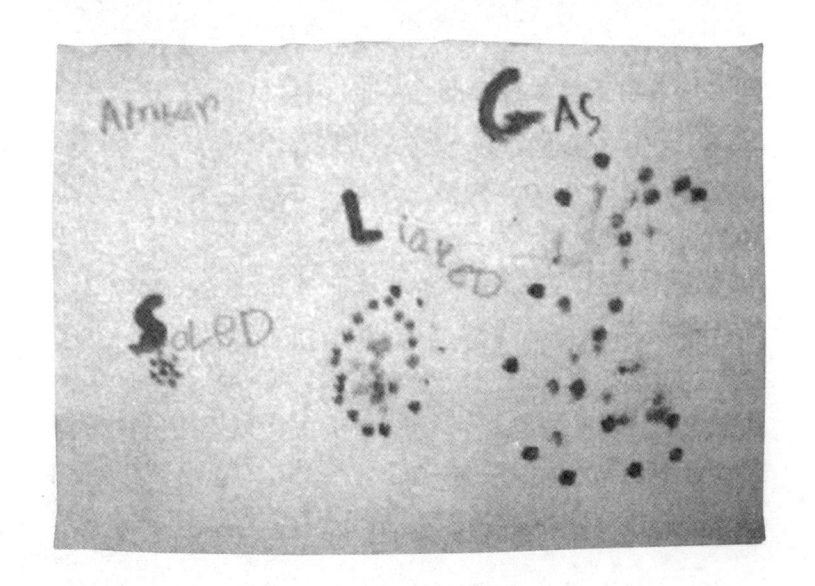

图 6-1　安珀的分子运动图表

▶▶ 创新型教学中的固定程序与即兴发挥

老师会同样要求学生用图画、黏土模型和现有的物体来展示他们对分子运动的理解。图 6-1 就是安珀对三种形态运动的理解图。她用平面图片的形式展示了三种形态下分子运动的幅度差别,却没能体现运动速度的差别。

图 6-2 伊莱的黏土模型——固态

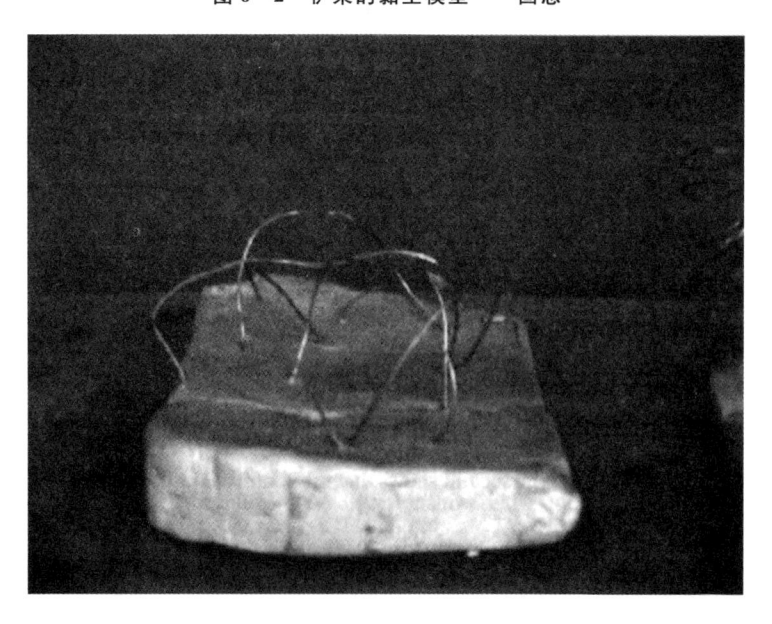

图 6-3 伊莱的黏土模型——液态

第六章　教学中利用固定程式进行即兴发挥：以小学课堂教学为例

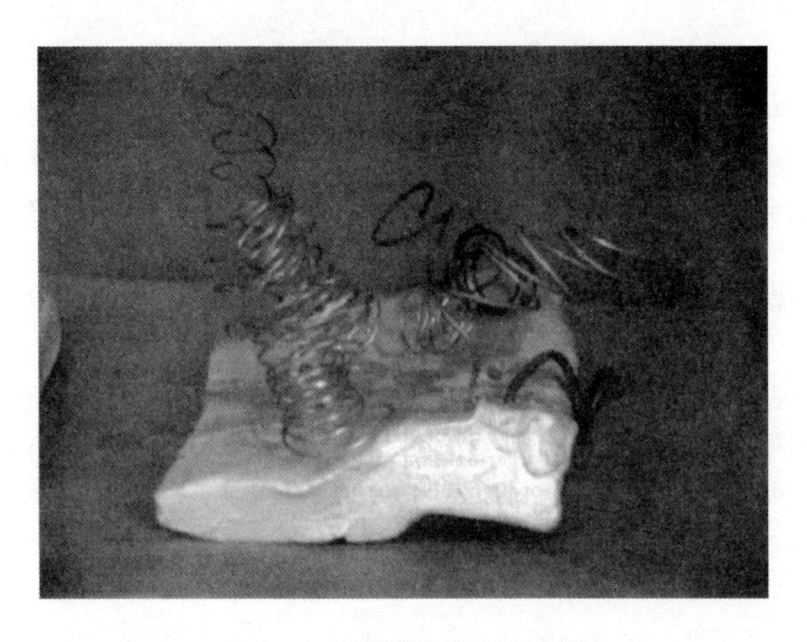

图 6-4　伊莱的黏土模型——气态

图 6-2、图 6-3、图 6-4 是伊莱用电线和黏土做成的模型。第一张图展示的是固态的分子运动；第二张图展示的是液态的分子运动；第三张图展示的是气态分子运动。

伊莱对自己创造的模型的文字解释如下：

> 固态分子运动紧凑
> 我的固态分子运动非常紧凑
> 我的液态分子运动有一点点分散，哈，只是有一点分散
> 我的气态分子运动非常分散

我认为老师提供给学生多种学习经验和机会来展示他们所学过的知识，其目的在于为学生的即兴学习提供固定程式支撑。在学习一个新概念时，学生通过交替使用感官和符号的方式来获取对新概念的实际体验。这与之前在本章中讨论过的基于主旋律的即兴演奏相似。每一个孩子通过展示自己的即兴发挥，将已理解的东西用外在的形式表现出来。这种内外相互联系和照应的过程有利于学生更深层次的理解（索耶，2006）。

这一学年的后半学期，课程内容为学习能量与运动，而之前学生已学

▶ 创新型教学中的固定程序与即兴发挥

过简单的机械。学生和老师决定完成一项终极计划——建造一个教室大小的过山车并且用这个装置在相邻的教室间传递信息。这个计划将在该学期的最后一天演示给父母。为了完成这个计划，学生必须展现他们对势能和动能的理解。当这个过山车爬上斜面时，它的势能在增加但动能却在减少；当它从斜面的另一边滑下来时，它的势能在减少而动能在增加。过山车的势能在到达斜面顶点时达到最大值，而动能在到达斜面的底部达到最大值。

老师和学生一起即兴创造了不同的方法，让学生获得区别动能和势能的不同一手体验。起初，孩子在操场荡秋千，通过秋千上上下下的起伏动作，从动态上体验动能与势能的区别（秋千的摆动使秋千的能量在动能和势能之间转换）。几周后，这两个班的学生去了乐高积木乐园进行实地考察，并在那儿坐了过山车。之后，一组六年级的学生访问了这所小学的那两个试点班级，并向孩子们展示了他们研究和制造的三英尺高的过山车是如何运行的。这样的展示帮助低年级的学生获得了二手体验。

三手的体验是通过让学生们观察和分析钟摆及秋千的运动图获得的。学生画出操场上秋千的运动，并附上文字说明自己的图画。

最后，学生们在两个教室相连的墙外建造了他们的过山车。他们的想法是用一个空心的滚球并把折好的纸条放进滚球内。在建造的过程中，学生们要不断排除操作系统各方面出现的故障，以帮助滚球在被滑轮装置带到顶点时能顺利地沿第一个斜面滚下然后爬上第二个斜面，在到达第二个斜面顶点时又能顺利沿最后一个斜面滚下。展示的当天，父母到达前，学生都在准备给过山车做标记，用以表示势能和动能在哪个点达到最大值。当学生在做这个准备时，老师明显地发现一些学生仍然没理解动能和势能的区别，他们误认为当速度加快时，物体获得能量；而当速度减小时，物体失去能量。

为了纠正这个错误，这两个班的老师选择回各自的班级重新解释一下这两个基本概念。其中一个老师即兴想出了新的教学方式来帮学生理解教学的内容——势能和动能的区别，以及如何辨别在过山车运动过程中，哪种能量在哪个点达到最大值。老师在黑板上画了过山车的示意图（注意：老师画的并不是学生所造过山车的翻版，而是过山车的一般模型。所以，

第六章　教学中利用固定程式进行即兴发挥：以小学课堂教学为例

老师用即兴创造的一种新的方式来向学生展示教学内容上必须阐释的一些物理学重点概念）。首先，她向学生解释势能和动能在相互转化的过程中，能量并没有失去只是被转化了。然后，她让一个学生站在写字板前，抓着学生拿着签字笔的手，模拟想象中的过山车在写字板上画好的轨道上运行的轨迹。当轨迹沿着第一个斜面上升并到达顶点时，老师提高音量说道：

"势能，势能，势能，势能，势能达到最大值！"

当轨迹随着斜面向下并到达底部时，老师又高声说道：

"动能，动能，动能，动能，动能达到最大！"

课堂讨论进行了一段时间后，一个学生即兴想出了一个更为普遍的模型，而且还做了比较——他用这个模型与之前他们用各种感官的方式学习教学主题中关键概念时的动态体验做对比。他问："这与我们跑上山和跑下山一样吗？"老师思考了一下他提出的这个类比，然后对学生即兴提出的这个类比做出了即兴应对，她说道："是的，与那个有些相似……那我们去爬山吧！"（在距离实验小学几街区远的大学校园内有座山。）老师和学生离开了教室，步行去了那座山。然后，整个班的学生都跑上了山，边跑边大声喊着"势能，势能，势能！"他们从山顶返回，跑到山脚的过程中也喊着"动能，动能，动能！"

最后一天，课程的"主题"是：帮学生分清物理学中能量和运动中势能和动能的区别。当老师意识到在今天的课堂上，她有必要重新讲解关于能量和运动这两个关键概念时，她充分利用了这个"受教时刻"并和学生一起从不同层次上进行了即兴学习。老师在写字板上的图画其实是一种用即兴的方式来与学生交流势能和动能的区别以及一个概念——能量并没有流失而是从一种能量形式转到了另一种能量形式。老师在黑板上一边画图一边用越来越大的声音来说道"势能，势能，势能……"，这种做法其实是一种用即兴讲演、听觉和视觉的方法来强调这个"关键概念"。接下来，学生观察到这个生动的图表所展现的内容与跑上山和跑下山之间存在相似之处。这是学生对二者关系的即兴认知，显示了学生把课堂内容迁移到实际情景中的能力。最后，老师决定带全班同学去爬山，以帮助学生亲自感

> 创新型教学中的固定程序与即兴发挥

受他们对这一概念的领悟。这也是一种即兴教学，是一系列基于主题的即兴发挥中的最后一个部分。

结　论

在这章中我用了"即兴发挥"这一术语，是指社会活动虽受到固有结构的约束，但仍然给社会参与者提供了选择的机会。我已在这章中讲述了四种"教学矛盾"，而每一种矛盾都源于固有结构与即兴发挥之间的矛盾。课堂教学结构对老师和学生来说应该不仅只有约束，而应该同样允许即兴发挥，就像我之前举过的例子那样。从之前举过的怀特夫人的例子中，我们可以明显看到即兴发挥在管理学生行动举止时起到的作用。同样，在先前所提到的加利福尼亚附属实验小学低年级的物理课堂上，即兴发挥的作用也很明显。因为在教授物质、能量和运动的概念时，老师和学生交替使用了各种各样的感官形式和符号媒介。这种不断体验与展示围绕主题和演变拓展的模式与在相同主题下即兴演奏出不同的音乐相似。同样它与在基本核心情节、人物、情形不变的情况下对戏剧进行重新演绎的方法也很相似。我们称这种即兴演绎的戏剧为"即兴喜剧"。

有经验的教师会在与学生的交流中采用即兴教学，他们不是简单地照本宣科或精确地按照教案来教学。他们会在教学过程中巧妙地给出管理方面的指令——就像怀特夫人在教孩子读图画书时那样。有经验的教师会寻找"受教时刻"并充分利用它们——就像实验小学的老师决定重新向学生讲述动能和势能的概念时那样。当学生在试图弄懂老师所表达的意思时——无论是间接的还是直接的，他们同样会即兴发挥，这不仅表现在言语上，也表现在认知上。就像索耶（2003）认为的那样：建构主义的学习也是即兴教学的一种表现形式。

进一步来说，课堂即兴教学只有在学生和老师对事先存在的指导即兴教学的结构有着共识的情况下才能起到作用，如我之前举的例子那样。当怀特夫人说"我们讨论过那::::个"时，她的学生都知道老师音调的延长表示"坐好，安静！"他们善于"解码"老师即兴发挥的话语中所传达的指引性意义，就像怀特夫人也善于"解码"学生话语中的指引性意义一

第六章　教学中利用固定程式进行即兴发挥：以小学课堂教学为例

样（也就像伊莱的老师善于"解码"用电线和泥土所制成的"分子模型"和用独创的书写方式来说明背后所传达的指引性意义）。在互动的过程中，为了使参与者的行动相协调，所有参与者都要擅长解码自己的语言和非语言行为背后所传达的指引性意义。同时也要善于解码他人的行为和表达背后的意义，就如音乐家们在即兴演奏时表现的那样。

　　如果在课堂上，老师给学生足够多的机会来参与学习、主动学习和合作学习，那么学生必须学会如何用即兴发挥来提高学习效率。而老师必须成为帮助学生进行即兴学习的大师。在那样的课堂上，老师和学生的即兴发挥都是在师生认同的、预设的结构下进行的。这就是教与学之间的矛盾——如何在预设结构与即兴发挥之间找到平衡。一个极端做法是：老师可能会试图消除即兴发挥，取而代之的是精确地根据教案教学和学习。这种做法是错误的，因为这样做不仅会妨碍学生积极主动的建构式学习，还会使老师失去寻找无法预期的"受教时刻"的机会。另一个极端做法是：老师会允许任何行为在课堂上发生，因为他们抱着一个单纯的想法，认为学生应该会完全掌控自己的学习。然而，我的例子显示建构式学习与创造性学习并不矛盾，相反建构式学习会促进创造性学习。我们的目标是促进科学的即兴教学及鼓励老师和学生在互动过程中更熟练精巧地进行即兴发挥。

第七章

突破沟通壁垒：中学外语课堂上的即兴发挥

杰根·库尔兹

语言不仅仅是一种交流的工具，它同样也是创造性思维的来源，是人们理解这个世界的支点，是了解新知识和人类历史的关键所在，更是幸福和灵感的来源。（克恩，2008）

在这章中，我举了一个例子，讲述了我如何在德国的外语课堂上用即兴教学来指导英语学习。很少有人尝试去考察即兴发挥对促进学校外语教学和学习的潜力，而我举的例子证明了即兴发挥为平衡教学矛盾提供了一个独特的方法——即兴教学不仅与方向性、能力、表现力及意图有关，同样与自主性、直觉和机会有关。传统的观点认为教学就是传递知识和技能，即采取特定的教学方法，按照具体的程序，利用开发的课程计划来传递指定的课程内容，并且师生间的互动也按照预先安排好的方式进行。这种传统的做法规避了所有的教学矛盾，但也剥夺了学生的创造力。此外，因为即兴发挥关注到与情景语境的协调，涉及了"一系列难以理解的过去体验"（希波拉，1999），自主做出决定和解决问题的能力，以及开放性和不可预测性。所以，它与当前的教育潮流相对立。这种教育潮流非常强调标准化、可预见的改进、结果中心论和考试。

正如索耶在本卷前言中解释的那样，无论是爵士乐演奏、戏剧表演还是课堂教学，即兴发挥从来都不是完全自由的。即兴发挥要在结构、规则和框架的指导下进行。即兴发挥对计划与突发、遵从与创新、无意识与有意识在结构上和操作上既独立又依附。这个特性使得即兴发挥对促进日常实际的外语教学指导起着基础性的作用。希波拉（2002）认为"手工制作，即兴发挥和开垦的特征在于：这些活动都非常受条件的限制。它们要

第七章　突破沟通壁垒：中学外语课堂上的即兴发挥

求在充分利用当地环境和手上资源的同时也预先计划操作的方法，而这些方法有时看起来是无根据的或效果不大的。这是因为这些方法与当时的突发情况不相适应。"因此研究如何将即兴发挥融入外语教学指导中具有重大意义，尤其是即兴发挥在为解决教学矛盾提供新方法方面有很大潜力。当前全世界许多学校尤其是中学的外语教学指导方式非常虚假和单调，即兴发挥在超越这种传统的外语教学方式上也很有潜力。

我收集的关于学习者即兴演说的例子是一个正在进行的研究计划中的一部分。这个计划旨在阐明即兴发挥在提高学习者目标语言口语熟练程度上的潜力。[①] 这个计划起源于一次观察的结果——即兴发挥在日常生活中普遍存在（参见霍奇森和理查德，1966），然而通常在德国的外语学习课堂上，老师很少为学生留出空间，让他们主动参与自我决定也是自我调整的目标语言的交流。当他们在课堂上能够较为自由地运用语言时，只要他们觉得需要而且合适就可以进行即兴发挥（参见里古塔克，1993；库尔兹，2001）。

基于这个观察，在1996~1997年间，我在多特蒙德——德国第六大城市的三所中学进行了初步的调查研究。这三所中学中，我在第一所综合中学（普招学校）中挑选了5~13年级的学生，第二所中学中挑选了5~10年级的学生，而第三所是精心挑选的以升入大学为目标的初中和高中结合的学校。这个计划的目标是探究初级学习者、中级学习者和中高级学习者是怎样反映和应对交流活动和任务的。交流活动和任务都是经过特意设计以诱发学习者用目标语自然地、无准备地进行交流（对交际语言教学理论原则的简单回顾，请参见理查德，2005）。从这个初步研究中，我们得到的最重要的发现是通过让学习者循序渐进地参与、应对预见性较低的交际情景来提高学习者即兴发挥的能力。这种做法有助于学生逐渐转变和扩大学习者在目标语言和文化中的参与能力（这个初步研究被记录在库尔兹的著作中，1997，1997，1998）。

在开展这个研究之前，我是一名中学英语老师。八年间，我在德国多

[①] 对此计划的详细描述可参见库尔兹，2001，2006，2006，2008；评估研究参见泰勒，2009；示范课堂的教学视频记录参见西博尔德，2004。我想感谢卡雷尔·克拉姆奇、里夫·列尔肯斯·索耶和维吉尼亚·泰奇曼对此章的初稿做出了有益评价。

> 创新型教学中的固定程序与即兴发挥

特蒙德市不同的中学进行英语教学。1997年~1999年，我获得了多特蒙德大学的学术研究奖金，这使得我能将全部时间投入在这个计划上。因为在人力和财力资源上我没有得到更多的支持，所以我决定在之前提到的三所多特蒙德中学开展我的主要实验。这三所学校包括了546名初级、中级和中高级的学习者，年龄在11岁~17岁；6名男教师和6名女教师，年纪在26岁~54岁（1998年~1999年）。在考察教室、分析课堂视频、采访学生和老师、与在进行教学实习的大学生讨论学习者即兴演说的视频过程中，我逐渐清楚地认识到在以目标为导向的交流活动中，情景化和运用有意义的语言、提高趣味性、创造性和即兴发挥在提高学生说话的积极性上起着重要的作用，而且这些因素也影响学习者（主要是积极影响）参加更独立自主和更具扩展性的互动活动的意愿（对于这个研究的整体和反复设计的详细描述以及研究中所用到的多角度行动研究方法的阐述请参见库尔兹，2001，2006）。

这个研究过程中主要收集到的资料表明，在目标语言的交流互动和合作语言学习的情况下，如果学习者是在轻松的课堂氛围下学习，并且老师提供了有意义的交流活动和更加灵活的课堂结构，那么他们会更加自由地进行交流，而且他们也会更倾向于在交际中"冒险"。此外，与传统课堂交流倾向于剧本和教师主导的做法相比，这种交流方法让学生更加清楚地知道自己要表达的想法（参见库尔兹，2001）。

在过去的几年间，关于即兴讲演的后续研究（参见西博尔德，2004，2004，2006；罗莎，2007；比克罗夫特，2008）有了更进一步的证据：在英语课堂上，如果学生能有较多的机会来自由表达自己，那么许多英语（作为外语的）学习者会成为斯旺和梅宾（2007）在最近的研究中所提到的"意义的创新设计者"。所谓"意义的创新设计者"是说那些在交流活动中能重新创造、重新设计、重新语境化语言和文化资源的人（关于创新性在日常交流中的作用请参见索耶，2001；卡特，2004）。大量研究表明创新性对产生深度学习起着关键的作用（当然创新性应与其他因素相结合。举例来说，可以参见斯温，2002，2005）。

从探究英语作为外语的课堂内部情况开始，然后总结国际研究文献中哪些活动被批判为传统的课堂互动，进而使这章内容转移到关注两个典型

第七章 突破沟通壁垒：中学外语课堂上的即兴发挥

的即兴活动的例子上，这些活动都是为了提高学习者在目标语言中临时的"学习者对学习者"的互动能力而设计的。本章附上了评论记录，用以解释这些活动的积极影响和副面作用。在评论记录之后有一个简短的讨论，讨论的内容是关于交流活动和其深层理论是如何与当前关于外语和第二外语学习的理论探讨相联系的。本章最后，我提出了关于外语课堂的客观看法。同时我也提出了一些重要的问题，即在现行的能力、标准和结果导向的体制下，如何来指导外语教学（包括即兴教学）。

外语课堂的传统教学：教师主导的会话

就全世界而言，教师们采用许多不同的方式来安排课堂互动。所以，要对中学阶段课堂交流的实际状况和类型进行归纳是很困难的。然而仍有大量的例子表明在世界上许多外语或第二外语学习的课堂上，学习者接触到的指导环境都惊人的相似，这就如同给学生织了一个"交际蚕茧"。老师用既定的方式来培养和提升学生对目标语言的敏感性。这种无层次的"蚕茧"设计简单且死板。通常它是建立在教师与个别学生一系列的简短交流基础上。在研究文献中，这种普遍存在的、"蚕茧"似的课堂互动结构已引起学者的注意，而且也有专门的名称来为它命名，即"IRF交流"。因为这种交流方式包括三种高度惯例化和常规化的交流单元：教师发起（I），学习者回应（R），教师补充和反馈（F）（对于教师反馈具体可参见，如辛克莱和库特哈德，1975；辛克莱和布拉泽尔，1982，库特哈德，1992）。

据麦卡锡和史雷德（2007）所述，IRF交流是目前外语教学课堂上最常发生的互动形式。"以教师的独白和各种活动做辅助"，IRF交流是语言教学中惯用的手段，尤其是在学习者较多或当课程压力较大而阻碍了富于想象力的交谈时（麦卡锡和史雷德，2007）。当林（2008）在写作的过程中得出了一个相似的结论——IRF交流是外语教师推动课堂发展的主要手段。通常它与教科书和相关教学材料结合使用。DESI研究——一个全德国的实验评估研究，针对德国九年级的学生在德语和英语学习成果上的评估（参见贝克和克里梅，2003；克里梅和贝克，2007；克里梅等人，2008）。

▶ 创新型教学中的固定程序与即兴发挥

这个研究更加佐证了这些发现，表明了德国中学的英语教学课堂通常是由 IRF 谈话的三部分组成，而且也主要局限于教师主导的交流。

传统教学的问题

回顾十几年前制度化背景下的课堂互动，麦瑟（1995）认为"一些富有创造力的思想产生于人们一起交谈时"。然而，他继续谈到，在传统的以 IRF 为基础的教学环境下，"学习者进行创造性思维的机会被严重限制了"（麦瑟，1995）。通过"直接或暗示性的启发、确认、拒绝、阐述、重构、文字回顾、重构回顾或'我们'谈论过"这些方法，教师通常"控制了交谈的走向"（1995）。这样做的结果是学习者通常只是填补缺失以至于"课程重点更多是由老师对话题的理解所决定，而不是由学生对此话题的理解来决定"（1995）。此外，"一些学生的'正确答案'对其他学生来说是有启发作用的，然而这一类学生也只占整体学生的一小部分"（1995）。

在过去的二十年间，关于课堂互动累积的深入研究表明：①IRF 交流的一个不对称的症状是：课堂教学很大程度上"集中于语法教学"（参见索恩伯里，2002）；②以 IRF 为基础的教学倾向于关注文字的书写规范和句子的语法而不是具体交流中的"动作语法"（杜鲁和赫里塔奇，1992），或是课堂外的"口语语法"（布拉泽尔，1995）；③学习者练习交流的主动性和控制权都严重受限于 IRF 形式下的互动（参见范莱尔，2001）。因此，IRF 交流是预先计划教学的缩影。正如之前所说，这种教学高度惯例化和形式化。在中学外语课堂上，它的很多部分都相对呆板，并且用迂腐的形式严格控制课堂互动。但是，这也并不是说 IRF 交流是不合适的或没有用的。相反，它是教学法的一种折中。也就是说，在很大程度上它是必需的和不可避免的教学法。因为目标语言具有双重身份——它既是学习目标的中心，同时也是制度化环境下主要的交流媒介和方法。斯德豪斯（1996）认为课堂交谈应该是受控的。归根结底，课堂交谈应该是"由一个言语社区聚集起来，为了实现学习英语的团体目的而产生各种各样的制度化的交谈。这些交谈都在特定的语言交换系统内进行"。然而，那样做却使学习者在日常练习中几乎没有空间来打破交流的束缚，即高度的文本

第七章　突破沟通壁垒：中学外语课堂上的即兴发挥

化和以形式为中心。由于受到课外语言运用的复杂性和不可预测性的制约，大部分语言学习者都难以养成跨文化敏感性和成为特定目标语言的熟练掌握者。

打破 IRF 的束缚：外语课堂上的即兴发挥

在一系列关于英语教与学的出版物中，也包括一些导读书目，认为即兴发挥在帮助形成更加灵活的、不以 IRF 为中心的教学环境中发挥着必不可少的作用。因为这样的教学环境更适合帮助学习者扩展其对目标语言和文化的参与能力。比如，戴维斯和皮尔斯（2000）写到，为了"培养学生有效参加课外互动的能力"，学习者需要习惯"在实际生活中将听说相结合"。因为"在自然的听说环境下，倾听者必须能处理［……］话题的转移和难以预测的言语的出现。其次，他们必须能做出即兴的反应"。拜格特（2001）强调即兴发挥在培养口语能力中的重要作用。他强调"即兴演讲既需要练习，但也需要围绕熟悉的内容"。

像这些观点，虽然毫无疑问是令人信服的，但却并不是常识。教师需要更多的细节：他们需要对即兴交流是什么有一个准确的定位，或者他们需要知道即兴交流在课堂上意味着什么。同样关于怎样在日常的外语教学和学习中促进学生的即兴发挥，教师们也需要具体的指导。不幸的是，我们对即兴发挥更常见到的只是模糊地提及而不是给出具体的建议。同样，许多文章也会模糊地提及即兴发挥，比如，在 20 世纪 70 年代，布伦特在关于出现外语教与学的新交流方法的历史背景中写道：

> 不允许学习者将新习得的技能自由地运用于一些不可预测的方向上，此种做法必然会给学生能力的发展带来不良影响。而这种能力对学习者在对预测性需求做出最有效回应时是必不可少的。没有即兴交流参与的语言运用是真正艰涩的语言，就如同行为一样，它不是真正的语言行为。因为即兴交流拥有任何人类互动形式的特点。

然而最近，范莱尔（2007）已经形成一个更为具体的理论框架，关注的焦点是有计划教学和无计划教学（即兴发挥）的意义，尤其是它们在外

创新型教学中的固定程序与即兴发挥

语教与学上的意义：

> 课程和任务是需要计划的，但它们不可能被计划得如此周密以至于每一刻的教学都按照计划进行。这就意味着课堂教学总是要有而且必须要有一些即兴教学。同时，总有部分的课程是一些可预测的形式或者规则、一些可识别的插曲。这些课程总是会在不同的课堂和不同的星期中反复出现。但有些课堂插曲中也会有新的和无法预期的事情发生，这些令人惊讶的和无法预期的突发情况会引导课堂探索或创新。这两种参变量，即一方面是计划与即兴，另一方面是固定程式与创新，它们以多种方式相联系，并且给每一堂课都创造了不同的特色。计划和预测与即兴发挥和不可预测之间的活力（和矛盾）对于开发真正的 AB 教学法（即以活动为基础的教学法）起着重要作用。而且我认为其在开发其他教学法上也起着重要作用。

这种对语言教学指导的观点很大程度上与索耶（2004）在教育方面的考虑相一致：

> 有效的课堂是即兴的，因为课堂教学的走向是不可预测的，并且它产生于所有参加者的行动中，包括教师和学生的行动。许多研究已经表明随着教师经验的增长，他们也会运用更多的即兴教学。创造性教学是遵循规则的即兴教学，因为它总是在普遍的结构和框架内进行。有经验的教师比新手教师更多地用到固定程式和活动结构，但他们却能借助和运用这些固定程式来帮助其进行创造和即兴教学。在即兴教学中，学习是一种共享的社会活动，这不仅仅由教师来完成，而需要所有参加者共同完成。在即兴教学中，教师创造出与学生的对话，给予学生自由来创造性地构建他们自己的知识结构，并提供给学生一些结构要素来有效支撑他们共同建构的过程。（参见索耶，2001，2004）

总的来看，所有这些阐述都显示从常规与创新、计划与即兴、可预测与不可预测的动态相互作用来考虑如何进行课堂教学和互动似乎对于成功的教与学是非常重要的（参见史特恩，1992）。

第七章 突破沟通壁垒：中学外语课堂上的即兴发挥

即兴课堂任务与活动的案例

"英语课堂上的即兴发言"的研究计划是为了纠正在文献中学者们过度地用模糊和宽泛的概念来意指"即兴教学"的行为，并把即兴教学从简单的概念解释扩展为能供老师们使用的实际操作方法。接下来的两个典型的任务和活动设计内容中包括了不同的交流单元，既有有教案的单元，也有无教案的单元；既有可预测的单元，也有不能完全预测的单元：①有教案的开场白或引入部分，目的是打破沉默，减少学生发言的顾忌；②无教案的中间部分，目的是给学习者足够的空间来产生多种自发的想法、解读、话题以及进行学习者与学习者之间的交流；③最后一部分按教案进行。一旦参与者感到他们不能或不想再继续即兴交流时，教师可以宣布结束。这种做法被称为"交流的紧急出口"，但它在传统的角色扮演和模仿中通常是缺失的，由此对实际课堂练习中学生的动机产生了消极的影响。

从教师的角度来看，第一部分和第三部分，即有教案的交流单元，它们帮助建立"缄默式理解和共同的背景框架"（维耶，1993）。所以这两部分都是可以而且应该提前准备的。然而第二部分——中间即兴发挥的部分，是不可预测的。它只能出现在课堂现场上。每一个即兴部分实施后都要有教师指导或教师支持整个班级的反应（也要在目标语言中实施）。这里的焦点主要不是在交流问题和语言瑕疵上，而是在如何成功地用目标语言交流和提升学习者的参与能力上。当然，对于明显的错误，教师不应该忽视。但在纠正时应该使用一种不损害学生说英语的积极性的方法。这是随后的实施与反思的基础，这种实施与反思在课堂安排中会反复出现的。

如此一来，在接下来的两个例子中，不管是示范任务还是活动都试图把英语课堂上真正的、自然的日常交流中两个基本的方面结合起来：①社会交流文本和行为模式的可预测性（包括不成文的规定，社会功能常规或事件图示）；②在既定的社会交流框架中，自发思想和话题转换的不可预测性。

> 创新型教学中的固定程序与即兴发挥

巴士站的即兴情景对话

受到电影《阿甘正传》中心思想的鼓舞,即"生活就像是一盒巧克力,你永远不会知道下一个会是什么味道",即兴"巴士站"对话(详细描述请参见库尔兹,2001,西博尔德,2004,此书也包含了对课堂视频记录的描述)给英语学习者提供了一个灵活的交流框架。这个框架包括简短的导入部分、帮助学生自然交流的诱因(也就是一个完整的任务——根据不同的线索来创造一个即兴对话)和一个允许学生可以在任何时刻结束对话而不至于丢面子的"交流紧急出口"方法。而最后一部分与传统的角色扮演完全相反。这是课堂"互动交流"的基本形式或者说"流程结构"(参见谢格洛夫,2007)。在这个案例下,这种结构是为已学习了一年初级英语的学习者设计的(L=学习者):

学习者1:你好。
学习者2:你好,我是[姓名]。
学习者1:很高兴见到你,[(学习者1的)姓名]。我是[姓名]。
学习者2:你在等巴士吗?
学习者1:是的。你要吃糖吗?
学习者2:谢谢!

学习者2接受了礼物并从盒子中掏出了一张纸。他/她从下列的示例中找到了一个来继续他们的对话:

- 我在去学校的路上。我住在第五大道……
- 我在去超市的路上。我想要买……
- 嘿!看那边那个男孩。他在做什么?
- 听!你能听见吗?是从那边那个旧包中传出来的。那里面有什么?
- 很抱歉,这个[……]是你的吗?……
- 不好意思,你为什么笑?
- 我在去宠物店的路上。这是我的猫"毛绒"。它……

第七章　突破沟通壁垒：中学外语课堂上的即兴发挥

- 我在去迪斯科舞厅的路上。我的兴趣是跳舞。你的兴趣是什么？

交流的紧急出口：

- 学习者1/2：啊，我的公交车来了。我得走了。和你聊天很愉快。再见！
- 学习者1/2：拜拜！

对一个示范性交流的记录和简要分析

当以英语为外语的初级学习者在遇到即兴交流任务时，例如，如何在巴士站展开对话，他们应该怎么做才能成功地让交流继续下去呢？他们在没有剧本的情况下，怎样自然地进行有意义的协商和协调说话顺序？当目标语言词汇或语法出现问题时，他们又将怎样互相帮助呢？语码转换和语码混合有多频繁和重要呢？

接下来的文本记录了两个五年级的11岁德国学生之间的简短对话（这两个学生都已在德国的综合学校学习了九个月的英语）（L＝学习者；T＝老师；…＝停顿；?＝暗示疑问的语调）：

T：好的··本杰明··现在把骰子扔出来

L1：是··12（twelve/twölf/）

T：那么··谁拿着12呢…戴里克？…好·的。…本杰明再抛一次

L1：16

T：克莉丝汀？…很好。…戴里克和克莉丝汀··去··恩··巴士站，请坐好…［＋＋＋掌声＋＋＋］

T：你们准备好了吗？让我们一起数…

［整个班一起］3··2··1··开始…

L12：你好

L16：你好··我的名字是··克莉丝汀

L12：很高兴见到你··恩··克莉丝汀··我是戴里克

L16：你在等/ai/巴士吗？

L12：是的··你吃糖果吗？

— 119 —

创新型教学中的固定程序与即兴发挥

　　L16：谢谢…［根据提示：］我在去超市的路上，你知道…我想要买…［开始即兴发挥：］…恩…苹果··［四秒］··苹果··香蕉··巧克力

　　L12：香蕉和苹果吗？…买给你自己？

　　L16：不是的··是买给我小…弟弟的

　　L12：我开车去··宠物店

　　L16：宠物店？那儿有什么？

　　L12：有狗，猫…动物··［5秒］··它在塞尔比路［参见学生所用的英语教科书］

　　L16：你的兴趣是什么？··［2秒］··兴趣（这里用了复数）？

　　L12：我的兴趣？··［5秒］··是的··恩··游泳

　　L16：游泳？游泳··额…游泳难吗？

　　L12：不好意思，我也很难说…［即兴对话的结束］…噢··我的巴士来了··我··要走了··和你聊天很开心··拜拜··

　　L16：拜拜

　　T：好的。非常好…到此为止··这个对话真的做得很好··感谢你们，戴里克和克莉丝汀··做得很好

　　＋＋＋［掌声］＋＋＋

　　这个文本显示即使中学生处于目标语言学习非常初级的阶段，他们仍能有效地进行交流。从上述的示例中可以看出，他们不仅仅是想讲清楚个人想表达的意思，而且自然地依靠他们彼此的相互合作来建立目标语言的交流对话。在此过程中，他们或多或少用到了有信服力的策略，例如，使用不同的语调（升调/降调）、意指（一般/具体）、转换话题等等。大体上，他们用许多创造性的方法来进行意义协商（更加复杂的交流记录于西博尔德的视频中，2004）。

　　当然，学习者的目标语言能力有限。尽管如此，接下来的指导不能沦为纠正目标语言发音、词汇以及语法错误。教学的焦点应放在丰富语感和小心地扩展简短的对话，就像上文中提到的："L16：宠物店？那儿有什么？——L12：有狗，猫和动物"。

第七章 突破沟通壁垒：中学外语课堂上的即兴发挥

"意外遭遇或邂逅"的即兴情景对话

"意外遭遇或邂逅"的即兴情景对话是为中级和中高级学习者设计的。这个情景对话的流程设计与巴士站情景对话相似，但所提供的交流框架（参见莫菲，1995）更加的开放和灵活。学习者所面对的基本交流任务是给他们所认识的人传递意外信息（好的或坏的，愉快的或不愉快的）。对于英语学习者来说，用合适的方式来传递未预料到的事实或新闻非常困难。因为他们通常缺乏关于特定文化的礼貌习俗知识，比如说"按惯例间接表达"（布朗和雷文森，1978）。同样，他们也没有必要的关于常用语用规则或"策略"（埃德蒙森和豪斯，1981）的足够能力，而这些语用规则却经常被英语为母语者所采用。缺少对特定文化社会习俗的了解会导致严重的错解和误解。正如巴多维·哈莉格（1991）等人指出的那样：

那些不使用合适的实用语言的说话者将面临一些危险。最轻微的表现为交流中的不合作，而更严重的则表现为交流中带有粗鲁、侵犯和侮辱性的语言。这一点对于高级学习者来说尤其如此。他们的语言熟练程度导致其他说话者期待他们有更高的语用能力。然而，这并不是说，为了提高学生的实用意识而设计的课堂活动只适合高级学习者。相反，这些活动应该而且能够在低级的学习者中展开。所以在开展"意外邂逅或遭遇"的情景对话前，老师应该给学生讲解一下社会行为情境的适宜性。老师应让学生意识到"人们之间的许多误解不是产生于他们说了什么而是他们以什么样的方式说的"（克雷和沃纳，1988）。在这篇文章中，老师应该向学生介绍少许合适的实用策略。根据埃德蒙森和豪斯的观点，实用策略在日常对话中起着"交流润滑剂"的作用。比如：

表 7-1

用于传达愉快的/好的消息或事实的开放策略：	用于传达不愉快的/坏的消息或事实的开放策略：
• 你会喜欢这个… • 我有事要告诉你！… • 你猜不到发生了什么…	• 嗯，或许你将不会喜欢/相信这个消息，但是… • 嗯，我恐怕有不好的消息要告诉你… • 嗯，我不知道要怎样告诉你/怎么说，但是…

▶ 创新型教学中的固定程序与即兴发挥

在这个例子中，关于"意外邂逅或遭遇"情景对话的交流框架是为九年级的中高级学习者设计的，具体框架如下：

开场部分：

  L1：嗨，［名字］。你好吗？
  L2：［名字］！太令人惊奇了！我没想到今天会在这儿遇见你。
  L1：嗯，经过昨晚的事情之后我不得不来。
  L2：为什么？

中间部分（L1传递消息）。接下来的示例是以前一些学生提出的对话：

- 你猜不到发生了什么。我们不用从迪斯科舞厅走回家了。
- 我有事要告诉你！警察找到了你被偷的自行车了。
- 嗯，你可能不会喜欢我将要告诉你的事情，我的名字不是伊冯娜，而且我也不是单身。
- 嗯，我恐怕有不好的消息要告诉你。你记得我们昨天遇到的那个女孩儿吗？她在回家的路上出了意外。

根据对话进行的方向，最后部分或"交流紧急出口"部分提供了四种可供选择的方法：

1）在传递好的/愉快的消息的情况下由L1来结束即兴对话：

  L1：不管怎样，我想你会想知道。
  L2：哦，当然。非常感谢。
  L1：嗯，恐怕我得走了。
  L2：好的，到时再见。
  L1：拜！

2）在传递坏的/不愉快的消息的情况下，由L1来结束对话：

  L1：嗯，我明白你想单独待一会儿。我还是先走好了。
  L2：好的，感谢你告诉我这个消息。

第七章　突破沟通壁垒：中学外语课堂上的即兴发挥

L1：那再见了。保重。

L2：拜。

3）在传递好的/愉快的消息的情况下，由L2来结束对话：

L2：好的，我得告诉我［爸爸和妈妈］这个消息。

L1：好的，拜。

L2：拜拜。

4）在传递坏的/不愉快的消息的情况下，由L2来结束对话：

L2：好的，不管怎样谢谢你告诉我这个消息。我想我［现在］得回家了。

L1：好的，保重。明天见。

L2：嗯，拜拜。

其他所有的事情（情景的设定、传递消息的种类等）都必须要学习者在交流的过程中自发地协商和决定。在每个情景对话活动前先集思广益能极大程度地减少交流的压力。

典型交流的记录与简短分析：

接下来的文本记录了两个9年级15岁德国学生间的对话（两人都已在德国的语法学校学习了四年半的英语）（L = 学习者；T = 老师；… = 停顿；？= 象征疑问的语调；大写的字母象征特别强调；括号中是德英翻译；学习者的名字已做了改变）：

T：好的，现在让我来扔一次骰子…［3秒］…噢…那是一个意外…嗯…从我这个地方看不见…伊冯娜…你能帮我吗？

L13：好的…嗯…15

T：好的…谁拿着15号啊？…马里奥？很好…让我们给马里奥热烈的掌声…大家一起来啊…鼓掌！…［10秒］…伊冯娜…这次你来扔怎么样？

L13：ICH？…muss ich wirklich Herr X？［Me？Do I really have to,

创新型教学中的固定程序与即兴发挥

Herr X？］［我吗？我真的必须做吗，老师？］

T：有什么问题吗？来吧…继续

L13：Na gut［O. K. then，…］［好的。那么，…］…［5秒］…6

T：谁拿着6号？…［5秒］…丹尼斯？好的…现在我们可以开始…

学生：＋＋＋掌声＋＋＋

T：噢，对了…对不起…嗯…对的…让我们…嗯…让我们掌声鼓励丹尼斯…［10秒］…马里奥和丹尼斯…你们准备好了吗？…好的…请安静…［5秒］…开始…

L6：Ähm…einen Moment noch…wir müssen eben klarmachen wer anfängt［One moment, please. We need to check out who is going to begin］［请等一下。我们需要商量一下谁先开始］…［15秒］…我们准备好了…我们在青年俱乐部相遇

T：好的。你们两个…开始…其他同学…请认真听！

L15：嗨，丹尼斯…你好吗？

L6：马里奥…真是太意外了…ähm…我没想到今天会在这儿见到你

L15：嗯，经过昨天晚上的事情，我觉得我必须得来

L6：为什么？［开始即兴发挥］

L15：我也不知道…嗯…该怎样告诉你…ähm…我昨天看见梅克在声音花园［当地一个小舞厅］

L6：梅克？

L15：是的…梅克…你记得吗？你的女朋友

L6：Ich hab doch gar keine Freundin［But I do not have a girlfriend!］［但是我没有女朋友！］

学生：＋＋＋笑声＋＋＋

L15：Egal…jetzt…aber…她名叫梅克［So What? Now you have a girl-friend and her name is Meike］［那又怎样，现在你就有个女朋友，她叫梅克］

学生：＋＋＋笑声＋＋＋

L6：好的，好的…［5秒］…梅克…öhm…我的新女朋友…［8秒］…一个人…嗯…她一个人在声音花园吗？

第七章 突破沟通壁垒：中学外语课堂上的即兴发挥

L15：一开始是［微笑］

L6：后来呢？

L15：后来她就不是一个人了［+++整个班都在笑+++］

L6：你看见了什么？她在做什么？…告诉我

L15：啊…嗯…嗯…我看见她…啊…和克里斯琴…啊…然后他亲了她

L6：他？［指着一个同学］

L15：是的…他

L6：所以你亲了我的女朋友

学生：+++笑声+++

L3：Nee…ich war's nicht…wirklich nicht［No, it was not me, believe me!］［不是的，不是我，相信我］［即兴发挥结束］

L15：好吧…我明白你现在想一个人待一会儿…我想我最好先走

L6：好的…谢谢你告诉我

L15：那再见…保重

L6：拜！

这个记录表明即使经过四年的目标语言教学（传统的、大部分以 IRF 为基础的教学），对于那些还不习惯自由交谈的英语学习者来说，即兴情景对话是多么困难。学生熟记了的有剧本的开场部分后，中间即兴发挥部分显示学生绝对不缺乏想象力、责任感和乐趣，但由于学生运用已有知识（或是经过四年的英语学习后应该知道的有关语法和词汇的知识）的能力有限，也就很明显地限制了他们之间的互动。这个记录表明：当学生在不可预测的语境下进行即兴互动时，给予学生更多空间是多么重要。同样它也表明给予学生更多空间让他们能自由地和自发地用目标语言来清楚地表达自己的想法是多重要。

对整个班级后续讨论的记录和简短分析

为了简单说明上述即兴对话是如何引发整个班级的反思性讨论的，我再提供一个补充性说明（基于一些显而易见的原因，在此只可能提供这个讨论的开场部分）：

创新型教学中的固定程序与即兴发挥

T：在我们再一次听马里奥和丹尼斯对话之前…在我们听之前…嗯…听他们的对话录音前，我先问一下你们是怎样看他们的…嗯…对话的…［5秒］…让我们收集…是的…让我们收集一下你们的第一印象…［10秒］…好的，西蒙娜？

S1：我认为很有趣

T：噢，真的吗？你能解释一下为什么吗？

L1：因为丹尼斯表现得非常冷静…啊…当他对克里斯琴生气时…嗯…在克里斯琴亲他的女朋友——梅克后

T：嗯…好的…其他同学有什么想法呢？你对这个对话是怎么看的？

L13：丹尼斯表现得很好…但马里奥表现得不好

T：马里奥表现不好？你能告诉我们为什么吗？

L13：因为马里奥是丹尼斯最好的朋友…嗯…所以他…啊…我认为他…他不应该告诉丹尼斯有关克里斯琴和梅克的事情

T：你是说他不应该把这件事情告诉丹尼斯？

L13：是的…这不公平。他又不是记者

学生：＋＋＋吵闹声＋＋＋

T：好的，好的…请安静…如果你们同时说话，那我们就没办法继续下去了…艾萨…你想说点什么吗？

L7：是的…hör doch mal auf Tim…ich will sagen［Stop that, Tim! I want to say something］［别闹了，提姆！我有话要说］

T：提姆…请安静

L7：我认为丹尼斯和马里奥是好朋友…好朋友之间应该没有…Geheimnisse？［德语，表示"秘密"］

T：秘密

L7：是的…那样的话马里奥就不…ehrlich？［德语，表示"诚实"］

T：诚实

L7：马里奥…他…就不…wie noch mal？［德语，表示"请再说一遍"］

T：诚实

第七章　突破沟通壁垒：中学外语课堂上的即兴发挥

L7：如果他不告诉他最好的朋友，那他就是不诚实

T：所以你认为好朋友应该总是以诚相待

L7：是的

T：好的…就艾萨对诚实的观点来看…诚实…是非常重要的…你应该总是对朋友诚实…你们都同意吗？…不同意？…谁不同意？

第三个记录显示，在后续讨论中，只要是与这个即兴对话相关的东西，学生都可以自由地表达和评论。因为最初这个讨论的焦点是在对对话内容的评论上，而且以信息为中心的交流仍然是主要的，因此老师在纠正错误时采用的是间接的方式。这并不意味着在整个小组的反思性讨论中没有足够的空间来纠正错误或立即纠正错误。这也并不意味着没有空间留给老师来对具体的尤其是有问题的语言形式做简短的、完整的指导。最佳学习要求要谨慎地平衡好信息中心教学和形式中心教学的关系（参见布茨坎姆，2004）。然而混淆二者的做法同样也是应该避免的（参见杜夫和克里佩尔，2007）。

为了推进更复杂和流畅的谈话，学生需要额外的输入（尤其是词汇的输入，词汇输入的重要性在前文中 L7 试图在课堂讨论中表达她的个人观点时表现得非常明显）。除了词汇输入外，教师应提供给学生一些后续讨论中常用的交流策略。为了使交流互动更生动、更实用和更恰当，这些策略是必需的和有用的，比如：

表 7-2

对于信息接收者来说，可以被用来作为交流"连接"的补充策略（克雷和沃纳，1988）	对于信息传递者来说，可以被用来作为"引入"的补充策略（埃德蒙森和豪斯，1981）
• 真的吗？ • 不会吧… • 噢，我的天啊… • 天哪… • 太好了… • 好极了… • 该死的…	• 首先… • 听起来可能会有点奇怪，但是… • 实话告诉你… • 说实话… • 坦白说… • 事实上，… • 不管你是否相信

▶ 创新型教学中的固定程序与即兴发挥

将即兴对话置于更广泛的理论背景之下

正如之前的例子显示的那样,即兴对话旨在鼓励学生在目标驱动的交流环境下充分利用他们所拥有的有限的目标语言资源。目标驱动的交流环境在某种程度上是无法预测的(关于任务定义的简短讨论请参见斯坎翰,2003;更详细的阐述,可以参考艾利斯,2004)。根据皮福的"SMART"设计原则(S = significant [重要], M = meaningful [有意义的], A = achievable [可完成的], R = relevant [相关的], T = time – related [有时限的]),即兴对话的焦点在于鼓励学生利用目标语言进行自发的合作性语言互动,以及促使学生在没有威胁和焦虑的课堂场景中"做中学"。学生在几乎无准备的情况下开展对话时,老师应特别关注学生说了什么,他们是怎样开始交流的,又是怎样让交流继续的,他们对学生的回应以及怎样与同学开展合作的。这是更深入的信息指导和形式指导的基准,并且二者以循环的方式来起作用。

在外语或第二外语学习与教学中,目标语言产出(或者输出)和目标语言理解(或输入)相互依存,相互作用。对于学习者产出的潜在作用的阐述,斯温(2000)指出:

> 输出的重要性可以表现在输出比输入更能促使学习者更多地用脑力来对语言做更深层次的加工。在输出时,学生拥有控制权。就口语和写作来说,为了达到交流的目标,学生会充分利用中介语言。为了输出,学生需要下一些功夫。他们需要创造语言形式和语言意义。这样做可以让他们在输出中发现什么是可以做的而什么是禁止的。输出可能会激发学习者加工策略的转变,从语义学的角度,用开放的常用加工策略转变为完全采用文法处理的策略。这样做是为了让输出更为准确。所以,学生的语言输出看起来似乎对语言发展有着潜在的重要作用。

在即兴对话的过程中,学习者注意到"在某个特定的时刻,当他们尝试输出时,他们不知道应该用哪个词来准确地表达他们所想要传达的意

第七章　突破沟通壁垒：中学外语课堂上的即兴发挥

思。"换句话说，他们注意到了他们的中介语言中存在的"漏洞"（斯温，2000）。同样，他们也意识到完全依靠他们自己不可能弥补自身"语言学知识上的缺口"（斯温，2000），而且互动（分享、协商等）才是成功的关键。根据斯温（2000）对第二外语和外语学习与运用的观点，英语课堂上的即兴发言可以被认为是一种紧密相连的认识活动和社会活动。这一观点也与用社会文化或生态学的方法来解决第二外语和外语教学与运用中的问题相一致（参见，比如，克拉姆奇，2000；兰托夫，2000；范莱尔，2000；更多近期报告请参见克拉姆奇，2000；兰托夫和索恩，2006；范莱尔，2004）。

斯温给"合作对话的定义"是："通过社会活动的互动来解决语言学问题"（2000），所以合作对话在很大程度上可以排除外语学习上的感性因素。然而，与此相反的是，即兴对话是一个更全面的现象。它受到如说话动机和言语焦虑因素的影响很大。通过互动来解决语言学的问题当然是即兴对话一个很重要的部分，但是记忆力、想象力、愉悦感和参与同样重要。

为了促使即兴对话的产生，我们需要考虑在制度性语境下目标语言学习的整体社会心理环境。像上文的"巴士站情景对话"和"意外遭遇或邂逅情景对话"就是遵循这个原则来进行的，教师提供给学生：①大体上符合他们的能力与技能的有意义的和具有挑战性的交流框架；②语言学上符合学生的能力范围并且主题上能激发学生兴趣的交流任务（作为诱因的任务），这样的任务允许学生的趣味性和实验性的语言运用；③一个允许错误发生的教学环境。在这样的环境中，沟通行动的机会与交流反馈的机会有明显的区分（交流反馈包括系统的纠错和语言训练）。

根据索耶（2004）的观点，英语课堂上的即兴对话可以被看作是"有章可循的即兴发挥"的一个实例。它与一个既定的事件结构以及交流框架有关。在过去，很少有研究对中学课堂上英语和第二外语教学所用的结构和框架做出具体的说明（具体例子请参见：格拉泽，1971；菲利普，1993）。这个研究计划的点滴记录表明：为了激发学生用系统的方式来进行即兴目标语言互动和自发的语言运用，一方面，学生需要面对足够多的可能发生的情况（参见迪·皮耶特罗，1987；皮福，2003，2005）；然而另一方面，教师需要提供给学生一个仔细设计过的用于课堂互动谈话的程

创新型教学中的固定程序与即兴发挥

序基础（参见谢格洛夫，2007）。这个程序基础就像锚（或支架）一样，学生可以利用这个支架来实现自由表达的尝试（参见库尔兹，2001）。过于模糊的结构和框架会给英语学习者带来过重的负担，从而显著减弱学生想要参加这些活动的意愿和承担更深层次的交流风险的意愿。

英语二外课堂上即兴发挥概念的界定是如何与最近关于外语和第二外语学习的研究联系起来的？首先，认知中心的第二外语习得研究是建立在计算一呈现一范例的基础上。与此相反，目标语言的学习被设计为一个更全面的程序，且只有在此程序中，外语或第二外语运用和习得中的困难才能被转化为内心的心理加工过程（对于认知教学法的具体评论，请参见福斯和瓦格纳，1997，2007）。目标语言学习的重点应放在合作交流中的人际互动上；学习者与学习者之间和老师与学习者之间的课堂交流，共同构建了应急环境下外语的灵活性以及制度化的"实践共同体"（参见温吉尔，1998）的跨文化意识的发展和增长。所以，我和我们（参见埃利亚斯，1987）、自己和他人、输入与习得部分被认为是以多种方式密切联系在一起。在一百多年前，杜威（1897）就提出过类似的观点：

> 我认为真正的教育来自于用社会情景的需要来激发学生的能量。在这个情景下，他发现自我 […]。我认为这个教育过程有两方面——心理学的一面和社会学的一面；这二者既不从属与彼此但也不能忽略任何一方，否则就会带来有害的结果 […]。我认为这两方面是有机结合在一起的，且教育不能被当作这二者的折中或二者的叠加 […]。总言之，我认为接受教育的个人是社会的个人，而社会是由个人组成的有机整体。如果我们忽视孩子的社会性，那我们剩下的就只是一个抽象物；如果我们忽视孩子的个性，那我们剩下的就只是一个没有生机和活力的烂摊子。

更具体来说，外语学习在此被认为是一个复杂的转变过程（关于对作为"参与转变"的学习的解释请参见罗格夫，1998）。这个过程以语言运用为中介（参见兰托夫，2000），且这个转变过程是随着时间的推移循序渐进的（语言的产生请参见艾利斯和拉森-弗里曼，2006），而且它是不能被完全控制的（参见布雷尔，2004）。在这个研究中所采用的教学策略

第七章 突破沟通壁垒：中学外语课堂上的即兴发挥

是为了提供给学生一些不能完全预测的交流任务和活动，因而也能激发学生即兴语言运用。这个研究表明即兴语言运用会改变学生在课堂上的表现。总体来说，比在传统的以 IRF 为基础的学习环境下，学生在参与上更积极主动，更富创造性。这对于逐渐提高学生在目标语言环境和文化下的参与能力相当重要。布茨坎姆和卡德维尔得出了相似的结论。他们指出：

然而，在自由交谈时的失败尝试对于学生来说可能是灾难性的，因为它削弱了学生语言运用的自信心。因此老师应留出时间让学生能定期进行无准备的和无法预测的交流活动。那些给予充足时间进行思考和修改后产生的对话失去了口语自主性的特点。我们可以采取进一步的措施，通过邀请学生进行角色扮演来激发学生的自主性。这样的做法就像把学生从海湾的庇护所带到了广阔的大海一样。学习者将他们最近学到的技能用在无法预测的交流任务上并提高他们随机应变的能力。即兴发挥能促使思维更加的灵活，在面对不可预测的情形时也能自信应对。

中学英语课堂上即兴发挥的潜在障碍

转换学习和发展既不能充分地以个人所掌握的概念和技巧（罗格夫，1998）为中心来衡量，也不能用线性和无所不含的方式来衡量转换学习的进步和结果。最近关于教育政策、教育管理和教育行政的发展似乎很大程度上与此相违背。当然，教育政策、教育管理、教育行政是不能被忽视的。因为中学外语教学就是在这些条件下进行的。这也是为什么在接下来的叙述中把它们作为要解决的问题的原因。

当前，中学外语教学正经历着一个转型和改变，处于混乱和不确定的时期。面临着日益紧迫的挑战和不断增长的全球化的需要，全世界各个国家都忙于着手执行大规模的教育改革计划，旨在以系统、更可靠和能预测的方式来提高外语学习与教学的质量和结果。近年来，由于受到"教育是人力资本投资"这一观念的启发，大量强有力的和有重要意义的改革措施发展和实行起来。最核心的是这些政策包括了国际标准的引入、结果中心

创新型教学中的固定程序与即兴发挥

（核心）课程的引入、强制性的全国水平测试、比较质量评价和保障体系的引入。同时也包括了新的学校督导制度和更强的问责策略。然而，正如布林尖锐地指出那样，"那些措施的实施是基于两个未被证实的假设：一是无论教师之前取得过怎样的成就，这些都达不到目前的要求。二是对教师工作的行政监视能提高学生的课堂表现。"

把加强重点监控、仔细评估学习结果各方面的策略当成教育改革势在必行的趋势，是一种持续的全球潮流，但这种潮流是否有益于外语教学还有待观察。这种新的以标准为驱动和以实证为基础的改革政策并不着重于培养前线教育工作者的热情和创造精神，相反它有可能会造成系统化和一律化的高潮，由此也可能阻碍外语学习和教学的重大变革、创新和进步。

在日常课堂练习中提高外语教学的质量是教学悖论的典型例子。这个问题是错综复杂的并且也容易受到多种相互作用因素的影响。通过引入和借鉴以价值、目标和概念为基础的改革策略或许可以应对这种复杂性，并且这些策略也被证实（有争议）在商业、贸易、金融和工业领域的应用是成功的。然而，将市场压力植入中学教育中，将外语教学课堂变为取得最佳成绩的竞技场，用各种各样的标准来评价教学，将教育质量的评价局限于一些可量化的表现指标，并且将输出或结果作为素质发展的关键行为都是要付出代价的，这些代价是巨大的，也是不可接受的。在许多国家，对于因以标准和考试为驱动的评价可能会使增加教师压力的担忧持续扩大。教师压力的加大可能会导致外语课堂教学被越来越多地、大规模地压缩，重新改造、包装，成为提高应试技巧的教学（参见，例如鲍奇等人，2005；贝特赫等人，2008；杜夫、霍勒和克里佩尔，2008）。

学生对于富有创造力和更加灵活的课堂训练需求日益增长，这种课堂注重于更有意义的、语言更丰富多彩的、文化敏感度强和因材施教的训练。而这种课堂训练的设计也能实现外语学习的教育目标和功能目标。鉴于此，如果让现行的教育市场化引导教师普遍以应试为中心来实施教学，那这显然是一种逆流的过时行动。如果教育市场化导致在中学外语课堂互动和教学时，老师以考试为导向来进行单方面的演讲，其最终目的是保证在漫长的定期评价中能获得高通过率和高分数，那它同样是一种过时行为。

第七章 突破沟通壁垒：中学外语课堂上的即兴发挥

这也与最近国际上有关外语和第二外语学习和教学的研究相违背。一系列的学术研究表明传统的输入—互动—输出教学理论由于太过狭隘而受到批判。特别是这种理论主要把学生当成一种精神存在或者是很大程度上独立的个体。因此这种理论也就不足以揭示外语习得或学习的社会性和文化性，最终也就无法恰当地阐释学生作为社会成员的社会性，也就没有从根本上将学生当作相互依赖的个体（参见福斯和瓦格纳，1997；祖格勒和米勒，2006）。在布莱恩（2005）对布鲁克的《第二语言习得中的社会转型》一书的评论中，她强调人们对于目前占主导地位的、很大程度上以认知为中心的研究思路的批判日益增加。虽然在某些部分被争议说有夸大的地方，但她陈述道："在这样的教学理论影响下，不仅学生的背景被忽视（例如：第二外语和第三外语的学习），而且对于自然教学的性质和功效也做出了错误的假设，甚至学生沦为认知机器。他们只是遵循认知的普遍原理，却不去考虑他们生活中的和使用该语言的社会背景。"

从一个不是很具争议性的角度来看，现在谈论第二外语习得或外语教学研究主要范式的转变还为时过早（请参见库尔兹，2003）。然而，用更全面的和跨学科的方法来进行理论建构在最近已成为一股强劲的趋势。同时研究也强调在复杂社会心理环境（包括"即兴发言"的计划）下共同建构学习和发展应注重的人际互动、突发性和转换性。在这样的理论框架下，学习者被看作是"一个较大社会环境中的一部分。他们隶属于各个社会团体，并与其中的社会成员以充满活力的方式进行互动"（康明斯和戴维森，2007）。因此，学习被定义为"在社会团体的实践中产生的而不是对孤立的个体成绩的反映"（康明斯和戴维森，2007）。总体的理论焦点是放在"学习和发展怎样从参与社会文化活动的过程中转化来的"（罗格夫，1998），而非放在个体的习得以及能力、概念技巧的获得上。

很明显，教育殖民化的发展以及其相应的严格控制是很难（但不是不可能）与研究中的发展相一致的。教育的殖民化是受全球市场观念和企业管理实践的影响而产生的。从教育监管的角度来看，强迫学生参加标准化的和答案通常唯一的水平测试以展示自己的（年度）进步的教学方式或许是可取的。这种做法是建立在可疑的观念上的——线性提高，立竿见影的效果和降低成本的需要。这些观念几乎与社会生态心理学、外语学习的长

> 创新型教学中的固定程序与即兴发挥

远性以及中学学生跨文化意识的发展和增长是完全相背离的。正如凡尼尔（2007）在这篇文章中提道："把教育当成是自然习得的观点显然公开反抗了学校机构所倾向的标准化的绩效测试机制。在那样的情况下，所有的东西都应该是最大程度上可以被预测的（当然也是可以被测试的）。如果不是这样，那决策者想要的权力和控制［…］就会被削弱和损害。"

政策推动者和中学行政管理者都被建议不要以看似可信，但实际还不成熟的等式——考试分数就等于外语教学与学习的质量——为基础来实行改革策略。例如，一些过分简化的因果关系考虑，"如果你不能测量它，那你就不能控制它；如果你不能控制它，那你就不能提高它"，在应对改善外语课堂学习和教学的总体程序和提高教学和学习成果过程中遇到的问题是远远不够的。最糟糕的情况是：这样过于简化因果关系的考虑会使整个教育陷入病态。广泛来说，它们会使智力发展和个人发展陷入病态；具体来说，它们会扼杀日常课堂练习时的创造思维和互动（同样参见库尔兹，2005）。

在对学生进行水平测试时片面强调目标设定，或成果的可测量性更多地强调外在的评估和绩效（以此为唯一标准或以此为主导标准）将不能为教师改善教学提供明确的方向和足够的支持。在日常课堂练习中，只有充分考虑到学习和教学的社会心理复杂性，才能显著提高外语教学的质量。不仅要从整体来考虑，还要从细节上着手，最重要的是掌握一个准则——在关注文化敏感和情景敏感的优秀实践例子的基础上提供给学生足够的学习机会（关于英语课堂上的即兴情景对话，请参见西博尔德的视频记录，2004）。这些实例都是典型的"间接经验"且有利于学生进行"自然类推"（施特克，1995）。大家都知道，在科学研究时通过合适的和连续的预处理以及研究进行阶段的服务支撑来不断完善外在的预设标准是必不可少的（参见，如兰克斯，2008；欧黛，2008）。然而在教育政治中，这条原则却没有得到应有的关注和优先考虑。

结 语

正如利韦尔斯（1968）四十年前说过的那样——"说话技巧的培养"

第七章 突破沟通壁垒：中学外语课堂上的即兴发挥

需要时间和耐心。信息时代外语教师所面临的最困难的挑战是制度化环境下如何整合跨文化学习。尽管里弗斯在1968年就对这一种学习的某些重要方面做过描述，但它绝不是过时的，也绝不会与21世纪的外语教学不相协调：

> 学生要达到自然运用语言的阶段是需要一定时间的，教师不能揠苗助长。当学生开始自然地进行互动时，我们需要快速地意识到这个转变，并让学生来掌控这种自然的互动直到学生觉得无法再进行下去。学会收放自如，给予学生足够的空间来掌控自己的学习并指导他们在自己的活动中得到提高是作为一名真正的教师应具备的素质。

然而，在过去的十几年间，在越来越多样化的指导环境下所实施的有关即兴对话的定性研究表明，外语教师能够而且应该做出更多的努力来鼓励学生自由地交谈。精心设计过的即兴情景对话活动能帮助教师协调教与学之间的矛盾；它们也能促进更长期的、灵活的和具有创造性的语言产生；它们也能提高学生的参与积极性而不是偶然性的课堂自发演讲。这些情景对话活动（高度协调、形式和意义兼顾）能够越早融入课堂教学越好。总之，这些活动最好能定期进行。我们所说的潜在收获并不是从可衡量的技巧成果的角度来说的，而是从更全面、更长远的效果和效益的角度来考虑，这一点是不容低估的。

第八章
成人英语学习者的即兴发挥

安东尼·派隆

我对即兴发挥表演、语言学习以及教学的兴趣几乎同时出现在我的本科教学经历中（派隆，1994）。从那以后，我就开始学习即兴发挥表演，并将即兴发挥的经验整合到我的成人教学经验之中。因此，我已考虑将即兴发挥的活动与规则作为一种机制和教学工具，来创设富有成效的发展性学习环境。

在本章我描述了在正式的学习环境中，与成人英语学习者运用即兴发挥活动的经验。就我而言，即兴发挥是一种无剧本的表演，采用观众的建议开始或形成游戏、场景、表演，依据共同认可的规则与结构（赛哈姆，2001），自主合作地进行表演。接下来，我首先描述了由专业的即兴表演团体所共享的即兴发挥的几个规则。然后，本章的主干部分探讨了三种冲突，索耶的著述中（参见本书）称之为学习矛盾——一种避免不了的冲突，在所有建构主义学习环境中都能发现，一系列创新选择的需求与学习者的即兴发挥之间的冲突，当然，需要以适当水平的支撑结构来指导此种学习。这三种冲突是：已有剧本对临时剧本，老手的自信与新手的尴尬，个人对群体。之后，我描述了专业即兴发挥者众所周知的六种即兴发挥游戏（如哈尔彭、克鲁斯与约翰逊，1994；约翰斯通，1981，1999；史宝林，1963），并说明我如何运用它们来支持语言学习，为成员建构学习环境。基于这些阐述，我认为即兴发挥活动能有效地协调学习中的矛盾；为形成新颖且多样的教学模式提供机会，促成学习环境中成员的互动。我的结论是，在课堂上适当地运用有结构的即兴发挥，可以改革创新当前的教育模式。

第八章 成人英语学习者的即兴发挥

即兴发挥的必要规则

世界各地实践着各种各样的即兴发挥游戏与形式（科兹洛夫，2002；利贝拉，2004；纳皮尔，2004；索耶，2003a）。尽管即兴发挥的形式多样，但还是有一套所有即兴发挥者都认同的规则。为了形成更有成效的即兴发挥表演，这套规则作为一种民俗理论是一种草根理论。在鲁茨（1987）看来，民俗理论是一种明确而抽象的知识体系，同时也是一套日常生活实践。在这一部分，我将集中探讨这些规则中的一些，我认为与即兴发挥活动融入正式的学习环境相关的规则。

是的，而且（yes, and）

即兴发挥的必要规则与首要途径是"是的，而且"（哈尔彭、克鲁斯和约翰逊，1994）。这一规则有两部分，首先，由另一名即兴发挥者做出表示同意的言辞及肢体活动。其次，提供一种言辞的、听觉的、肢体活动以回应，支持并延续它（"and"），比如两个即兴发挥者在舞台上开始一个即兴发挥的场景，一个人可以说，今天好热，即兴发挥者提供一种新信息的介绍。在这个例子中，这位即兴发挥者提供了天气很热的场景。此人的即兴发挥合作伙伴应该认同这种提供（明确或心照不宣），并且回应、支持并延续它。比如，第二个即兴发挥者可以回答，是的（他/她深吸一口气）。我认为这个冬天积攒起来的脂肪快要化掉了。此种"是的，而且"原则是对话得以继续的根本；也是一个即兴发挥者承诺支持另一个即兴发挥者表演的行为，并且表明这种表演总是受欢迎的，同时在游戏、场景或表演中以某种方式以及某种程度落实下来（罗伯曼和兰德奎斯特，2007；索耶，2001b，2003a，2003b）。

必要的警告：不能否认或撰写剧本

许多即兴发挥的原则就是警告哪些事不可以做，比如"不能否认"以

创新型教学中的固定程序与即兴发挥

及"不能撰写剧本"（索耶，1997，2001b，2003a，b）。依次来说，否认就是与"是的，而且"原则相悖；否认就是否定一个人的贡献，而不是接受它，也就是说，意味着 no 而不是 yes。继续回到我以前讲过的例子，第二个即兴发挥者通过回答，比如天气不热，可以否定最初的表演"天气真热"，即兴发挥者也可以否认一个场所（比如，通过说我们不在墨西哥，在另一个即兴发挥者提供了对话线索之后立即说，我很高兴我们能在墨西哥一起度假）或者否认关系或身份（比如，在另一个即兴发挥者讲出上述话语之后立即说，我不是校长）否认阻碍了即兴发挥的形成，也影响到即兴发挥者之间的支持与信任（哈尔彭、克鲁斯与约翰逊，1994）。

一个即兴发挥者引导突发活动的代价是另一个即兴发挥者不能自主应对突发活动，这就是剧本撰写出现的情况。应该避免剧本撰写，因为没有人预先知道游戏、场景以及表演情境，比如，这个人提供了开头的线索，天气真热，这只是对话的线索；迄今为止，任何人都知道天气热，没有即兴发挥者应该对场景、地点或场景中人们的关系给出假定（比如，场景发生在海滩，我们是电影明星）。"是的，而且"只有在即兴发挥者自发自主的反应表演，而不是教师设定的情境下去演示，才能得到最好的应用。

继续回到前面的那个例子，由第二个即兴发挥者提供表演（即我认为这个冬天积攒起来的脂肪快要化掉了），继续促成对话展开，两个即兴发挥者一起做有意义的事情。第二个即兴发挥者回应并支持第一个即兴发挥者的表演，在他们的即兴发挥活动中，他们的对话成为一种共同建构的过程，而不是一个人的独创（格根，1994，以及霍尔兹曼 1997 年的引用）。下一轮就会形成互动（比如地点、叙述、讲话者的关系），同时还会伴随着即兴发挥者之间的信任与支持形成，这也是即兴发挥得以持续的根本。总之，这些规则还存在如下一些问题（他们可能的答案在括号内）：

谁促成了即兴发挥的对话？（所有人参与）

即兴发挥的对话如何产生？（通过倾听、自发反应，遵守"是的，而且"原则，而不是否认）

第八章 成人英语学习者的即兴发挥

即兴发挥的对话什么时候产生？（不能完全事先准备，否则就不是即兴发挥，同样即兴发挥者不应该单独地假设对话的场景或预测另一个即兴发挥者会说什么或做什么；这些方式都归类于剧本撰写）

为什么这些规则很重要？（它们事先确立了合作、突发活动的基础，也就是即兴发挥者参与的游戏、场景或表演）

当然，这些规则并不仅仅适用于舞台上即兴发挥者参与的游戏、场景或表演。它们也可能是在一个多样化的背景下，生成语言与意义的规则，包括正式的学习环境，也不限于此。其他的学者（如霍尔兹曼，2009；罗伯曼和林奎斯特，2007）探讨了将即兴发挥规则与活动运用到正式的学习环境中，他们的工作为我将即兴发挥活动引入正式的成人英语学习环境提供了支持。当然，将即兴发挥活动引入正式的语言学习环境，肯定会存在冲突，在下一部分，我将探讨可能会出现的三种相互关联的冲突。

冲突1：已有剧本对阵临时剧本

一个重要的冲突是与剧本相关的冲突。这里，我指的剧本是共同的文化了解，如以前确立的语言形式、文化知识、人类社会交往必要的主题。结构化的剧本作为重要的文化学习工具能够促成个人的社会化以及社会实践意识的形成（岗库，1993；纳尔森，1981；索耶，2001a；山克和艾贝尔森，1977）。

语言教师可以获取许多教学资料来支持语言学习环境中角色扮演的运用（麦莉和杜夫，1982；斯坦恩，1993；威塞尔斯，1987），但是有些材料倾向于以已有剧本的形式（即书本对话）呈现给学习者，而不允许他们形成临时剧本（库尔兹，见本书）。这些源于课本或其他印刷资料（比如，贝尔科维兹和波特，1995；詹金斯和萨巴格，2001）的已有对话，倾向于被朗读或表演，或者是为学习者提供机会让他们事先准备剧本（独自一人或与其他学生），然后根据记忆进行表演或朗读。比如，可以要求学习者朗读、提前准备或者背诵对话，比如在商店如何与售货员互动。让我们想一个剧本的简要例子（即人们在英语学习课本上可以找到的一段对话）。下面就是售货员与顾客在西方世界服装店可能发生的销

> 创新型教学中的固定程序与即兴发挥

售交易。

> 售货员：您已选好东西了吗？
> 顾客：是的，并将要购买的衣服拿给售货员看。
> 售货员：扫过条码后，将衣服装进袋子里。
> 您的付款金额是54.56，您是使用现金、支票还是信用卡？
> 顾客：现金，并将钱币递给售货员。
> 售货员：谢谢，这是您的零钱、收据与衣物。祝您购物愉快！
> 顾客：再会。

诸如此类的对话经常出现在成人英语学习者面前，作为一种固定形式——也就是一个人如何用英语购物，这些是用于购买商品的语法结构，语言学习者经常猜想书本对话的意义、词汇或语法规则（霍尔兹曼，1997），猜测这些对话可以适用于哪些相似的场景；这些准备好的对话应该受到重视，如此一来，他们就不能，也不愿意或是不想质疑、改变这些对话，或是想要在此基础上做出即兴发挥（古德曼和古德曼，1990；兰托夫和索恩，2006）。

此外，对话中出现的角色的限定关系事先已确立（即有售货员与顾客，每个角色都将朗读或表演）。语言学习者可能更关注或偏好角色的语言实践，他们猜想在语言学习环境之外的表演中，他们是否可以演绎相似的对话。比如，当顾客与售货员互动时，他们关注伙伴们在对话中的表演（比如，一位新的语言社区的成员，比如售货员），这种关注仅仅停留在语言形式上，而学习者的重心是准确地理解这些语言，并及时地做出回应。因为这些观念、意义的生成与对话的角色，即便是由学习者创造的一种教学活动，也被认为是与使用或创造它与学习者相分离的东西——它是新语言社区的真实世界，必须给予尊重。

依赖已有剧本也就是支持教师的专业资源与材料，已经存在于现实，并被认为是此类对话最为真实可靠的资源。比如，奥勒（1993）就建议语言教师首先采用源自现实世界的那些材料。我们不必发明世界，上帝已经这样做了。奥勒认为提供真实的材料将会增强语言教学的效果，并且为新语言在社区内使用提供背景。但是他似乎也指出现实世界与人们生活和交流的世界还是有区别的——上帝创造了剧本，撇开宗教信仰的关系，（比如一些人，可能是指语言社区的本地居民），上帝已经设置好这些角色并给了这些角色意义与功能。

即兴发挥者将已有剧本运用到他们的工作中时，可能会产生许多由已有剧本引发的问题讨论。尽管即兴发挥者一定要依赖现存的工具，比如语言及其他存在的文化现象（比如，销售交易的剧本），而在即兴发挥的表演中，剧本事先并不存在，演员也没有提前准备，他们不需要完整地呈现一个或更多的语言社区的已有剧本。"是的，而且"规则以及不撰写剧本，支持临时的合作性互动或引导，当然我们不能假定这些互动目标能准确地反映出即兴发挥者或观众熟悉的事物。相反，即兴发挥者在对话中自发地生成剧本，创造他们的世界，而不仅是模仿现存的对话与理论世界。在一个销售交易的即兴发挥表演中，即兴发挥者一起运用"是的，而且"语言形成售货员与顾客之间的对话。即兴发挥者意识到，在共同建构对话的过程中，销售人员与顾客就像长久失散的双胞胎那样默契。对话者之间可能存在的关系与地点是不受限制的。任何一位即兴发挥者，不管他/她的经历如何，都可以成为售货员或顾客。交易发生的商店有可能在月球。尽管在日常生活中存在各种奇怪的可能，但是销售交易的已有剧本，以及一些其他的剧本都可以成为即兴发挥中的临时剧本。当然已有剧本是固定的，而临时剧本则是不受限制的，因为它们发生在一种可以即兴表演的场所，参与的规则与角色的分配及职能都是依据背景而改变的，事先制定好参与的规则与角色的分配及职能，并让他们适应于一定背景的表演中。

总之，从上述冲突中可能产生的重要问题是：剧本什么时候形成？他们在何种程度上依赖文化知识与社区期望。

冲突 2：熟手的自信与新手的尴尬

在正式语言学习的背景下，这些剧本有可能被认为起源于那些特性更为明显的人群，比如，更多经验，更多知识，更多权力，更愿意表述的人们。剧本有专门的阐释者，通常这种阐释者被认为是教师。因此，

创新型教学中的固定程序与即兴发挥

学习者认为剧本由教师模仿——也是这个较大的语言社区的代表，学习者寻找进入剧本的途径，教师提供表演剧本的标准，他们自己（与各位同学）则是这种标准的模仿者。这种观念会让语言学习者在运用新语言进行交流时（主要是口头语言）产生怀疑感与尴尬感，这是一种与自信与确定相反的感觉。

这种观念植根于语言教学领域的理论中。斯蒂维克（1980）指出阻碍语言学习的一个主要因素（尤其对成年人）是害怕或担心自己的表演。这种害怕是学习新语言的情感过滤假设（克拉森，1981，1982）。克拉森的情感过滤假设认为由于语言学习者情感过滤强度的不同会表现出较大差别——灵敏的语言学习的障碍是学习者缺乏自信来使用新语言。克拉森认为，当学习者处在一个轻松的环境时，过滤就会降低，他们就能克服各种困难来自信地表达自己。

克拉森的情感过滤假设尤其适用于那些年纪大一些的语言学习者。成年人有很强的理性思维，会自我反思，具有自我意识、过分关注认识论（即信息类的知识，词汇或语法规则）等特点。在进行新语言的表达与探索时会产生负面影响（克拉鲁索，1993；纽曼和霍尔兹曼，1997；范登贝格，1983）。准确性的关注，词汇的积累，语法规则的完美运用会因为两种因素而得到强化：先前的学校教育经历关注准确性；新语言社区专家成员的经验经常会用来评判成人语言学习者的口语、拼读、书面表达等方面，并将他们的语言表达与标准的语言运用相比较（库克，2000）。

当然，受过训练的即兴发挥者表演时更为自信，而且能够在其他即兴发挥的伙伴都是专家的假设下进行表演。对与错的问题不重要，担心出错或被评判对错的做法只是想达到期望或标准；在即兴发挥中，唯一的期望是合作与共同认可，临时创造或做有意义的事情（梅森，2008）。即兴发挥中，创造什么以及如何合作性地进行创造，比起如何力求正确或专注于熟悉的事物要有趣也重要得多。

总之，从这种冲突中产生的一个重要问题是：我们如何能够自信地运用工具，比如语言，而不用太多担心此种运用怎样才能符合标准或达到预期的效果。

冲突3：个人与群体

当语言被概念化成为一种社会现象时（如维果茨基，1978，1986），我们对语言学习的关注首先集中于个人的考虑与发展。这样就形成了第三种冲突：完全排他性地关注个体语言学习者的发展，而不是群体（或所有人员）语言学习者的形成与发展。这种关注可能源于美国教师——他们的学习者通常被认为更为独立，而不是相互依赖，是竞争而不是合作（罗格夫，2003）。

教师尽量满足个人需求，通过观察、评估与比较个体进步来考虑学生个体如何才能学得更好。群体的概念主要适用于教师想要采用一种一刀切的方式来设计课程，以及教学与评价时。在语言学习课堂中，我们必须意识到学习者的多样化，同时也要重点考虑诸如国别或母语这样的区域。我们通常没有意识到新语言学习者的经历与需求的多样化，因为在美国的正式学习环境中，追踪与划分群体的实践基于个体特征，比如年龄（如6~8岁一年级的年龄段），知识基础（如6级~高级），或学习内容（如商务英语）。对教师来说，虽然不常见但肯定会遇到的事情是超越此类个体特征，形成一种全体学习者都能展示个人经历、学习风格与需求的学习环境，在此分享与共建学习目标，并一起成长。

关注个体不仅会给教师带来问题，而且也会给语言学习者带来困扰。通常语言学习者通过进入语言学习环境来提高他们的语言技能，实现各自的目标（麦卡格，1993；努南，1992；帕里希，2004）。他们通常不会将同学作为各自实现目标与发展的资源与机会，他们可能认为同学的语言水平不高，好一点的结果是会妨碍他们取得进步，而更糟糕的结果是不太准确的语言表述会使他们无法标准地运用语言。

与语言学习环境相比较而言，关注个体通常不是即兴发挥实践的一部分。在即兴发挥社区内，个体即兴发挥者，当然可以促成即兴发挥的游戏、场景、表演或全体人员演出。但是，即兴发挥者认为交流与游戏、场景、表演持续密切相关，而且表演者之间相互影响，如果在实际表演中，那就是他们与观众之间相互影响。

▶ 创新型教学中的固定程序与即兴发挥

即兴发挥者认为，在一个独特的背景下形成一个独特的剧本是共同合作的结果，表演的展示与意义是相互了解、相互开展活动。当然这种方式在即兴发挥规则中也得到了证实，即兴发挥社区的专业人士在他们的著述中也强调群体。比如，即兴发挥的指导者保罗·希尔斯（引自斯维特'1978'的阐述）指出，这就是即兴发挥的作用：在一个自由的空间自我发现，通过相互作用……它不是你我所知道的；它是发生在我们之间的某些事，那是一种发现……你不能单独地促成这种发现，总需要与他人一起才能完成。

总之，第三种冲突中产生的重要问题是：我们如何将群体作为发展的一部分，在正式的学习环境中，学习几乎总是被认为是一种个体行为。我们如何将个人的发展与成长作为源于学习者相互之间的合作，而不是他们之间的相互竞争或相互制约。

成人语言学习者与我们的学习环境

本章将重点探讨我的教学趣闻与即兴发挥活动的例子。围绕我最近的教学经历，作为一个教学团队的骨干英语教师，我有2～4名助理教师。我们服务于一个为成年移民提供帮助的家庭读写能力导向的语言项目。该项目是开放入学的，就学政策也较为灵活。我们提供的相关内容是让成年移民了解广泛的主题，这也是家庭读写项目的一部分（比如语言练习围绕社交、学习与健康）；当然，在这些广泛的主题之下，特定的主题或需求是通过群体的反馈与日常需求得以了解的。

学习者既非常相似，又存有较大差异。成人学习者几乎无一例外地来自北美、中美与南美的西班牙语国家。学习者大多数是妇女，在正式与非正式的学习环境中，运用英语的能力则存有较大的差异，班级的出勤率、对待学习与运用英语的心理开放程度以及年龄差别较大。成人学习者在其本国正式学习的经历都极其有限，在美国（运用口头或书面英语时），经常表达不出来或不能轻松、熟练地运用口头或书面英语。他们在英语语言学习方面的经历存在极大差异。比如，有些学习者可能最近才到美国，还没有接触过英语，然而另外一些人已在美国待了许多年，能用英语进行口头会话，但不会书写。此项目中，许多成年人带有个人观点开始他们的学习经历，期望从教师那里学习知识并获得反馈，以实现他们各自的语言目标。他们也倾向于将教师看作课本专家，他们经常依靠教师提供正确的美式英语单词或发音。

基于该项目模式，我们的学习者、我的助教与我都认识到创设一个空间的重要性，在这里，处于学习环境的所有成员觉得作为一个整体，彼此相连，可以轻松地表达自己的观点。相连感与轻松感能够激发我们运用智慧创造与形成一个已有剧本与临时剧本。

接下来，我描述了我们在课堂上表演的六种即兴发挥活动：名字与动作/名字与声音，Zip、Zap、Zop，球，单词卡片，字母汤，胡扯。

名字与动作/名字与声音

我们班上经常开始的即兴发挥活动叫名字与动作，这种活动就是我们都站着组成一个圈，每个人轮流说出他的名字，然后自发地做一个身体动作（比如，说Tony，然后原地跳两下）。这个圈子里的其他一些人一起听、看，随后作为一个群体，重复刚才那个人的名字，尽可能准确地模仿他的动作。最后，大家一起重复每个人的名字与动作，尊重每个人的表演，对每个人的表演给予合作性的认同。而且，每个人轮流说出名字、表演动作，延续前面的表演。

然后我们继续这种练习，将我们各自的名字与动作传递给某一个特定的人，他再重复这些动作，并将他自己的名字与动作传递给另外一个人。这种传递、重复模式，以一种随意的方式持续着。我有时候也邀请小组成员用不同的声音说出他们的名字（比如高音或低音）或者用不同的速度表演他们的动作（比如快或慢）。名字与动作中的各种形式有时也可以被名字与声音的游戏所取代，发出一种声音（比如哔哔声）取代名字与动作的身体动作。

名字与动作以及名字与声音游戏广受成年学习者的欢迎，当一位助理教师或者我模仿这种活动时，他们在一定程度上乐于参与其中，他们通常哈哈大笑，就像我们在为他们表演某种喜剧。当许多成人学习者第一轮参

创新型教学中的固定程序与即兴发挥

与游戏时，他们经常表现得不太自在。成人学习者在最初的几次说他们的名字或表演动作或声音时，会有些犹豫。因为他们有可能担心被老师或其他成人学习者围观或评判。然而，我们的目的是创造一种没有评判的环境，所以助教与我邀请、鼓励所有人参加表演（比如安静的、简单的或不熟悉的），温和地提醒其他人不要嘲笑，即便是善意的嘲笑，也不要对于别人的动作或声音给予负面的评价。

许多成人学习者逐渐地能够轻松地表达自己，他们很少取笑或对他人进行批判。在这种活动中，笑声仍然存在，但是最后我都对笑声作了不同的解释。当我们形成与维持一个支持性群体演出时，我们的笑声更多的是相互之间的一起欢笑，而不是彼此嘲笑。通过参与名字与动作以及名字与声音的活动，我们逐渐形成了一个整体，个人/集体的筛选降低了，对表演的相互支持得到了强化与尊重，而且贯穿我们学习过程的始终。

在大型的小组活动结束之后，比如名字与动作或名字与声音，我们还经常提供其他一些学习主题（比如学习家庭词汇、练习个人信息或复习主要数字），宣布组织特定活动主题的教师名字，以及主题活动在教室的什么地方开展等。宣布完之后，成人学习者集中于一个或多个学习空间，这些地方欢迎学习者探索英语领域一些可能有趣且重要的东西。学习空间活动对学习者与老师来说都不熟悉，助教与我更习惯于充当学习脚本的指导者，而且成人学习者希望他们的学习得到指导（参见本书库尔茨的阐述；沙利文，2001）。我们所有人也更习惯于面向全体学生的一个课程计划。尽管如此，助教与我还是意识到人们兴趣与需求的多样化，为他们提供不同的学习空间是尊重多样化的表现。在某一天，无论成人学习者选择何种学习空间，都能组成不同水平的英语学习小组。这些不同水平的小组学习不能完全采用以教师为中心的灌输式的方法（贝尔，2004）。相反，我的合作老师与我经常对即兴发挥活动进行调整，以适应这些小型群体中的所有成员的语言实践。

Zip、Zap、Zop 与球

在小型群体中，我们练习的一个即兴发挥活动是 Zip、Zap、Zop。这

第八章　成人英语学习者的即兴发挥

个活动的名字代表三种声音的顺序，由一个人重复传递给另外一个人。一个人开始说 Zip，同时伸出一只手，模仿传递给她想传递的那个人。收到 Zip 的那个人负责传递 Zap 给圈中的另外一个人，他依次说 Zop，将它传递给不同的人。表演就这样持续着，一直到再次以 Zip 作为开始。

　　有时候，我们玩 Zip 游戏，当然，这种活动也可以换成符合成人学习者兴趣与需求的其他形式。对于在学习空间练习家庭用语词汇的群体成员来说，我们可以以适合我们口语练习的各种词汇为这种活动重新命名。比如，声音 Zip、Zap、Zop 可以用单词"父亲、母亲、女儿"来取代，然后像以前描述的那样进行传递。该小组的其他一些能轻松运用家庭词汇的成员被邀请参加另外一种 Zip、Zap、Zop 游戏，单词取代 Zip、Zap、Zop，组成包含家庭词汇的句子（比如我有一个女儿）。还有一些能轻松运用家庭词汇的成员可以玩另外一种 Zip、Zap、Zop 游戏，用不太常见的家庭词汇组成长句或问题来回答个人信息（比如，你孙子多大呢？他 7 岁了）。我们不断地重复传递，从句子或问题的第一个单词到最后一个，就像我们当初传递声音 Zip、Zap、Zop 一样。

　　我们玩的另外一种即兴发挥活动是球。为了玩球，需要一组人站在一起形成一个圈。用一个想象的球，它的特征（比如尺寸与颜色）由小组决定并认可。球类游戏与名字与动作以及 Zip、Zap、Zop 活动很像，球类活动为学习者相互之间自发地传递单词或发出声音提供机会。在玩球游戏之前的热身运动中，我们经常用嘴说出自己的名字或发出某种声音。拿球的那个人将球扔给另外一个人，并说出他/她的名字或发出某种声音。接收者然后将球传给另外的人，也要说出自己的名字或发出某种声音。游戏以同样的方式持续着。在热身运动之后，我们将这种游戏转换成成人学习者感兴趣或适合其需求的其他活动。对于练习家庭词汇的群体成员来说，游戏的动作相似，只是用家庭词汇取代了名字或单词（比如母亲、父亲、女儿）。在其他地方玩球的另外一些学习者可以传递数字（比如 1、2、3），球类游戏的形式并不固定，圆圈中的任何一人在任何时刻可以自发地改变形式，比如，从家庭词汇到字母表中的字母或天气以及疾病。这种形式的转换可以强化全体人员对已有剧本（我们从哪种形式开始，以及在某一特定形式下用哪些单词）以及临时剧本（自发地从一种形式向另外一种形式

> 创新型教学中的固定程序与即兴发挥

转换）的了解。

就 Zip、Zap、Zop 或球类游戏来说，助教和我邀请成人学习者提供词汇、句子或问题。有人建议应该为成人学习者练习 Zip、Zap、Zop 提供一个样板（比如我有一个女儿），我们一起用 yes 的方式给予了认同。当一个成人学习者为我们提供一个句子或问题进行练习时，助教或我回答：谢谢你，老师。成人学习者都笑了。我明白这种笑声与名字与动作活动中的笑声一样。我们一起创造了一种新的表演方式，而且，在这个例子中，成人学习者开始将他们自己与他人（可能以新的方式或首次）都视为此种学习环境下的教师与学习者（比如创造者）。

如果任何一个人担心这种表演的意义或准确性，或者要求翻译，助教和我通常会保持沉默。我们鼓励成人学习者支持彼此的观点，一起解决问题（古德曼，1990）。我们经常提醒成人学习者，我们都会讲英语，小组可以通过玩 Zip、Zap、Zop 或球类游戏创造语言。集体对每个人的表演与需求的认同、反馈使得学习的责任成为一种集体的理性任务。

单词卡片与字母汤

单词卡片与字母汤是即兴发挥游戏中的一个单词故事的不同形式（哈尔彭、克鲁斯与约翰逊，1994；约翰斯通，1999）。在一个单词的故事中，全体即兴发挥者即兴地合作讲述一个新故事，每位演出成员轮流说一个单词，比如，第一个即兴发挥者可以开始说"在"，第二个即兴发挥者接着说"很久"，第三个即兴发挥者又接着说"很久"，第四个即兴发挥者接着说"以前"，就这样一直说下去，直到小组讲完一个令人满意的故事。

我们将一个单词的故事转换到句子水平（单词卡片）与单词水平（字母汤）。谈到单词卡片，我们的成人学习者提供了大量的索引卡片，有些只有一个单词在上面，更多是空白的。这两类卡片表示已有的已有剧本与我们全体人员可能会创造的临时剧本。所有索引卡片散落在桌子与地板上。当我们练习如何进行家庭信息的交流时，就会选出写有单词"女儿"的一张特定卡片。开始介绍这项活动了，老师口头介绍了句子/问题（比如我有一个女儿）。学习者必须一起快速地找到单词卡片以组成那个句子

第八章　成人英语学习者的即兴发挥

或问题。句子或问题的所有单词在单个索引卡片中都能找到，每人手举一张卡片，卡片上只有一个单词，所有人都手举卡片肩并肩站在一起，使得组成的句子或问题一眼能让人看出。在这个例子中，四个人相互挨着站，比如"我有一个女儿"这个句子，需要单词从左到右呈现。每人只能举一张卡片，游戏就以这样的形式进行着。但是，在玩了几次之后，助教或我就邀请成人学习者口头提供句子或问题来让小组玩造句游戏。我们乐于接受他们的建议，并且感谢学习者做出的贡献。

我们也试图通过此种活动创建临时剧本。比如，我可以拿一张有"我"单词的卡片，站起来，并做出姿势邀请其他人站起来，拿一张不同的索引卡片帮助我完成这一句话。不是我一个人在造句，我没有暗示下一个单词是什么，也没有要求任何人猜出我想要的下一个单词，或者选择某人帮助我，我没有撰写剧本。我开放性地应对可能发生的情况，在我将第一个单词卡片的表演延续下来之后，我邀请小组成员与我一起来造句。开始时成人学习者不太确定找出什么样的卡片或是猜想它是否是正确的卡片。然后，一个成人学习者拿了一张写有单词"有"的卡片站在我旁边，这样我们就有了两个单词"我有"，另外一个人拿着一张写有"一个"的单词跟了过来，一个人一次只能提供一个单词来造句，直到我们满意为止。此种情形下，我们就可以造好这个句子，我有一个女儿。一旦这个句子令人满意地造好了，我就拿着"我"的卡片走开了，回来换了一张写有"他"的新卡片，游戏以同样的方式持续着，几轮之后，我或另外一名教师不再是第一个玩的人，而是换了一个成人学习者，他成了新句子或问题的首位表演者。

在单词卡片的游戏中，如果同时使用已有剧本与临时剧本，那么否定形式就会经常在成人学习中出现。就拿我以前的例子来说，一旦我提供了单词"我"之后，有时候一个成人或多个成人学习者就会责备另外一个成人学习者添加的单词不准确，这实际上就是一种否定。这种不正确的看法主要源于语法角度。对于语法的担心，我采用了一种沟通能力（萨维尼翁，1983）与意义建构的方式来理解临时剧本——全体人员参与创造的句子或问题，我们应该重点关注集体创造的句子与问题的意义，而不是严格地认可与坚持外在的语法规则，比如主谓语一致或名词的单复数。

▶ 创新型教学中的固定程序与即兴发挥

剧本撰写也出现在单词卡片游戏中,一个成人学习者经常强迫另外一个成人学习者选择或写出一个特定的单词卡片,或者认为另外一个成人学习者选择的单词卡片没有达到预期结果。比如,句子出现的"我"可能会激发一位成人学习者的热情,他会大声喊叫,并指导活动中的其他成员完成此类句子,(比如我有一个女儿)。除了提供场外指导(罗伯曼和兰德奎斯特,2007)的支持之外,我们还鼓励每个人一次拿一张卡片造句或提问,而不是强迫任何人提前造句,这是以牺牲我们的临时创造为代价的。慢慢地,剧本撰写的情况就很少发生了。在我们的游戏开始之后,那些更为熟悉游戏规则的人或者相互交流看法,或者就支持小组的新成员进行表演。

关于字母汤是 26 个英语字母分别印在索引卡片上,组成一套字母卡片。可以准备多套字母卡片。这些字母卡片散落于地板(或桌子)各处,混杂在一起,像字母汤。与单词卡片游戏一样,老师以先验文本作为开始,口头说出一个单词(比如女儿),然后我们寻找卡片组成这个单词。但是每个人只能寻找一张卡片,站起来,举着它。老师给出几个例子之后,我们就鼓励小组中的成人学习者事先给出一个单词,以便小组成员能一起造词。正如前面所讲的例子那样,我们乐意接受他们的建议,并感谢他们做出的贡献。

我们也试图临时造词,比如,第一个人可以挑选一张有字母 d 的卡片站着,当然会有些成人学习者试图猜测这个单词,我提醒他们有多种可能性。撰写剧本曾是一个让人担心的问题,因为有时候,一个人会鼓动他人造自己已想好的那个单词,一般是最后一个单词。有这样一个例子,当有人挑选了写有字母 d 的卡片之后,其中一个学习者坚持组成 daughter 这个词。这种坚持会妨碍组成其他单词,比如 dog 或 desk。友好的场外指导是在一种尊重他人选择的基础上临时组词。慢慢地,剧本撰写的现象很少发生了,那些对游戏规则较为熟悉的人要么相互交流意见,要么就支持小组中心加入者的表演活动。就像单词卡片游戏中的语法问题一样正确拼写的问题也得到了解决。

Zip、Zap、Zop,球,单词卡片以及字母汤游戏让人想起本章一开始就介绍过的三种冲突:首先要关注意义而不是准确性,我们强调自信地探索

第八章　成人英语学习者的即兴发挥

与表达，而不是害怕犯错。我们开展活动的方式说明了我们乐于接受小组成员的建议，而不仅仅是老师的建议，以已有剧本开始游戏，创造临时剧本以满足我们集体语言学习与发展的需求。在单词卡片或字母汤的特定情形下，让每个人只提供一个字母/单词来组成一个单词、句子或问题，我们也不断地想起那些剧本，不管它们是已有剧本还是临时剧本，都是小组的创造与责任。

胡　扯

胡扯是一种即兴发挥活动的名称，即兴发挥者发出一些没有意义的声音，意义只是通过声调、语气、姿势表达出来（史宝林，1963）。比如，一个人可以说、gereee、vop、stog，另外的人也可以回应、fee、foo、biko、boo。当我们过分关注语法的准确性，对班上一个或多个学习者的口音进行评判时，或者过分关注单词怎么说或怎么写时，胡扯尤为有用。在即兴发挥活动中，胡扯可以一起进行意义建构、培养全体参与的精神、避免剧本撰写。有时候，我们变换上述游戏的方式——Zip、Zap、Zop 或球类游戏，我们将字母汤中组成的单词、单词卡片中的书面翻译，用胡扯的方式进行游戏。通过胡扯，语言与意义就由小组一起临时创造出来了。

在我们的语言学习环境中，胡扯有时会产生一种慌张感。因为不是运用已有语言，人们会觉得不自在。然而，在这些即兴发挥活动中，当我们作为小组语言练习的一分子时，胡扯会让人产生一种好玩的感觉，会增强语言表达的自信。我们形成了共同的表演，而不是个人的发展与学习。意识到在某种环境下，我们能够成功地临时创造语言，并与他人一起合作生成语言。有了上述经历之后，我们认为没有预先决定的标准或准确的定义，相反，经过多次练习之后，我们可以扮演意义建构者与语言创造者的集体专家角色。

下一个贡献：学习环境中的即兴发挥

尽管我讨论即兴发挥的规则与活动被认为是针对成人语言教学这一特

▶ 创新型教学中的固定程序与即兴发挥

定的背景的,但是,这些经验还是与其他环境的学习有些关联的。本章的最后一部分,我又重新提及早些时候谈到的三种冲突(已有剧本对临时剧本,熟手的自信与新手的尴尬,个人对小组),反思了如何将即兴发挥理解、重构、转换到我们的正式学习环境之中。然后,我简要地思考这些活动与不同年龄阶段以及不同学习内容、学习环境的相关性。因为这只是描述性的一章,所以我主要用我自己的反思引发讨论,但是,尽可能地,我将反思立足于与助教以及成人学习者的互动与讨论之上。

关于已有剧本与临时剧本的冲突,参与即兴发挥活动让我们想起已有剧本有助于为语言规则,比如语法只提供一个框架。就拿 Zip、Zap、Zop 来说,我们很乐意使用现有的句子,并且不断地将这些话语循环传递。然而,现有剧本特定的重心会限制学习者了解剧本的内容与特性。如果只是利用与包含已有剧本,而不是创建临时剧本,那么学习者自己就不能参与语言学习,他们的活动就只是获得性学习,而不具备意义建构与发展特性。如果在字母汤或单词卡片游戏中分别采用临时组词或造句的形式,或者在这些活动中用胡扯的方式进行交流,我们就能一起分享彼此的快乐与偶尔的沮丧,即在表演的时候不知道要造什么单词或不能顺利地设计剧本时产生的沮丧。只有这样,我们才能明白语言及其规则既不需要特定的预期目标,也不能对其进行严格限制。我们也明白了要自己来进行语言的意义建构,而不仅是接受外部输入的意义。

人在一生中学习环境与学习内容中面临的挑战就是避免固守已有的学习规则与学习内容,无学习者自身的参与及贡献。此种挑战需要在正式的学习环境中有更多有趣的互动,这时人们才有可能一起创造可能,而不只是一门心思地关注标准的运用或达到预定的目标。

关于熟手的自信与新手的尴尬的冲突,可以邀请学习者在单词卡片、字母汤或胡扯游戏中建构临时剧本,比如,剧本对于那些有更多经验或新语言学习更为熟练的一些人来说,它所产生的作用就在于现场将学习者作为剧本的主动创造者。新手以及与此相关的尴尬感没有必要转换成对专业知识的一种错误理解,或者瞬间改为用母语交流的方式。我们只需要将自己视为有价值的表演者,也可以接受他人的表演,这样就会减少新手的狼狈与不适感,增加自我激励的信心,从而学习知识、分享经验,认识到作

第八章 成人英语学习者的即兴发挥

为教师与学习者彼此的角色。学习环境中的挑战就是包含了所有小组成员的力量与潜能，同时，它并不提供一种学习内容安全的错觉——我们需要意识到专业知识是一种相对的、发展性的渐进过程，源于学习者群体乐意参与的一种合作性活动。

创建学习者共同体可以引发个体与群体冲突的讨论。我们的即兴发挥活动抛弃了个人发展为主导的理念，愿意建构与维持一种全员参与的群体形式。个体成员以崭新的视野审视自己，将自己视为相互发展、相互了解的学习者与教师。比如，通过参与名字与动作、Zip、Zap、Zop 或者字母汤游戏，我们认识到个体表演的价值（不仅是教师），当表演得到了认可，并被整合成群体实践时，个体就会体会到赋权的意义以及源于此种认识与整合的相互信任。只有这样，我们才会了解到有可能由某个人提供的那个表演，真的应该成为临时参加的所有人的责任，尊重并且延续这种表演。如此一来，竞争理念与教师占主导的理念统统让位于合作性理念以及教师与学习者彼此的角色发挥。

人生中学习环境与学习内容面临的挑战是将个人主义的自上而下的观念进行重构，转变成为一种尊重分享与提升个人经验、能力以及让需求得到满足的观念。比如，在成人语言学习领域，学习者的生活作为课程方式融入课程教学之中，利用学习者的经验与叙述来开展课堂教学。学习者生活方式课程是一种将学习者的经验与学习者创造的文本整合到教学中的模式。它致力于建构一种背景式的学习方式，真诚地考虑到学习群体的不同背景与经验。重要的一点是，要记得学习者的经验可能源于以前与他人共有的经历（即这些经验从来不是纯粹个人的），现在转换成新的、与学习环境的其他成员一起形成的经验。建构的学习环境应该支持每个人的表演，学习（不管学习内容以及认知、社会情感、语言知识）从现在开始被解释为一种主动的、共享的、自由的、接纳式的过程。

基于我与助教以及成人学习者的会话，这些即兴发挥活动构成了一种支持性的学习环境，所有人都能享受教与学的乐趣，相互学习，自信地展示自己。即兴发挥活动让我们有机会巩固概念体系、句子结构，找到我们对自我与他人的新感觉，即兴发挥也有助于学习者深入地体察到自我作为多元语言文化社区成员的感觉，共同成为主动的学习者与教学者，自发地

创新型教学中的固定程序与即兴发挥

创建一种接纳彼此的有趣空间。

基于这些见解与观察，我建议正式的学习与教学环境应该包含即兴发挥。即兴发挥活动能够以概念的、语言的、社会心理学的方式迅速陈述、展示、解决冲突，将他们重构为学习、教学与发展的多种可能。正因为如此，我恳请大家考虑将即兴发挥作为语言教育与其他人生中学习内容的一种必不可少的形式。此外，其他语言学习环境中的经验与实践工作也应该支持并接受此种恳求。当然，额外的工作与多种教学方式会让我们与惯有的教学环境（常有的模式是基于认知信息的传递，由个别教师向个别学习者传授）的假设、经验与偏好相冲，需要将它们与其他教学环境整合到一起（莫尔，1990）。本章阐明了我们如何可能构建与重构我们自己与学习环境，唯有如此，我们才能认识到冲突的存在及其价值，采用不同模式来激发学习与发展的更多更新的可能性。

第九章

富有成效的即兴教学与集体创造力：
来自舞蹈教室的启示

杰尼斯·芙妮尔

在一个强调责任、标准化和课堂进度的时代，将即兴发挥整合到课堂存有较大风险。因为从即兴发挥的本质来讲，它强调的是不可预测性，而这种不可预测性会迅速将课堂教学导向非预设的方向。在不知道这些即兴活动会将课堂教学引向哪个方向的情况下，教师又如何能保证这些即兴活动的有效性？也就是说在实际应用中，这些活动又如何能帮助师生完成教学目标呢？这正是教学悖论的症结所在。教师们总是希望能够遵循标准化的课程内容来开展教学，而不太愿意轻易尝试跳脱于书本之外的教学活动。因为常规化教学和基于学习者课堂生成的即兴教学是有很大不同的，后者需要教师在创造性的环境中激发学生的思维和活动，教师首先必须想方设法地使学生主动表达自己的想法，然后要将学生们零碎的想法进行整合，并将课堂教学引向预定的教学目标。在本章中，我将对舞蹈，特别是舞蹈的编创者和舞者如何共同完成一个舞蹈进行研究，以此为例来说明如何才能将一个集体的创造性过程变为一个高效的教学过程。编舞者用即兴策略来帮助舞者理解音乐材料和独立掌握舞蹈表演。他们所使用的那些即兴策略同样也可以用于帮助提高课堂教学质量，解决学习中面临的矛盾。

艺术教学，特别是舞蹈教学一直以来在教育研究中并未得到充分的关注。但事实是舞蹈创造拥有许多特征使它成为一种特殊的认知活动，因此，对舞蹈训练的研究有利于我们更深地了解人们如何学习。近年来，人类学和社会学通过对人们学习非传统内容过程的研究，比如日常任务（拉夫，1988），工作（古德温，1993；赫钦斯，1995；斯克里布纳，1997）

创新型教学中的固定程序与即兴发挥

和手工制作（克雷和克雷，1996），大大拓展了对认知行为的认识。这些研究的核心是将认知看作一系列的活动。它们通过对社会和环境结构、特殊工具的使用以及对人力、目标和事件的时间和空间安排的考察来揭示这些因素是如何帮助人们达成目标和培养理解力的。这里所指的达成目标和培养理解力不仅是针对个体而言，也针对集体。在本章中，我使用了一个小型的人种志研究方法来考察舞蹈工作室的学习活动。它旨在揭示我们对于人类如何通过参与创造性的活动来学习的了解还有很多不足，特别是对于人们如何集体参与到创造过程中的认识还很不足。正如其他非传统情境下的研究一样，此项有关舞蹈工作室中舞蹈教学的研究让我们找到了看待课堂教学的新视角，我将编创舞蹈看作是一个充满创造性并且必须用即兴发挥的生成教学方能完成的过程，并借此将舞蹈与学习联系起来。

现代舞蹈表演是一个典型的全体协作、即兴生成的作品，它由一个舞蹈编创人员和一群舞者共同合作完成。我们往往认为舞蹈编创是由编舞者事先想好所有动作，并将它们教给舞蹈演员，而舞者只需学会并表演这些动作就行了。但事实并非如此。这些误解进一步局限了我们对"编创"本身的认识以及对舞者角色的了解。在我的研究中，我很少看到舞蹈编创者用"直接教学"的方法来教授一些具体的动作和舞步，相反，我发现编者和舞者总是在一个合作性的、交互的关系中共同创作并学习舞蹈，并长期持续着这种极富创造性的教学方式。[1]

舞蹈编创不仅是设计动作，它还同时涉及节奏、舞者走位、动作完成质量、灯光以及舞美等多方面的因素。一个舞蹈的灵感来源非常多样，表演者需要将之一一表现出来，这就使它们成为整个创作过程中必不可少的重要元素。舞蹈演员在排练中的表现直接影响着整个舞蹈的最终状态，因此，舞蹈演员成为舞蹈作品中的重要变量。例如，舞者的某些特别的身体

---

[1] 这个研究的参与者都是专业的现代舞编舞者和舞者，他们要求在研究报告中用真实的姓名。所有人都参与了表演创作，我们将其称为后现代艺术作品。我在此处所描述的表演创作与用于娱乐、音乐剧或 MTV 影像中的芭蕾舞或其他舞蹈是不同的。尽管如此，各种类型的编舞者都或多或少地使舞者参与到创造过程中。他们也需要舞者将动作表现出来以便他们能直观地看到并进行改进。从这一点来看，所有的舞蹈编创都是分工协作的活动，同样也是集体完成的活动。

第九章 富有成效的即兴教学与集体创造力：来自舞蹈教室的启示

动作或是个性，甚至编舞者对某位舞者的偏爱和纵容等都可能影响舞蹈的编创。许多编舞者甚至有意在设计中为舞者留白以供他们自由发挥。（芙妮尔，2003；约翰－斯坦纳，1985）

当然，编舞与课堂教学并非一回事，但它们确有一些相同之处。编舞者正如教师一样，是学习经验的设计者，他们同时也要为在预定时间里使学员获得长足进步负责。但与教师不同的是，编舞者很少能提前将他们在工作中寻求的准确结果具体化。他们也没有课程标准或者评价标准来确保他们的教学方向。相反，编舞者必须运用自己所有的知识和技能来唤起每一个舞蹈演员的知识和技能，来共同构造一个舞蹈。编舞者通过精心设计的彩排调动了所有人的热情，最终带领整个小组将一个舞蹈从创意灵感演变成一个最终的表演。在这个过程中，即兴创作是一个基础性工具，它由编舞者和表演者间的合作关系做支撑。

在本章中，我使用编舞这个例子揭示即兴发挥和即兴教学在一个持续性的创作过程中是如何发挥作用的，以及它如何在个体学习、团体学习中发挥作用。我同时还将揭示舞蹈编创人员如何根据彩排的不同目的来使用即兴教学技巧，以及教师如何在相似的情境中使用这些技巧。作为舞蹈创作共同体的一员，编舞者和舞蹈演员组成了一个独特的学习团体。进一步说，我所探讨的是编创与舞者各自的特定角色及相互作用是如何共同影响团体合作高效性和创造性的，以及这种方式如何运用到课堂教学中。

即兴教学，创造性过程和学习

即兴发挥通常被认为是一种无须事先准备，亦无特定后续内容的创造性活动。舞蹈的即兴发挥是指舞者们同时产生并表现出未经事先计划和审查的动作和走位。当代舞者在创作舞蹈时经常将工作室里的即兴发挥作为常规热身活动或彩排的一部分。在这种情况下，即兴发挥就被认为是一种练习，是舞者的常规工作之一，或是某段时间中的一个小插曲。在舞蹈中，可能整个表演都可以是即兴创作出来的，编舞者也可以在彩排中使用即兴的一些练习来激发灵感，编排出新的动作。而这些动作素材最终可能

创新型教学中的固定程序与即兴发挥

成为整个舞蹈作品中动作的一部分。

即兴发挥也可能被更广泛地认为是持续创造性过程的基本组成部分之一，甚至被认为是每天智力活动的核心部分。在这里，即兴发挥被认为是高效创造性工作所必不可少的智力要求。从这个意义上讲，即兴发挥是一种向各种可能性始终保持开放的态度，一种积极主动探索未知潜能的倾向，并用这种潜能来应对突发事件以形成新的创作方向的过程。艾斯纳（2002）曾经借用杜威的"弹性目标"一词来描述这种即兴创作。特别是在艺术领域中，通常并不预先设定目标，弹性目标很好地诠释了不断转换方向，重定目标，做出更有利的选择的现象。艾斯纳指出，"弹性目标"与我们的传统认识有冲突之处。他说：通常我们认为，所谓"合理性"的特征之一就在于"目标和结果是事先设定好，并强力管控的。这样目标的达成本身就是剧本合理性不可或缺的一部分"（2002）。教师培训和教师教育正是基于这种传统观念而设计的：它们强调教会教师如何精心设计一堂课，却忽视了对即兴教学能力的训练。而这种能力恰恰是处理那些在教学中突然出现、教案中未曾设计，但又对激发学生潜力和积极处理突发事件的一种重要能力（见多特在本书的阐述）。

从艺术角度讲，弹性目标的实行总是可以带来积极的学习效果。由于没有预定的步骤来遵循，编创人员和其他艺术家仅仅只能依靠素材来获得艺术灵感，并从中得到激动人心的火花。他们开始以编排一段舞蹈为目标，着手编排工作，并对编排结果进行反思，发现新的可能，进而开始整个作品的创作（弗劳尔和海斯，1994；斯瓦多，1988）。通过不断生成和确认，他们逐步修改和阐述了他们作品中所蕴含的意义和意图（克雷和克雷，1996；肖恩，1990）。这些作品恰如对话般未加预设，这也正是为何许多艺术家将他们的工作称为"与作品对话"的原因。例如漫画家本沙恩将他的创作过程称为一个画家与画作之间不断博弈的对话过程。在这个过程中，画家对于呈现在画布上的色彩、光线、构图以及人物关系等因素都是极其敏感的（1957）。

舞蹈编创同样也是一个创造的过程。舞蹈编排不仅需要编舞者的亲身体验，同时也需要参照具体的动作来不断地统一协调安排动作和位置。编舞者在独自一人编排自己的独舞片段时，常常利用舞蹈房的镜子和摄像机

第九章 富有成效的即兴教学与集体创造力：来自舞蹈教室的启示

来从观众的角度体会自己姿势和动作的效果。他们与自己的作品进行对话，就像画家与他们的作品交谈一样，并常常将自己灵光一现的想法马上记下来（芙妮尔，2003；约翰-斯坦纳，1985）。

在更多时候，编舞是一个许多个体共同参与的创作过程。也就是说，它是一个分工合作的活动。不能靠单个人的力量来完成而需要多个个体共同的努力（佩金斯，1993；所罗门，1993）。在舞蹈中，舞蹈编导和舞者之间也就多次的排练进行着对话。编舞者依靠舞者的表现和反馈来确认自己的创作，而舞者们也用各种各样的方式为创作做贡献——提供动作创意、向编者提问或贡献自己的经验和感受等。舞蹈编创人员和舞者对于彩排中出现的新创意和可能性都保持一种开放的态度，但编舞者仍然有最终决定权。这个集体共同编创和"学习"了某个舞蹈作品，包括如何来呈现该作品和该作品所要表现的内涵。

虽然整个舞蹈的创作过程与课堂教学的特点仍有所区别，但在特定活动和目标上，舞蹈工作室与课堂环境有所类似。在处理这些材料时，舞蹈编创人员和舞者就像教师和学生一样，共同努力解决问题，共同进行调查研究，分享各自的想法，建立共同的理解并交换自己学习的经验。对于编舞者来说，即兴发挥是达成这些目标最基本的工具，而教师也可以用同样的工具达成同样的目的。

艺术学习中的富有成效的即兴教学

在这个部分我将用舞蹈编创的方法来探讨即兴发挥如何作为一种教学工具在课堂教学中起作用。随后，我还将列举在舞蹈教学过程中不同时间所使用的不同类型的即兴教学的三种目的：第一种是为了激发灵感的即兴发挥；第二种是为了组织已有素材的即兴发挥；第三种是在现场表演时的即兴发挥。这三种即兴发挥使用的时间大致对应艺术学习的开始、中间和结束三个时间点。这个时间分段不仅适用于舞蹈教学，同样也适用于课堂教学。每种即兴发挥的目的我都将举例说明其如何在编创舞蹈中发挥作用，进而使编者和舞者共同为舞蹈创作发挥作用。我也将使用课堂教学的案例来向读者展示如何即兴发挥以及在何种情境下可能在学校教学中发挥

创新型教学中的固定程序与即兴发挥

同样作用。同样我也将向读者展示即兴发挥是如何支撑师生之间相互学习的。通过对编舞者和教师在完成各自教学时的细节的描述和比较，我希望可以拓展我们对于何谓"富有成效的即兴教学"的理解，并预见课堂教学中创造性合作学习的新的可能性。

激发灵感的即兴发挥

在排练的第一个阶段，编舞者用即兴发挥来创作动作素材。在舞蹈中，创作动作素材包括将灵感转化为肢体动作、探索动作的表现效果等过程。独舞演员在编创自己的独舞部分时，会比较容易地即兴地将自己的想法直接转化为肢体语言。但相比而言，舞蹈编创人员所面临的情况则更复杂。他必须考虑到如何使众多舞者知道并理解编创人自己的想法和灵感并使每个舞者参与到编创过程中来。正如我前面所说，当代舞蹈的编创人员很少在进入工作室之前就想好所有的动作和站位——通常他们是和舞者们一起设计动作。这种策略能够在短时间内有效地汇集大量的可供编舞者参考的舞蹈动作创意，同时也使编舞者充分认识到集体的力量和每个成员的作用。

在合作学习中，编舞者可以先从排练时的一个即兴动作开始，激发表演者对于舞蹈编创的共同理解。事实上，这些即兴动作的作用是向舞蹈演员们提问说："我们准备编创一个舞蹈，你有什么好建议和补充吗？"编舞者也可以先让舞者们进行一段与创作主旨有关的动作练习（如"你有多少种不同的旋转方式？"或者让舞者们自己想象一个动作、造型或感受等），这些练习传达了编舞者对于这个舞蹈的理解和想象，并让舞者们走入他的内心世界，而不仅仅是学会一些动作。

这些练习将头脑风暴所产生的想法尽可能多地用身体语言表现出来，其目的就是在最短的时间内产生尽可能多的想法，尽管这些想法最终付诸实践的可能只是其中很少的一部分。例如在创作舞蹈《不期而遇》时，编舞者 KT 将她的舞者们都集合起来进行头脑风暴式的讨论。讨论中，许多想法和创意迸发出来，意外总是发生得很快，有些活动是具有危险性的，意外发生之时总会有旁观者。这些即兴的创意最终被用于作品之中：他们

第九章 富有成效的即兴教学与集体创造力：来自舞蹈教室的启示

决定通过快速凌乱且惊险万分的跳跃及翻滚动作来向观众传递所要表达的焦虑情绪。但数日之后，舞团又决定放弃原有的设计方案，"我们尝试使用电影和动画片中常用的慢镜头和空中定格表现手法来表现焦虑感，因为后来我们发现这种编排效果比单纯利用快速凌乱的舞蹈动作来表达情绪效果更好"。

KT立即让舞者们设计一种表现从高空中落下的慢镜头动作，她的这个要求是对杜威"弹性目标"很好的注解和诠释。对于KT来说，集体创作要求她必须抓住每一个稍纵即逝的好创意，并将之转化为舞蹈动作，为编创出一个好的舞蹈作品打下基础。

在其他情况下，原创活动更是抽象的。克里斯宾是一个习惯于即兴发挥的编舞者，他经常用身体动作来与舞者们沟通和探讨，而不是直接要求舞蹈者应如何来做。克里斯宾将之称为"抛砖引玉"：

我通常只在舞团中做一个小小的即兴表演，然后就让舞者们各自自由发挥，并试图捕捉他们的这些创意，再将之编排出来。我不想舞者们整齐划一，我希望他们用不同的方式表达相同的主题。我希望能从不同的人身上获得不同的想法，但这些想法并非完全互不相关。当你把这些想法组合在一起的时候，你会发现它们之间其实是有相同之处的。

克里斯宾为舞者们指出了方向，但他更希望舞者们用各自不同的肢体动作而不是话语来回应他。再次强调，即兴活动能有效地将表演者凝聚起来，朝着共同的目标前进。用他自己的话来说，"这些创意和动作都从同一个目的出发，但又蕴含不同个体对其的不同感受"。这些活动促使舞者们用自己的即兴发挥来取代那些既定动作，这样，所创作的舞蹈更具有不容否认的特色。

课堂教学中激发灵感的即兴发挥

虽然我们的课堂教学更多是基于语言而不是肢体动作，但前述的与即兴相似的活动对于课堂教学也同样有意义。在本章开始的时候我就指出，在教学中有许多种不同的即兴活动可以用于激发师生灵感，也有很多不同的途径可以确定后续学习活动的框架。例如，开放式问题和即兴

创新型教学中的固定程序与即兴发挥

的讨论使教师不仅要让学生对新知识"知其然",还要让学生知道新知识的来龙去脉,让他们对新知识"知其所以然"。华特森和柯尼克(1990)在他们的研究中讲述了曼彻斯特市四年级老师欧博恩的教学案例:她在讲授科学课时,用"什么是热能"这个问题来向学生提问。她发现,那些看起来很简单的问题非常能够暴露出学生幼稚的想法和错误观念——学生答道:"热量来自于太阳、身体,也来源于毛衣、帽子和围毯。"在教学中欧博恩老师并没有立即正面驳斥学生们的观点,而是接着用一连串的问题促使学生检验他们的答案是否正确。正如 KT 和她的舞者们一样,欧博恩用一个小小的活动引出了一个共同的创意。学生们设计了一个实验来探索毛衣和帽子是否能够发热,他们同时也促进了学生学会设计,实施科学调查的方法。

教师正确、恰当的点拨还能够引发学生的创造性思维或相关经历。历史学教授汤姆·霍特致力于寻找一个能够引发学生对美国黑人社会关系重建思考的关键性问题(霍特,1990)。相比起直接以"对农奴来说自由意味着什么"来开场,霍特首先问学生"对你而言自由意味着什么?"并鼓励他们用自己的经验来对"自由"下定义。他得到的回答多种多样,同时也反映出学生们对"自由"的认识存在一种误区——学生们所认识的"自由"总是指向消极的自由——由约束而来的自由,而不是积极的、自我实现而来的自由。学生们的回答帮助霍特教授在教学中选择适合的问题和切入点来讨论美国黑人的社会关系的重建问题。

也许在课堂教学中找到类似克里斯宾所说的"抛砖引玉"的行为是一件很有难度的事情,但在课堂教学中类似即兴行为却不难找到。例如,在语言课堂上,当学生都处于外语环境中时,他们不得不尽量调动他们所知道的外语知识并将其拼凑起来。学生的发音、词汇和句子结构或许和老师的并不一样,但学生在与老师的互动中所产生的想法代表了学生当时的理解。教学活动的重点不在于让学生掌握具体的确切的知识,而在于掌握要点——也就是如何用外语传达自己的想法,如何充分利用手中现有的材料。老师通过仔细倾听,运用其从活动当中掌握的信息来设计下一步更为合理的教学方法以促进学生的发展。

第九章　富有成效的即兴教学与集体创造力：来自舞蹈教室的启示

为探索素材和加深理解的即兴发挥

在舞蹈创作过程中，产生了素材动作之后，编者和舞者就进一步探索这些素材。一个舞者解释到：排练的意义正是在于让我们更好地理解舞蹈主旨及其潜在的含义。舞蹈的编创者和表演者可以用不同的方式来表达这个舞蹈，如速度、位置等。舞者们在排练中不断尝试和探索那些自己所想出来的动作素材，而有目的探索和最优化选择恰恰是创新的必要条件。

和前述的即兴舞蹈练习相比，探索动作素材的目的就在于对舞蹈所要表现的主旨有更加深刻和明确的理解。在舞蹈中这就意味着用心体会每个动作的意蕴和表现效果，也意味着从观众的角度来认真体会其带来的视觉感受。编者和舞者借助舞蹈室里的镜子来帮助他们思考自己的动作。在这个阶段，编舞者让舞者聚集起来练习一些舞蹈片段，并留心观察舞者在练习时的动作。随后他们又对其进行讨论：舞者们分享了他们个人的感受和观察，交换各自对动作的理解，阐述审美的取向。这样的操作方式使彩排的真实目的落实得更加清晰：练习不是无目的的重复，而是一种直指目的的过程。

为了更好地论证彩排中合作的作用，我以一个编者和两个舞者编排的舞蹈《女人三重奏》为例，这个舞蹈的动作就是舞者们从早期排练中得来的，舞者用各种方法尝试用手代替脚。在舞蹈的排练中，KT 的目的是选择如何用手臂来代替腿部完成动作，而这与原本的排练主旨并不相关。

在排练中，编舞 KT 和她的舞者们不断重复"三重奏"的动作，在 20 分钟的练习过程中一共重复了 5 次，而其中每一个小动作需要一分多钟完成。每次重复的焦点放在舞者们所发现的问题上。在第一遍中，KT 提议团队试着不加手臂动作来进行练习，于是团队就尝试将手臂交叉于胸前来练习。但后来他们发现这种练习方式太困难，他们又开始探讨如何自然地运用手臂，每次排练后舞者们都会交流彼此的体会，一直到第三次排练的时候，他们才开始加入手臂动作来揣摩整体舞蹈。

在讨论交流之后每个舞者又都将讨论的内容反馈到表演动作中，再在

创新型教学中的固定程序与即兴发挥

团队内部进行动作完成质量的评估工作（如"手部太放松了，看起来有点僵硬"）。队员之间也会就动作的配合完成而相互询问（如"左手放在地板上，是吗？"）。整个团体都是开诚布公地分享个人的想法，公正客观地评价队员的舞蹈动作并且相互合作沟通来完成整个舞蹈的编创。舞者们不断地尝试，试图从彩排中暴露出舞蹈动作可能存在的问题。通过这个反思过程，舞者们加深了他们对动作内涵的理解，也懂得了如何才能更好地表现出动作中蕴含的内容。KT选择了一个可以激发舞者创意和表现的主题，以便让舞者们更好地体会表演内容。

通过仔细分析他们的表演，舞者们完成了最初的目标——如何处理好手臂动作。通过讨论、反馈，舞者们建立了对动作细节的共同理解，并将之体现在了他们的身体动作中。值得注意的是，舞蹈编创者在动作最后确定前并未明确告诉演员们应该如何跳这段舞，而是在一系列的练习之后，再将其中产生的即兴动作总结起来。同时这个例子也说明，在课堂教学中基于学生个体的观察感受之上的讨论和沟通能够促进学生对学习材料的深入理解。

这些讨论的方向和走向是不可预设的，虽然KT内心中有一个目标，即为《女人三重奏》设计手臂动作，但在排练之前她并未将之坦白。相反，KT设计了一个能够让团队所有的人都参与讨论的议题——"如果我们以手臂交叉的方式来表演会怎样呢？"她用这样一个设问引导舞者们来探索并即兴发挥自己的灵感和动作。通过在每次排练中强化，KT确定了团体在下一次练习中所应关注的焦点。随着练习的不断推进，KT不断将探索的焦点集中，而团员们不断产生新的细节和想法。比如，一个舞者发现了某个舞蹈动作中手臂动作过于僵硬的问题，而当同样的问题出现在舞蹈动作其他部分时就会引起大家深入的关注。舞者们分享各自的感受，不仅使KT能更好地进行舞蹈编创，而且也能使团队的成员巩固强化舞蹈动作中的细节，区分动作之间的细微差别。对这些细微之处和细节的理解是很复杂的，单靠个人是无法独立完成的。学习者如果不靠自己的观察而只是遵循编舞者的指导也是无法理解这些细微差别的。这样的舞蹈编创效果很难由个体独立完成，而是要通过大家共同的练习、讨论和反思来完成。

第九章　富有成效的即兴教学与集体创造力：来自舞蹈教室的启示

课堂上探索素材时的即兴发挥

在希利·布莱斯1999年的研究中，他特别研究了基于交流的艺术教育过程。她发现成人和儿童在练习时有很大不同。希利发现，艺术教学中需要大量地运用到即兴讨论这样的方式，而这种讨论总是在教学之初就以假设或提问的方式出现了。如老师会用"如果我们试一试……？""如果……怎么样？""这种方法或许可以起作用……""我还有个想法"等问句来激发学生的讨论和思考，这样的情况正如KT工作室里排练的时间远远超过演出本身的时间一样。她也为每次练习提供了许多不同的想象空间，让学生能够有机会陈述自己的想法，并将这些想法和其他同学进行讨论，以便找到特别的解决方法和评价标准。这些即兴的提问和讨论在课堂教学中同样适用（克拉夫特，2002；克雷明，2006）。

玛格娜老师也曾详细记录了她在教五年级数学课时使用即兴谈话法的课堂实录（1990）。学生们不仅从课堂上得到了解决数学问题的答案，更通过讨论和实践建构了许多数学学科的核心知识。相较于输性的课堂教学方式，老师直接教给学生什么是对的，什么是错的，玛格娜老师的学生通过发现和讨论，学习到了推理等数学思想方法。学生们知道了解决数学问题的步骤通常是讨论、提出可能答案、认证。

就像编创舞蹈一样，玛格娜教师也为学生们设计了一系列彼此连贯而又不断深入的问题来引发他们的思考和探索。玛格娜老师是这样解释的：在单元刚开始时，我先用一个宽泛的问题引入。这个问题不仅可以引发学生对数学的一点思考，而且也可以清楚地了解学生的能力和知识水平。随后的问题选择将根据先前的评估结果和后续的讨论主题来决定，由此将课堂教学引入新的却与之前所教相关的数学领域（1990）。

玛格娜老师的问题和安排是经过她深入仔细思考而得到的，但课时的长短和进度则取决于学生的讨论和探索。例如，在指数单元教学时，学生们花了3天的时间来寻找1^2到100^2之间的模型关系。玛格娜老师让学生们将他们找到的数量映射关系都写下来，归类合并在一起，以便探索各种数量映射之间共同的模型关系，随后，她又提出了下一个问

创新型教学中的固定程序与即兴发挥

题——"5^4，6^4 和 7^4 的最后一位数是几？"这就需要学生理解指数的概念才能准确回答。虽然这个问题用计算器可以非常容易地回答出来，但玛格娜老师却向学生们提出挑战——她要求学生用笔算来得到答案。她更改了指数位置的参数，让学生们必须使用未学过的、创造性的方法来解决这个问题。

正如在舞蹈教学中一样，学生观点的公开讨论有助于加深对数学本身和数学实践的认识和理解，帮助学生解决新的问题情境。当学生们陈述自己的观点时，他们不仅说出自己的认识，还解释自己的推理过程和分析他人的想法。在讨论中，学习共同体里的每一个成员都通过将猜想与实际观察所得加以比较的方式（如奇数乘以奇数仍为奇），或是反证法来证明自己的猜想。就像 KT 的舞者们一样，他们与同伴分享自己的感受，而团队又共同思考他们的观点并提出改进的意见。班级所产生的思考结晶是一个集体的产物，而这个共同思考的过程又更促进了每一位学生的发展。玛格娜教她的学生在解题中对于每一个猜想，无论其对或错，都要注意考虑这个猜想和推论的合理性，以及这些猜想推论对整个思考过程和解题过程的意义。这些从学生直观的感知中所衍生的讨论不仅能够使学生理解指数的运算方法（如 $5^4 = 5^2 \times 5^2$，而不是 $5^4 = 5^2 \times 2$），还能够让学生在自己的认知结构中建构起一个更为牢固的有关指数运算法则的观念。

将学生纳入真正的开放式的探究活动中，而非由外在权威来告知学生答案，有利于培养学生自己的创造力和即兴思维技巧。通过仔细安排和组织有利于学生探索和关注学习材料，教师们就能够根据不同学生的现实水平，鼓励、认可并积极支持学生的智力探索。将专业会议的讨论方式复制到课堂教学中，也是帮助学生学习探究技巧，学会向他人学习的重要方法。有别于舞者们在练习中积累了数年的与同伴分享自己感受的经验，学生们在课堂学习时，也许并不知道如何从他人或作者的思想中汲取对自己有用的成分来构建自己的知识。教师需要通过一些明确规范的语言和活动来引导学生在有意义的讨论中交流各自的想法。许多近期的研究（如科尼利斯和海伦科，2004；恩格尔和康耐特，2002）都特别关注如何才能使这些"明确而规范的合作学习活动"发挥最佳功效的问题，以便在教学中让这些合作学习能够支持不同内容的探究活动。玛格娜老师还预先花了点时

第九章 富有成效的即兴教学与集体创造力：来自舞蹈教室的启示

间教给学生一些教学会议中常用的讨论和思考的方法技巧，这样，在后续的课堂讨论中，学生们就更容易高效地交流。正如玛格娜老师所观察到的那样，如果学生在课堂中始终沉默，吝于交流，或是一味批评他人的观点，又或是不知如何清晰表达自己的观点和思考过程，那么，富有成效的探究讨论就变成一纸空谈，师生互动的即兴生成教学效果以及积极的学习活动就永远不会出现。

高效的即兴生成式学习不仅仅对合作学习提出了要求，它同样也需要高效的教学方式做辅助。例如，教师需要在学生所提出的众多想法中选出最适合用来进行探索学习的内容，或是那些结构清晰、便于步骤化操作的内容。这种高效教学方式需要教师同时从两种不同的视角来看待整个教学活动：学生个体的视角和学习组织全局的视角，后者也被称为"设计视角"（赫钦斯，1995）。在舞蹈工作室中，舞蹈编创人员作为设计者，需要始终心怀全局视角，将这个舞蹈视为一个完整的整体，通过不断的排练和走位，将舞蹈打磨得浑然一体，天衣无缝。而将这个方法移植到课堂教学中时，就需要做出一些改变。移植后的方法需要更多的目的性和指导性：教师需要为学生选择适于探索的主题和制订相关的行动计划，所有这一切都需依据临时的舞蹈表演与艺术灵感。教师还要意识到学习者的观点是自发地产生，正如舞者通过临时扮演角色在舞曲声中翩然起舞一样。

正如编创者一样，教师也必须有融入学生合作活动的方法，并且随时知晓他们的学习进展。与此同时，教师心中还得始终有明确的、最终预设要达成的目标。预设目标的最终达成需要知道学生在学习过程中收获了些什么。这并不是对他们所习得的知识对或错的简单判断，而是评价他们在学习小组讨论中的表现与贡献。为了能够顺利达成预设目标，教师必须随时对讨论中学生的各种表现保持"警觉"，以便能及时根据学生情况调整事先设计好的活动方案，并找到适合的新方法。在教学的即兴发挥中，课程活动的效果与教师所掌握的教学专业知识密切相关，但有些时候课堂活动的一些结果会超出教师所建立的联系——教师的专业知识和学生当下的思考间的联系（艾斯纳，2002）。这些联系可能会产生于某个讨论中，比如玛格娜老师常常在学生讨论时要求他们阐述自己的观点，明确自己想法中最难以理解的部分等。老师这样做的原因是他知道这个知识点对学生的

▶▶ 创新型教学中的固定程序与即兴发挥

知识结构的建立有着重要作用，因此他会在当下着重强调，以便所有人都能理解。这种联系也可能会在讨论后的几天产生，即当老师让学生回忆或向学生重新展示之前的讨论结果时产生，老师也会利用这些联系来引入新的核心课程。在霍特的历史课堂中，之前学生关于"自由"定义的讨论在之后的课程活动中再次被有意提了出来，学生被要求分析历史文献并从中找出奴隶关于自由的定义。这一后续的课堂即兴讨论使学生注意到对于同一个词，不同的人站在不同的立场会给予不同的解释。

现场表演：日常生活的即兴发挥和舞蹈

一个舞蹈作品的诞生要经历产生灵感、探索开发动作素材、回顾片段、定型动作、再确认动作等一系列的过程，直至最后完成这个舞蹈作品，在这个过程中，舞蹈的编创人员、舞蹈演员和舞蹈本身三者之间不断相互作用，三者的角色也会发生很大的变化。在创作和编排这个舞蹈的过程中，舞者承担了越来越多的舞蹈任务，而当编舞者最终形成了舞蹈定案后，舞者的角色就从动作的练习、开发者转变为动作的完成者和表达者：他们必须亲力亲为。这个后续过程对舞蹈演员来说是创造性的。正如一位舞者所说："当你真正在舞蹈中找到自己的位置时，你才真正开始踏上舞蹈之路。"

对舞者来说，彩排中不仅仅需要他们对业已成型的舞蹈作品赋予新的生命和激情，同时还需要将自己与这个作品融为一体。本质上说，这个过程是对排练初期的灵感、讨论的一种扩展。当舞蹈的编创人员和舞蹈演员分享他们在练习中的所见、所想和所思时，他们也建立了对舞蹈的意义和舞蹈内涵的共识以便将其淋漓尽致地传达给观众。编创者有关舞蹈任务的安排，如谁跳哪一段，跳多长时间，用什么动作等，同样也可以影响舞者对于整个作品的理解以及舞者在跳舞时的活力。那些早期练习中的讨论和交流影响着每个舞者的个体活动。每个个体从早期的讨论（无论是语言的还是非语言的）中都颇有收获，并由此形成了自己对于舞蹈作品的理解，也由此在表演中赋予其个人色彩。

在这里我要重申一下，正如舞蹈诞生的最后一个阶段对于整个舞蹈的

第九章 富有成效的即兴教学与集体创造力：来自舞蹈教室的启示

形成起着至关重要的作用一样，最后阶段的挑战对于任何学习来说都是不可或缺的。它需要将之前分散、零碎的想法和体会融合起来，形成有一定清晰线索的内容结构。这是舞者在舞蹈完成最后阶段的任务：整理之前他们所学到的动作并内化为自己的动作，并从自己的角度来整合自己在整个舞蹈中所担任的角色和整体舞蹈的关系。舞者在最后阶段以这样的方式来强化对舞蹈动作的理解。这个工作是需要舞者自己去内化的，但并不代表它是孤立的。在舞蹈练习室，舞者和编舞者之间是"相互创造共同发展"的关系（布罗姆和卓别林，1982）。编舞者和舞者参与编舞活动不仅满足了个体的创造意愿，而且，正如所罗门（1993）描述的那样，它也满足了个人通过互动和个体工作来学习的意愿。从个体层面来看，舞者不仅将编舞者编排的舞蹈用肢体形象表现出来，他们还扩展了编舞者的编舞意图。舞者将编舞所编排的动作内化的过程对于舞蹈的最终成型起着至关重要的作用。

舞蹈最终仍是要接受观众的检验，让观众来判断这个集体讨论的结晶是否完整，舞蹈主题表现是否恰当，舞者间配合是否默契等。所有的排练都是为了演出这一刻，这就是所谓"台上一分钟，台下十年功"。当舞者们站在舞台上开始表演的时候，编创者所能做的，只是放手让他们自我表现，允许他们有自己的艺术加工和动作微调。虽然在正式演出之前，舞团会进行多次彩排，包括带妆的和不带妆的彩排，带音乐和不带音乐的彩排，带灯光舞美和不带灯光舞美的彩排，但直到这个舞蹈作品真正在观众面前表演之前，所有的彩排都不是舞蹈作品的最后定型。

许多舞者都坦言，当他们卖力演出时，与观众的互动能够让他们的肢体动作更有质感。一位曾经兼任过编舞师的舞者雪莉说，舞者之所以有这样的感受是因为：

> 有无观众在场对于舞蹈演员来说感受截然不同。此时你不仅仅是完成舞蹈动作，更是在向观众表达你的心灵体会。因此，一个完整的演出，不仅有动作表现，还有情感、意识和心灵的交流，这种交流由舞者戏剧化的身体动作表现出来。当我站上舞台的那一刻，回想自己在台下长时间的练习和准备，回想自己所遭遇到的困难……我总是情

创新型教学中的固定程序与即兴发挥

不自禁地感慨万分。但在观众面前，这些艰辛和困难都是值得的。得到观众的认可和反馈，对于任何舞者而言，都是他舞蹈的意义所在。

现场演出是一件既让人兴奋，又能使人真正理解作品深刻内涵的事。这些都有赖于演出时观众准确、积极的反馈。对舞蹈演员来说，也许他们已经彩排了无数次，但真正的现场演出对每一个舞者来说仍然是一个小小的即兴挑战——舞者会因为观众的注意而在某个动作上多停顿几秒，或是因为观众的笑声而停顿，或是在同伴漏掉节拍时即兴发挥进行补救，又或是在跳错舞步时若无其事地继续后面的表演。现场演出加入了观众反响这个情境因素，因而舞者的发挥会极大程度地受到观众反响的影响。这样看来，舞台现场演出的"即兴"似乎是一个矛盾的词语：它可能使表演者超常发挥，取得更好的演出效果，也可能分散表演者的注意力，影响舞蹈动作完成的质量。这就有赖于平时的练习和磨合，使负面影响的效用降到最低，以便在演出中尽可能多地有正面的即兴发挥。

课堂教学中的"临场"表现

舞者们在现场演出时的即兴经验同样也可以复制到真正的任务式学习活动中（维根斯，1989；沃尔夫等，1991；克拉西克和布鲁门菲尔德，2006）。任务式学习要求学生将他们所学到的新技能和新知识应用于充满了未知变量和不确定因素的现实生活的真实情境中。在霍特的历史课上，他经常让学生试着从历史学家的视角来思考和评价真实的历史事件。他对此这样解释：

> 我对他们能通晓多少历史事件和史实性的知识不太感兴趣，相反，我倒更关注他们能够用自己的历史观"做"些什么。例如，在留给他们期中测试中，我给出了3个不同时期的劳工的案例，提问学生若他们作为一个图书馆馆长，要举办一个有关劳动档案的展览应如何设计布展。我以这样的方式来评价学生们是否获得了从档案文件中获取信息的能力，以及准确、简明地解释历史卷宗的能力。最后在课堂上，我又给学生一些更为简短的文件资料，并要求他们结合自己已有

第九章　富有成效的即兴教学与集体创造力：来自舞蹈教室的启示

的有关这段历史的知识，通过相互对比和分析，更加全面地了解这段历史，进而构建起更加广阔的知识结构。

像舞蹈演员一样，在这一系列的活动中，学生们被要求调动起他们在之前课程中所学到的所有知识，综合运用自己的知识和技能来解读和组织这些材料。这些活动被布鲁纳称为学生在真实情境中所学到的各个学科的"知识的结构"，让学生学习事物是如何联系的，让他们试着以整体的眼光来看待和理解事物。

当学生们接触到有真实情境的学习任务时，他们能够获得更多激发他们即兴想象和即兴思考的机会，因为学生们能够在活动中互动，激发自己的灵感。例如，霍特也许会要求他的学生对所学习的新知识作进一步的思考，并试着创建一个"活的"历史博物馆——以历史学的视角以及当时的思想角度来为参观者解答相关的问题。由于参观者会提的问题是不可预知的，所以学生们需要将这段历史完全吃透，烂熟于心，以便能够给出准确、严谨的回答。这些学习任务要求学生全身心地投入其中，当他们真正将知识内化时，他们就真正掌握了知识，进而在使用知识时手到擒来（希尔斯，1999）。

在学习过程中，许多学习活动兼具了学习任务和评价途径两方面的功能。一个有关新建操场的研究计划在新生进校之前就必须准备完毕，这就需要计划者有相当的知识储备。他们同样也需要向那些对此不太熟悉的人做介绍和报告。观众的反应给学生的工作提供了最真实的反馈，也给他们提供了在当时情境下即兴发挥的机会。如果一个看似有说服力的新操场建设计划不管用，那学生就需要尝试另一种方案。如果学校的新生英语水平有限，那编写新生入学手册的作者就要迅速做出反应，看看地图和标识对他们来说是否是有效的。

舞者们在排练之初就知道，彩排对于最终的演出至关重要，因此不管是在舞蹈练习室还是脱离了练习的环境，他们都盼望着与他人交流自己的体验和想法。通过编舞者和舞蹈演员的通力合作，他们的贡献不仅仅是创造了一场表演，更是培养了一些表演艺术家——他们是能将彩排中所学赋予生命力的人。在课堂教学中也是如此。当一个课程单元始终贯以互动、

— 171 —

创新型教学中的固定程序与即兴发挥

讨论和即兴教学时,学生们就能从中获得更多的其他课堂中所缺少的学习和锻炼机会。虽然我们经常声称"教学是为了让学生们对现实世界做好准备",但事实上,学生们其实很难真正被置身于未知的陌生环境中,也可能很难直接或立即接收到对他们能力表现的最真实反馈。

真正的表演要求观众与演员之间的互动,好的课堂教学也要求师生之间的良好互动。因为学生就好比是教师"表演"的观众一样。教师也成为学习共同体的成员之一,他就像舞蹈编创人员一样,在真正演出时,总是非常期待看到观众的反响。

如果有足够的练习,学生也可能产生学习中的"即兴发挥"。他们可以在那些突如其来的陌生环境中灵活、恰当地运用自己所学的知识。他们懂得事物的整体结构、运行法则和相互影响因素。毕竟,学校教育中具体的课程知识和教学内容除了为学生日后现实世界的生活做准备外,其意义不大,而真实的世界尤其当今时代下的现实世界更是不可预测,所以在当下学生掌握即兴发挥的技巧显得尤其重要。

一个意在分享的创造性尝试

编舞者和舞蹈演员在共同编创舞蹈时所产生的共同学习与传统教学课堂上的学习截然不同。从传统教学课堂角度看,个体学习成果比集体成果重要得多。传统课堂教学在教师看来不是一个"设计问题",因此教师也不强调营造一种鼓励个体创造和发挥的氛围。在传统的教学模式中,教师被认为有责任教给学生具体的知识和技能,而学生只需被动地接受这些课程就可以了,而不需为开发课程伤脑筋。与此形成鲜明对比的是,在舞蹈教学中,编舞者和表演者都十分强调分享和创造性。他们将彼此视作一个共同体,即使刚开始时这种认同感并不是很强。这时舞蹈教学已不仅仅是一个单纯的教与学的活动,而变成师生共同建构知识体系、共同学习的过程。而这一过程要求双方的相互信任,高效沟通以及学习者独立思考、自我反思的能力(张等,2009)。编舞者在某种程度上相信每位舞者的专业性,相信他们能为舞蹈作品提供新的视角、新的创新,并坚信在他们彼此的合作和坦率交流中,能够创作出非常棒的舞蹈作品。对于他们来说,舞

第九章 富有成效的即兴教学与集体创造力：来自舞蹈教室的启示

蹈排练的过程就是整个团体凝聚在一起，相互学习的过程。遗憾的是，绝大多数的教师却很少倾向于用这样的教学模式。

不过，如果这种教学模式进入学校课堂又会怎么样呢？当教师和学生在学习中成为彼此的"智力助手"，相互合作，那么教学是否会更有创造性呢？其实除了我在本章中所描绘的这种极富创造性的即兴教学活动，一些教师和学校已经开始接受并尝试这种创造性的合作教学方式，他们为教学的艺术性再一次提供了明证。

这种学习观与现代学习论的观点并无二致。例如，研究者和教师共同合作进行的一项调查演示，小组合作是最能促进学生建构理性知识的教学方式（斯卡德玛丽亚和贝瑞特，2006；张等，2009）。在这里，教师的作用在于与学生们一起经历人类认识和社会发展的过程，并在某一领域进行再创造（贝瑞特，2002）。

关于教学中如何利用学生的突发性事件和学生们的社会互动的例子还有很多。幼儿园教师薇薇安·派莉（1986）通过仔细观察学生的言行并详细记录的方式，坚持使用这些记录作为素材来设计教学。而在意大利埃米里奥地区的学前班老师们，在从教之初就被要求从学生的兴趣和想法出发来开发课程（爱德华、甘迪尼和福尔曼，1998）。教师们通过集体备课等方式，思考如何将学生的学习以小组合作活动的方式表现出来。在学前班里，儿童、同事和社区都被教师视为珍贵的课程资源，以激发他们的灵感，促进学生的发展。

在这些例子中，教育成了一种设计性工作，此处的"设计"与赫钦斯所提到的设计类似。赫钦斯认为，教师在教学中应始终保持一种全局性的视角来审视教学活动本身，并对教学活动做出适时的调控，以便确保教学目标的达成。在这个过程中，对于那些突如其来的想法和讨论，要特别注意和挖掘它们的教学功能。[①] 教师的这种调适和设计兼顾了教学的预设目标和生成目标。就像艺术家们与自己的作品对话一样，教师们通过与学生

[①] 读者们也许对教学中的"设计"一词感到熟悉，例如，教师主导一次调查要事先进行"研究设计"（包括个案研究和准实验设计等），有时，我们还会接触到诸如研究设计、实验设计等概念。在这里所使用的"设计"是指教师工作中与艺术家和设计师的创造性工作相类似的部分。

> 创新型教学中的固定程序与即兴发挥

的交流对话、学生与教学材料的交流对话来推进自己的教学。在那些未预期的机会出现时,教师通过他们专业的判断会果断利用这些机会进行有意义的教学。因此接下来的教学是教师所未能预见的,其要达成的目标也是原教学计划中没有的。课堂教学上的成果是通过对学生相关的智能训练及对目标和观众反应的敏感度训练所达成的。即兴教学能力是艺术教学的一部分,同样它也是一种重要的认知技能——它与按照预定目标和步骤来学习的能力有着本质的区别。

结　论

虽然我坚信舞蹈作品的创作过程能够给日常教学活动提供一些借鉴,但仍不可否认,编舞者和中小学老师的工作仍有许多不同之处。虽然他们二者都需要在特定时间内完成教学任务,达到教育目标,但他们工作的目标是不同的:教师往往被认为是"传递"知识,而编舞者的工作则更多地被认为是"创造"知识,创作艺术作品。两者的差异表明这样一个事实:舞蹈由舞者制造而成,需要基本的即兴发挥技能,而教学则更多是一项社会性工作。编舞者在编创过程中必须依赖他们的知识和技能来建立整个团体对其舞蹈意图的共同理解并确定最终的表演形式。舞蹈演员的想法,他们之间的交流,甚至是他们犯的小错误都会成为舞蹈创造的最直接素材。尽管即兴技巧训练对于许多学校老师来说还很陌生,但是舞蹈编创的共同学习经验给课堂即兴教学提供了宝贵借鉴——这种方法也能被有效地运用到课堂教学中来,促进学习团体中每个成员思维的发展和知识的建构。

这种教学实践无须限制于舞蹈教室之中。我在本章中所提到的霍特、欧步林以及玛格娜等老师的案例,都有力说明了即兴发挥教学如何成功整合于多学科和多层次的课堂教学之中。这样,教师的职责就从单纯的传授知识转向与学生共同重构知识上来。与之相对应的是,教师所需要的专业知识和结构也亟需做出相应的调整(斯卡德玛丽亚和贝瑞特,2006)。但这并不意味着课程内容在这些案例中就不再重要了——它的角色也发生了转变,成为教学资源中的一部分。这些基础能够帮助教师组织教学,串联学生的想法,并为他们的探索提供支持。而不是像传统教学那样,仅仅教

第九章 富有成效的即兴教学与集体创造力：来自舞蹈教室的启示

会学生"正确地使用知识"（张等，2009）。

即兴发挥教学不仅包含了在艺术作品中的自发性的创造，也能表现为基础性认知思维的发散、创造等。对于达成某个目标的过程来说，这是一种非比寻常的能力。更重要的是，它还可能在一些不经意的瞬间和事件中激发人们的潜能。对于编舞者来说，"弹性目标"衡量的不仅是团体中个人的决断能力，同样也是衡量编舞者与舞蹈演员间的互动能力。通过合作，编舞人和舞者共同完成了一个舞蹈的创作和学习过程，从美学上来说，一个舞蹈作品最重要的就是如何表达其所蕴含的美学意义，这与课堂教学中重构知识的过程非常相似。对于中小学老师来说，学习目标也可以有美学的表达，其达成的方式也是多种多样，通常这些方法可能是在与学生的课堂交流过程中产生的。事实上，强调师生即兴创造发挥、共同学习的教学方式正在课堂教学领域里越来越多地被实践和关注，同时也正创造着新的课程。

第三部分　课程的矛盾

第十章

文本资料如何支撑即兴教学：
实施阅读理解课程的启示

安妮特·萨西

程式教学与即兴教学似乎是截然相反的。即兴教学注重教与学即时生成，教师需要与学生互动并交流彼此心中的想法。而如何根据学生在既定时间内的学习需求来制定课程则备受关注。在所谓的程式教学中，教师则会拥有一些材料，当中包括明确的按部就班的教学指导和巨细无遗的讲解。即兴教学与程式教学看似有天壤之别，然而，索耶（2004a）却指出，没有结构和框架，即便是那些明确旨在追求即兴效果的教学，也是无法进行的。构建理想的教学结构是一种微妙的平衡行为，而这对试图打造"合作型"课堂的教师尤具挑战。

在本章中，我（笔者）重点关注索耶在他作品简介中阐述的两种矛盾：教学矛盾，即构建"井然有序"的课堂与流于"混乱"课堂之间的取舍；以及课程矛盾，即实现课程目标与响应学生的想法并满其好奇心的取舍。就教学矛盾而言，教师须维持有效的课堂秩序以便学生进行有效的合作。例如，学生必须找到如何在"合作型"课堂上有效地学习的窍门，例如，如何轮流提问以确保富有成效的小组讨论。同时，学生们需要学习如何尊重及分享他人想法的相关社会准则。当学生在进行小组合作时，教师则需帮助其掌握专注于学习任务的方法。

至于课程矛盾，教师有责任信守义务地去教授学科内容，而不是去过多地即兴发挥，以至于屈从那些瞬间突发奇想的观念。在考察明智的教学实践具有哪些品质时，彭德尔伯里（1995）告诫说：要警惕那些所谓的"敏锐的自发型教师"，这些教师习惯性地把循规蹈矩的工作置于一边，却

创新型教学中的固定程序与即兴发挥

青睐于那些新颖的、振奋人心的、即刻引人入胜的活动和事物。这样的老师可能因为某位同学带来了一本新书而放弃原本复习乘法口诀的计划,也可能让学生就拇指是否能称其为手指这一问题而讨论一整节课,而这节课原本计划是用来将学生分成五人一组的探索学习。彭德尔伯里认为这样的教师既不会履行自己对学生的义务,也无法履行学科教学的责任。如果有学生设法去理解乘法的意义,教师却避开这一问题,那么这就是不负责任的教学。波尔(1993)在描述她的数学教学时,阐明了对学生即时想法的回应与紧扣学科知识的义务这二者之间的紧张关系:"我该如何既重视它们的兴趣,又能将它们与数世纪以来的数学探索和发明衍生而来的知识与传统相联系呢?"

优秀教师明白他们必须构建一个训练有素的课堂,让学生能够以一种系统的、发展性的适宜方法来学习学科知识。即兴创作不应该演化成一种混乱无重心的、缺乏实质性的课堂实践。然而,优秀教师也意识到一个过于死板的课堂无法激起学生的独立思考能力与创造力。因此,协调课堂结构性与灵活性二者之间的平衡,就成了解决教学矛盾的精髓所在,而且并没有一蹴而就的解决办法,这一矛盾必须从理论与实际上逐步地解决。特别是对于那些新手教师和为理解而教的教师来说尤其如此。①

本章将进一步探究那些所谓的"课本"课程材料的作用。我将说明这些材料也可能支持创新、快速响应,但负责任的教学。本章首先将简短地介绍当前一些学者和教育研究者是如何考虑那些致力于理解教学的出版材料在课堂中所扮演的角色的。理解教学是这样一种教育实践:"教师和学生共同协作获得知识,那些教育学的正统观念及事实在课堂讨论中不断受到挑战,学科概念的理解(而非机械记忆)才是课堂的目标"(麦克劳克林和塔尔伯特,1993)。然而,通过把收集到的资料作为评估一个试点实施阅读理解课程的一部分(诺伊费尔德和萨西,2004),我在想如何利用那些更显创新的教辅材料来辅助这样的教学,特别是对于那些只是学习这种方法来教学和学习的教师来说。在讨论教辅材料的使用上,本章重点关

---

① 这种教学也被称为"建构主义"教学,着重强调学生知识的自我构建。本章自始至终我都把它称为"为理解而教",因为它涵盖了学生学习与教师的教学指导之间的相互关系。

第十章 文本资料如何支撑即兴教学：实施阅读理解课程的启示

注那些本身旨在用来辅助理解教学的出版材料。这些材料是建立在建构主义或是探究性原则的基础之上的，包含了合作学习的众多机会。不像那些更具指导性和规范性的教学材料，这里考察的材料更容易与合作学习及教学的方法相结合。最后，将讨论那些使用这种材料的教师如何养成一种即兴的立场，且尊重教授学科内容的要求并履行其责任。

设计能够辅助课堂即兴教学的课程材料

通常当人们把课程描述成照本宣科时，在他们心中的课程就是基于传统的说教型的教与学的教学设想而已。这些课程常常被称为"直接教学"或"直接指导"。这种材料强调的是背诵，机械练习及教师主导的活动，而非合作、探究及自主学习。师生互动常常遵循这样一种话语模式，包括以下三个步骤：教师启发（例如，问一个预知答案的问题）；学生回答；教师对学生回答做出评价。蓄意的直接教学并不需要即兴创作，它限制了教师的创造性，使那些积极主动的学生的参与度也最小化了。当代研究者与教师们普遍认为这样的材料常常会限制孩子们深入学习。

那些关注理解教学的教育工作者和研究者，已在考虑如何设计课程材料来促进师生的学习。这些研究者并不呼吁摒弃课堂中使用的那些出版材料，而是要求重新思考这种材料如何设计才能成为教师有效的教学工具（波尔和科恩，1996；布朗和埃德尔森，2003；雷米拉德，2000）。他们意识到教师与学生都能从这些精心设计的材料中获益，因为它们支持创造性的探究，鼓励合作，允许相关内容的深入研究。

在考虑如何使材料成为既辅助教师教学又帮助教师变得更优秀的有效工具时，波尔和科恩提出了重新设计课程这一系列想法。比如，他们认为教师指南可以更好地帮助教师倾听和理解学生的想法，进而更好地预期学生言行来应对教学活动。这些可以通过诸如提供学生作品及课堂中的对话范例来实现。关于对另类答案或表述及它们之间联系的讨论，这些材料也能帮助教师更深入地了解课程内容。正如他们所指出的，它还可能包括对"课程内容本身的细微挖掘"。波尔和科恩还表明：研发人员可以通过特定

创新型教学中的固定程序与即兴发挥

的方式使他们设计课程的理念更加清晰明了，以及提出备选设计的优缺点。[①] 最后，他们认为这些教辅材料对如何设计课程的指导部分可以阐述得更具体些，特别是对整个学年内容及学习共同体的变化发展。

波尔及科恩当然是支持在出版材料基础上撰写成教案的做法。撰写成教案，就像我在本章中使用的那样，类似却又不同于索亚在前言中描述的那种具有课程框架的直接教学类型。常规课堂活动可能被视为教师教学时所呼吁的学习合作模式，但是它们的内容并不明确。当课堂活动成为一项把日常生活与内容明确的材料相结合的有计划的课堂项目时，并没有必要让教师遵循具体的指导。具有一定脚本的课程材料事实上可能就是一系列活动，也可能利用许多课堂常规的形式。二者之间的区别就在于指导的具体性程度的差异，诸如提问和回答的提示性语言的数量，以及纳入材料设计中的教育决策程度。

当前就存在着许多跨学科领域的新兴课程，这些课程就蕴含着程式教学的因素。例如《数字、数据和空间研究》（皮尔森教育出版社/斯科特福尔斯曼出版社），数学方面的《数学风景：数学思维与观察》，科学方面的《基础科学：综合高中的课程》（教育发展中心），语文方面的《构建意义》（这是本章将深入考察的部分）。尽管这些课程在撰写成教案的程度上有所差异，但它们还是具有某些共性的，比如说，它们每天会制定关于学科主题及概念的调查任务，为教师提供具体问题以激发讨论，及时构建学生探究小组合作及对话活动，也会在侧栏列出对话框来列举课堂中可能发生的潜在对话。大部分这些课程都希望教师能按特定程序来使用这些教辅材料，因为这种顺序是建立在对学生如何形成与发展观念研究的基础之上。

虽然研究者及课程开发者一直致力于开发创造合作的课堂实践，且能理解支持教学的材料，但教师应如何将这些材料切实地融合到课堂中诸如此类的问题仍然存在。应该日复一日地严格按照所记录的那样遵循每一课的计划吗？还是应该把这些材料更多地看成是一种指南，需要时进行一定的调节？以及，考虑到这些革新材料的一个主要目标就是辅助合作学习，

[①] 在她的文章中，《数学领域的一瞥：小学数学教学的窘境》（1993），当波尔列出运用不同方法教授负数的优缺点时，她就是这么做的。

第十章　文本资料如何支撑即兴教学：实施阅读理解课程的启示

那是否还有空间对它进行即兴创作呢？此类课程的课堂中即兴创作究竟体现在哪里呢？从两组不同研究者的视角考虑，他们一直都在思考着这些问题。

布朗和埃德尔森（2003）认为教师与课程的相互作用总是即兴的。在报道一个关于实施探究式的科学单元课程的研究中，他们力争教学更应该被视为一种设计活动，也表明在支持与限制教师行为方面，课程材料的作用至关重要（有关功能与限制的讨论，见沃茨奇，1998）。他们的研究是基于这样一个前提的：当教师们对这些课程进行量身定制以至于在他们特定的学校及课堂环境中也能发挥作用时，他们就会注意到甚至运用课程的不同层面。根据需要，教师们可能会直接遵循课程材料的书面记录（他们称之为"卸货"），也会因特定情况而有所修改（调适），或者也会根据这些材料中的"种子"理念即兴创作。他们认为即兴创作是发生在教师按照自己的教学路径教学中。然而，有一点对他们的观点极为重要，那就是教师会不可避免地与课程材料产生动态的相互影响，在教师严格实施课程书面材料时也会产生一定程度的更改与即兴创作——这就是本书中作者所谓的课程矛盾。这里我所探寻的问题就是这些材料应设计到何种程度，以至于能够激发某种即兴反应而不是教师与之相互作用时的不可避免的调整。

斯莱文与麦顿（斯莱文和麦顿，2001；斯莱文、麦顿和达特劳 2007）实施小学综合阅读课程，全员成功（SFA）的经验表明：在执行高度结构化的教学大纲时，找到计划忠实度与灵活度的合理平衡具有不断的挑战。SFA 提供的阅读课程材料，与教学方法、跨年级分组、家长参与、一对一辅导及在阅读指导方法上的大量专业发展要求相一致。在一篇总结研究在这个计划演变过程中所起的作用的文章中（斯莱文、麦顿和达特劳，2007），作者指出 SFA 已被误解为"完全脚本化"。他们承认在实施这一课程之初，更加强调的是"执行课程"，但是随着学校对此项计划经验的增长，SFA 意识到旨在改善学生学习效果与达成学校目标的校本化调适也是至关重要的。他们把这种与最初的"注重忠实性"的立场形成鲜明对比的新方法称为"关注教学目标的课程实施"。这种向关注教学目标实施的转变，证明了学校与教师在实施课程时仍需要具有一定程度的自主权与判断

▶ 创新型教学中的固定程序与即兴发挥

力。目前的着重点不在于精确地执行编写的课程，而是在于理解与接受当做出调整和修改时活动背后的基本原理。

何谓教学中的即兴发挥

研究人员、课程开发人员及教师都一致认为：任何课程中都可能出现一定程度的即兴发挥。斯莱文与麦顿实施 SFA 的经验表明：过多的控制反而可能破坏学生的学习。对于成功的教学计划来说，教学在课堂中需要适量的自行决断。教学时的即兴发挥，在一定程度上就是这样一个明确问题：在实施课程时得出现多少变化人们才认为这是"即兴的"？我认为有三种层次的即兴教学，本章所关注的也是互动性最强的。

从最宽泛的层面来说——设计层次——当教师在设计课程、活动或是调查时，人们也可以把课堂进程当作是教师的即兴创作。就像前面所指出的，这就是布朗与埃德尔森所称的"即兴创作"。在这种情况下，教师并没有依靠出版材料这一特定背景，而是通过从某门课程中提取合理因素、融合多门课程的不同片段或是创新课程活动，来开发他们的课堂。

第二层次的即兴教学也可以看作是课堂中与教师事先的计划有所改变的活动，例如，当教师原本打算遵循特定课程计划，可为了回应学生可能产生的言行，突然转变了方向。许多教师就不得不即刻重新琢磨这一节课。他们可能也注意到有些学生并未完全掌握某一概念，或是某一同学提出了一个引人入胜的观点。在这种情况下，教师可能就会放弃当场课堂计划，构建一个完全不同的课堂。例如，波尔（1993）就曾描写过她是如何紧随学生的一个始料未及的判断：6 可以是奇数也可以是偶数。她之所以描述这个计划之外的探讨，是因为她选择将这一断言面向全班一起讨论。

第三层次的即兴创造也会发生在事先规划好的课堂背景下。正是这一层次的即兴教学，受教师所使用的材料的影响才是最大的。本章中，我关注的不是教师精心设计课程或无指导方向时的即兴创作，而是在事先规划好课堂的背景下产生的即兴创作。具体来说，本章侧重的是教师在课堂中对学生的应对能力，以及鼓励学生积极参与学习的能力。倾听学生，了解

第十章 文本资料如何支撑即兴教学：实施阅读理解课程的启示

学生如何应对困难的知识，然后采取明智的教学行动来应对课堂现状，这些就是即兴教学的标志（彭德尔伯里，1995；萨西，2002）。即兴创作就产生于不断规划的瞬间。考虑在实施程式教学时的即兴因素，我们更容易想到教案或是高度结构化的材料是如何辅助教师的倾听能力、课堂状况的解读力，以及促进学生对话的能力。

意义构建——文本课程与合作学习的整合

2004 年春季，波士顿公立学校及波士顿培优计划要求我们评估一门正在几所选定小学里试用的阅读理解课程。《构建意义：形成理解与整体感的策略》这门课程是由发展研究中心（DSC，2004）创建与发行的，2003 年首次在学校里实行。它的目的在于成为学校阅读课程的一部分，有效地与其他阅读课程，如那些更基础传统的课程，像"读者研讨法"这些合作型或以学生为中心的方法相结合。

背景：研讨法方式的补充

波士顿公立学校决定试行《构建意义》这一课程，来观测它是如何补充读者研讨法（卡尔金斯，2001）这种几年前就采取的阅读方法。简易描述一下何为"读者研讨法"，对理解为什么《构建意义》会被认为是对"读者研讨法"这一方法的有益补充，是很有帮助的。重要的是，它不是一门课程而是一种构建读写指导的方法，且旨在培养学生参与及独立学习能力。

"研讨法"由四部分构成：①首先是一节"微型课"，课堂中教师呈现或示范一个教学目标比如说形成阅读理解策略，理念及阅读技巧。②自行阅读时间，在这个过程中学生运用微型课堂中提出的概念自行阅读。③有指导性的阅读，小组讨论，或者小型读书社团。在独立阅读时，教师会帮助指导以上活动。④小组分享，这时教师就会协助讨论，讨论中学生们分享他们自己在阅读时是如何运用微型课堂中的概念的，然后教师将总结当天的学习目标。

▶ 创新型教学中的固定程序与即兴发挥

　　这一方法不仅符合索耶的"有章可循的即兴创作"这一理念，与理解教学这种见解也能很好地融合。它提供一个整体的结构与框架，使教师在设计课程时能迎合班上学生的需求。如果执行得好的话，研讨法让教师为学生形成独立见解创造许多机会，也能把各种视角与观念融入课堂对话中来。然而，教师在充分利用好读者研讨法时，面临的挑战之一就是：它的确只是组织教学的一个框架而已。教师负责设计各自的微型课堂，寻求各自的资源——可谓是，用相关内容来填充这个框架。波士顿的公立学校之所以对《构建意义》感兴趣，是因为波士顿的教师与他们的读写教导员和校长们，意识到他们缺乏强大的课程及可以运用的相关资源来填充研讨法这一框架。尽管许多教师曾与他们的教练共同致力于开发侧重阅读策略的学习模块，但存在普遍共识：开发高质量的模块需要大量的时间，教师手上也没素材来支撑这样的学习模块，并不是所有的，甚至大部分教师拥有必要的读写背景，来开发与其需教授的策略及全市学习标准相匹配的课程模块。那些拥有发掘资源这一必要读写背景的教师们，报告说：他们并没有时间来创建整个阅读课程（诺伊费尔德和萨西，2004）。《构建意义》被视为极有潜力满足这一需求，特别是能够为研讨法中微型课堂这一部分提供大量内容。

《构建意义》的设计

　　《构建意义》的实施对象是 K-8 年级的学生们。它为建立在"理解与全局观念"这两条相互联系的主线上的阅读理解课程，提供了一个发展背景。这两条主线对学生学习能力课程影响的明确假设是至关重要的。研发者注意到，"孩子们学习阅读理解的能力，与他们的合作能力、形成像责任感、尊重、公平、关爱以及乐于承担自己及共同言行的责任这样的民主观念，有着不解之缘"。这两个着重点与研讨法指导的相关教学流程及要求，和谐一致。

　　《构建意义》这一课程被认为是以三种方式起草的：①具有启发性；②融合了标准化课堂形式；③每节课都有按部就班的教学指导，包括教师所要提的问题及其他提示语。

第十章 文本资料如何支撑即兴教学：实施阅读理解课程的启示

发展性结构

《构建意义》实施始于每学年之初。每个年级都有为期2~6周的八个学习模块，且这八个模块具有系统性。建立在学生如何形成理解能力的相关研究的基础之上（比如普尔森等人，1992；普雷斯利，2002），这一课程在九学年（K-8）期间教授九种阅读理解策略。分别是：①复述；②使用图解或建立联系；③图像化；④疑惑或质疑；⑤推理；⑥确定中心思想；⑦理解文章结构；⑧总结概述；⑨综合。像复述、图像化这些基本的策略在低年级就教授了，在随后几年系统将介绍其他策略。

每个年级的老师都会收到一套20到30本的儿童商用书，作为有声读物。这些书涵盖不同体裁，有小说、非小说类、诗歌、历史小说、自传，以及现实小说。阅读理解策略就是通过这些不同体裁的材料来教授。例如，学生将有机会探索如何区分各种体裁，如诗歌、小说或历史小说。

另外，《构建意义》具有一套系统的方法来形成社会价值观、社会技能及全局观念。与阅读理解策略一样，学习使用课堂流程、表达清晰、遵守秩序、欣赏与尊重他人观点这一系列的社会技能，在幼儿园到八年级期间不断地被引入。比如，幼儿园与一年级侧重的是学习使用课堂流程，遵守秩序等技能，然而之后几个年级关注的是一些复杂的技能如提出问题，形成共识，给予和接受反馈。

这一课程利用五个相互协作的结构来构建一个让学生实践与学习社会技能和阅读理解策略的情景。包括如下：①求助于同伴；②思考、双人组合、分享；③思考、双人成组、记录；④相互讨论；⑤小组间的头脑风暴。同样地，这些结构随着学年的增长会系统地呈现出来。

标准化的课程形式

这门课程具有固定程式教学的特征，因为每周的课程设置形式都相似。每周的第一节课首先都是朗读，然后进行整组讨论。可能也会介绍一

创新型教学中的固定程序与即兴发挥

下阅读策略，但它是这周其余时间的重点。这周剩余时间会着重讲解阅读理解策略，并为学生提供机会，使其能在特定的合作结构的框架下实践这一策略。朗读文本是经过明确挑选，来匹配特定的阅读理解策略的，这一文本贯穿于整个星期。受访的教师们表示：他们很重视能够有这种流程，也认为学生对它应该也很重视。

按部就班的教学指导和讨论问题

"教师指南"为模块中的每一节课都提供了具体的指导。每课开始的部分都是对朗读课文进行介绍以及指导教师如何引入它。它也介绍这一节课应运用哪一合作结构，并陈列教师在课堂中需提出的问题。有些问题是以指示性的方式呈现，例如，"问：在我刚刚朗读的部分里，哪些是最重要的需要理解与记忆的呢？"有些问题是建议性的，比如，"可以使用如下问题来促进学生间的讨论：你同意某某同学分享的观点吗？为什么？""教师指南"也会解释一些重点词汇，这些词汇特别是对于英语作为第二语言来学习的学生尤其需要着重突出。

这一课程的三大特征——启发性设计、标准化的课堂形式、按部就班且有教师具体的提问与提示语的指导——让每一节课都有种程式教学的特性。这种课程怎样才能与致力于辅助与理解而教的教学课程相兼容，并改善这些课程呢？接下来的这一部分将考察一个初试理解教学的教师，是如何把《构建意义》运用于读者研讨法中的微型课程中。在详细思考这一实例之后，这部分将考虑《构建意义》这种课程实施时可能存在的误区。

《构建意义》课堂中的实际操作

在运用指定范围的材料与流程的情况下产生的即兴发挥教学，与教师自行开发教学素材时的即兴创作可能看起来存在差异。确实，使用脚本的一个关键目的就是提供指南，这样就能减轻一些从头起草课程的负担。然而，在观察教师运用《构建意义》的过程中，我见识了这种指导性课程是如何帮助教师在有章可循的即兴创造中与学生进行互动的。我们认

第十章　文本资料如何支撑即兴教学：实施阅读理解课程的启示

为能够辅助这种有章可循的即兴创作的《构建意义》课程，具有三大特质：①课堂结构在教案与非教案的对话中游离；②每一个教案的部分内容都具有即兴创作的可能；③教案提供明智的界限来指导对话，为师生抓住每一课的核心知识点提供一套机制。每一部分都是在以下的课程片段里考虑的①。

这一课程片段是由一位熟悉且熟练使用研讨法的教师教授的。其所在的学校里，在最初推行《构建意义》课程时读写教练是积极参与的②。这一片段是筛选之后用来强调一位学习使用这一素材的教师在实际课堂中如何实施《构建意义》课程的构成成分，通过这一例子，我随即就能指出诸如此类的素材是如何帮助教师发展课堂即兴创作能力的。这一节课源自于"寻找重要思想及总结概述"这一模块的第一周的第三次课。教师指南对这一模块的描述如下：

> 在本模块中，学生运用推理来理解课文。他们也会思考文中重要及次要信息，运用重要思想进行总结概述。社交上，他们发展一系列集体技能，如：相互尊重地解释所述观点，进行讨论，进而达成共识。也会形成关爱性地辅助他人独立学习、并给予反馈的具体技能。在他们实践这些技能时，会不断地把尊重的意义与自身的行为联系起来。（五年级教师指南）

本周的朗读课本是简·悦伦所著的《随斯威夫特河而去》。本书以历史小说的体裁，讲述了马萨诸塞州西部的夸宾水库的创建故事。故事以萨利简回忆她在河谷的童年及对河谷被淹之前的趣事的描述贯穿全文。这本书以萨利简回忆与父亲在新水库中的一条船上的情形结尾。当她的父亲回想起那些建筑与道路的具体位置时，她的母亲就在岸边呼喊："就让一切成为过去吧！"

在教授这一课的第一天，老师朗读了全文并在班上展开了讨论。学生

---

① 这一研究侧重的是四五年级的教师，因为他们面临着培养学生阅读理解技巧的挑战，这些学生未必掌握了这些技巧。同时，又期待学生能够运用这些阅读技巧在其他领域获得知识。

② 这一研究既有男性也有女性，为确保其匿名性，所有的参与者都被称为"她"。

创新型教学中的固定程序与即兴发挥

首次了解如何论证他们的观点，并在小组讨论这一结构中练习这一技能。第二天、第三天是所授策略的练习课程，主要侧重点如何确定重点与次要点。第二天，老师再一次阅读了故事的前半部分，并在三处停顿了下来让学生思考哪些是重点。他们所使用的合作结构被称为"思考—组队—记录"，首先独立思考哪些是重点，然后与同伴讨论，再把他们的想法记录在笔记本上。下面是以四节课的顺序对第三课进行叙述：

教师让学生与他们的同伴，带着铅笔及他们的读者反馈笔记本，一起坐到地毯上。她有一个液晶投影仪，把幻灯片投影到教室前面的荧屏上，说："请对随斯威夫特河而去这一课文进行思考，组成小组，然后记录下来你认为的故事的重点。"根据教师指南中的指示，她会简单地回顾一下周一周二的内容，她就对小组进行提问："我们昨天找到的重点有哪些?①"

某学生说："波士顿需要更充足的水资源所以他们就把这个小镇淹没了。"另一个学生说："在这一地区被淹之前，他们不得不转移这些墓地和树木。"复述完教师指南上所提示的前一天的重点信息之后，教师就会说："因此，这就是一些重点。我们开始也说过对萨利简来说，她的世界是安全的。"她接着描述当天的计划："我会朗读完余下的课文，我们将在三处有所停顿，我会'思考—分享—写下'第一处的重点，在余下两个停顿处你们将'思考—分享—写下'重点。"她继续阅读课文并在教师指南所提示的地方停了下来。然后问："故事的这一部分的重点是什么呢?"接着又自己回答了这个问题："我认为最重要的一点就是全家正准备离开河谷，还有一点就是萨利简将失去她的朋友。"她在地毯前面的图纸上写下了这些重点。学生们把它们抄到了自己的笔记本上。②

教师继续阅读课文在建设水库大坝的地方停了下来，说："思考一下，这里最重要的信息是什么？然后与你的同伴分享，暂时还不用记录下来。"③ 教师与两个女生坐在了一起，跟其中一女生交流了意见然后在班上

---

① 这一问题与教师指南中所提示的问题很接近，教师指南中的问题就是，"在《随斯威夫特河而去》的第一部分中，我们所找到的重要思想有哪些呢？"

② 教师指南中的描述建议如下："故事这部分需重点理解与记忆的是住在河谷中的家庭必须得搬迁，萨利简也离开了她的朋友。"

③ 此处停顿时，教师指南中的提问是，"在我刚刚读的这部分中，需重点理解与记忆的是什么?"

第十章　文本资料如何支撑即兴教学：实施阅读理解课程的启示

说："这女生告诉我故事里的人们正在修建一个大坝。这时，为了让学生检验自己所思考的是否就是重点所在，或是有没有参考同伴的意见，教师又把文章读了一遍。过了一分钟左右，她说："好了，现在把你认为的重点写下来吧。"过一会儿，学生们就在笔记本上记录了下来。

接着，教师要求学生来分享他们的重点。一个女生发言了，教师复述了一遍她所说的："这里与他们曾经的小镇已迥然不同了。"教师问她为什么这么认为呢？她回答了原因，为了让全班同学都能够听见，教师复述了她的答案："其实，她刚给我讲述了文中一些信息来支撑她的这一观点，因为灌木、建筑都已不在，所以今非昔比了。"另一同学说："可是花了七年才淹没了这个小镇。"[1]

教师继续朗读课文直到结束，问："你们想到了什么？"她看到一个男孩只是耸耸肩，就继续让学生与他搭档讨论。她坐到了两个学生旁边，其中一个就是她先前一起坐的女孩，对她们说："用一两句话告诉我，首先发生了什么，然后发生了什么。这是你们需要掌握的，你们需要学会用一到两句来描述。"教师又把这一点告诉了全班同学："我刚刚正和这位女同学说来着，你们需要学会用一两句话来描述这一问题。"她把本文的结局又朗读了一遍。

读完的时候，她说："我希望你们写下'我心中的重点'。"一个男孩没写，教师就与他谈话从而让他拿起了他的小册子写了起来。学生写完之后，教师要求那个男孩来分享一下他所写的，他却拒绝了。于是，她让他的搭档来分享，他搭档说："故事中的女孩必须忘了曾经的那个小镇。"教师问班上各小组："他刚刚使用了什么策略？"其中一个学生说："他刚刚进行了推理。""回答得漂亮。"教师说。另一位学生也分享了她所记录的："她的父亲正给她描述小镇曾经所在的水域位置。"

又有一位学生发言："她过去常常和她的朋友一起玩耍，现在却不再这样了。"教师追问她，"这是在这部分还是在前一部分呢？"见无人回答，教师就说："这是前一部分的重点。"教师总结了这一课的内容，说："记

---

[1] 教师指南中关于这部分讨论的问题是："为什么你认为这里是重要的呢？"，"在倾听课文朗读时，其他重点有哪些？为什么？"

▶ 创新型教学中的固定程序与即兴发挥

住,思考故事中的重点有助于你们确认文中需要理解的部分。"她接着简要地总结了一下课文中包含的社交技能。

在这一实例中,教师十分严谨地执行教师指南中所描述的指示。她提出了所提示的问题,运用了"思考—组队—记录"这一合作结构让学生与同伴对话,每一次"思考—组队—记录"之后都会有一次简短的全班分享。从即兴的角度来说,可能看起来并没产生多少即兴创作。但是这位教师是初次使用这样的材料,鉴于她是以评估的目的来审视这一材料,故极有可能她是有意地尽力按材料上所描述的那样来实施课程。但是,我们可以更仔细地来观察教师可以怎样利用这些材料迈入即兴的应答性的教学。我想起了先前所提示的三大特征:①在教辅材料与开放式的对话之间游离;②挖潜提示问题的即兴潜能;③关注主要思想。

在课本与开放式的对话中游离

首先,尽管《构建意义》是以固定程式教学的形式呈现的,但它并没有为教师提供逐句的课堂计划,所提供问题的讨论也并不是全部都只有一个正确答案。相反,它们是经过设计,旨在激发一定程度的开放式讨论。事实上,如果这些材料尝试建立这种全面细致的课程计划,那么它与支撑这门课程本身的理念及研讨法这一方法所诠释的广泛意义,都是不相符的。《构建意义》提供的是一种精心设计的框架。运用这一框架,老师能够让学生在课堂上学习一系列具体的阅读理解策略。每一成稿部分的教辅材料都引领学生独立学习,或是相互合作学习,理想的做法是让学生亲自探索阅读理解策略。通过合作学习形式,这一课程提供了一个框架让学生在没有教师直接指导的情况下学习。在学生们自行学习时,教师就借此机会四周巡视,与学生们一同而坐,对他们正探讨的知识或可能努力克服的难题进行评价,临时决定她该如何继续下面的全班分组讨论。一位校长明确地指出,比如,这些材料可以提供许多问题来进行讨论,但是这些课程材料从来不会把整个对话都写成教案,也无法预测学生会在哪里出错。这就得主要依靠教师来追踪学生思考时出错的地方,然后提供合适的"脚手架"来把他们的思维带回正确的方向。

第十章　文本资料如何支撑即兴教学：实施阅读理解课程的启示

在阐述这些教辅材料疏漏的地方时，这位校长侧重于追踪学生出错的地方。实际上，我们在前面的例子中就看到教师这么做了。这些问题就足以使讨论持续进行，就更不用说教师解答学生难题的责任了。在这一例子中，教师在一组"学生思考、成组、记录"的环节中，坐在了这两位学生旁边，倾听他们的讨论，猜想她需如何作出回应。这时，在与这两个女孩交谈之后，教师有效地帮助她们回顾了如何总结课文，她对她们说："你们需要学会用一两句话把它表述出来。"然后对全班同学提出了同样的要求。之后，在一次访谈中，她告诉我们："我停下来这样说：我想关于中心思想，一定有同学感到困惑，让我们想象一下，如果重新听一遍，然后用一两句告诉我中心思想，然后，我们重复这样的练习，这样的效果会更好的。"

教师不仅需要预测学生可能出错的地方，也需要预期他们可能会有哪些想法。这一点向我展示了，辅助课堂即兴创作的《构建意义》的第二大特点：教案的每一个部分都蕴含着即兴创作的潜能，只需教师学会发现与利用。

课本部分的即兴潜能

在《构建意义》这一课程材料中，教师的提问与其他指导，都可能引发一次更具实质意义的讨论。例如，这些材料系统地指导教师要求学生从文中寻找论据，就像之前实例中的那样，教师问学生，为什么她会觉得这个小镇不再像之前的居民小镇。尽管这位教师很可能还没有足够经验运用这些材料来使讨论更深入，但是很显然，孩子们有各种意见与想法：它不再像之前的居民小镇，这个小镇也不像是他们以前的小镇了，因为没有了树木与丛林，故事中的小女孩不得不忘却她的小镇。这些反应为更开放式的对话提供了可能。[①] 如果是一位更有经验的教师，他就可能会把这些反应集中到一次更深入的讨论，来探寻故事的重要思想。

[①] 这里很有必要表明，我观察的教师并不是所有人都会在学生小组学习或单独学习时，与学生坐在一起，或是到教室四周巡视。这位教师很有意识地加入学生的小组探讨。

▶ 创新型教学中的固定程序与即兴发挥

聚焦于中心思想

《构建意义》课程能够辅助有章可循的即兴创作，它的第三大特点就是，它能始终侧重培养阅读理解的某一特定技能。在前面所描述的课程中，教师能够运用所提供的问题与"思考—成组—分享"这一合作结构来使学生专注于寻找文中的重要思想，同时也给予了他们一定空间来探讨这一概念，或独自地，或结伴合作地，或与全班同学一同进行。

这一特点看起来似乎并没有辅助即兴创作，但它还是有所帮助的，它能够提供专注于核心知识点的学习渠道。并不把这些教辅材料看成一种限制，我认为有些教辅材料，特别是那些旨在创设合作学习机会的材料，能够为教师提供可贵的指示来沟通讨论，确保学生们专注于课程的重要知识。的确，与我交谈过的一些教师早已发现材料的这一特性引人入胜。

一位教师一直使用皮尼尔和丰塔斯编写的这种素材来设计研讨法课堂（皮尼尔和丰塔斯，2002），他说："……这就像一个孩子患有多动症。因为这本书有两英尺厚，而且它有数不清的材料。你得看完它，但是却不知道从哪儿着手。"

在接触《构建意义》之前，许多教师——特别是那些不是很了解"研讨法"这一方法的教师，发现这一课程极具挑战性，而且很耗时间去亲自寻找素材。他们不知道该如何使用不同体裁的文章来教授阅读理解策略，也不清楚如何来上微型课、如何在独自阅读时间与学生讨论。正如一位读写教练所感慨的："我只是觉得他们没有提供一个视角来展示：这些微型课应该覆盖哪些方面？所讲授的内容应该是什么？当我与学生们讨论时，我该走下去跟他们说些什么呢？"

对于这些教师来说，《构建意义》不仅提供了授课内容和课堂结构，而且还提示了他们整节课随时都可以回归到的知识点[①]。《构建意义》里的

[①] 一位不是来自本区且不参与此项研究的教师评论："这样的材料最好是被看作是一些流程图，图中有不同的决策点，这就需要教师学会判断和自行裁决。"

第十章　文本资料如何支撑即兴教学：实施阅读理解课程的启示

课文，尤其是因为它们是基于朗读文章的，而且选来讲解某一特定阅读理解策略，所以能够使教师避免偏离主题走上无益的边缘。例如，在讲授某篇课文时，教师要求学生联系自己的实际经验来推断时，一位读写教练是这样描述的：

> 当教师们在教授如何联系实际时，孩子们会说，"我有一个表弟在牙买加。"教师们就会说："哦，你产生了联系"。但这并不是一次有意义的联系……（相反），我观察到一位教师在教授一堂推理课程时，这节课是关于一首叫《小大人布鲁》（格兰姆斯，2002）的诗。他们把课文分成了许多片段，举起来让孩子同样地划分课文然后标记每一片段。接下来就是讨论：这些是文章的片段，这些是我的推断。在这节课上我听到教师并不是仅仅宣告答案然后继续前行，而是说，"那么，那些线索是如何引导你们做出推断的呢？"因为每个学生都拿着同样的课文片段，所以她能够更好地巡视。

培养即兴发挥态势——结合《构建意义》与支持课堂即兴反应的专业发展有文本材料时即兴发挥的各种限制

尽管我们可以在《构建意义》这类教辅材料中找到支持即兴发挥的地方，这并不一定意味着教师就知道如何利用这些点。尽管这些材料设计得足以支持围绕特定内容展开一次实质性强且内容丰富的讨论，但观察到的教师仍然不能意识到这一潜能。一位校长说：

> 我认为每当教师教授新知识时，且这些新知识有这么多的教辅材料，这些教师就过于注重去研习这些教辅，而不是去倾听学生。他们会考虑下一个问题，因为它就写在那里。然而，如果你脱离材料去进行更多的响应性教学，你就不得不倾听学生，去了解下一步该问什么。我想这就是像《构建意义》这样的新课程出现的情况。他们第一次实施这一课程时，就像在机械地执行每一步的提示。我想这些课程结构提供了足够多的机会来使学生产生反应，教师们也真的很乐意看到这些。他们会忍不住来回应这些学生。

▶▶ 创新型教学中的固定程序与即兴发挥

类似地，一位教练也表示：

我想，像任何这样的课程，在 CCL① 过程中我会不断地向教师们强调：你们不能仅仅盲目地执行这些指示。你们必须知道你的学生们所做的、所想的及所说的。如果出现了意料之外的情况，不能只是跳到下一个问题。我认为这样很难，因为很多人热爱着《构建意义》，因为它提供给了他们现成的规划。他们认为不用做很多准备。但是，想要实施好这一课程，就必须预备很多，提前阅读课文试着弄懂它。

这些评论再一次向我展示了即兴教学的一大优势：学会倾听学生、理解他们所言。

专业支持对有效使用教辅材料的作用

受到即兴表演剧场的启示，索亚（2004a；2004b）就表明教师如何受益于旨在塑造即兴课堂讨论的学习策略。例如，他提议教师可以从改编自即兴剧场的学习策略中受到启示。但是，他与其他人也意识到了，周到细致的即兴教学需要深入灵活的内容知识，以及把这些知识与课堂教学实践相联系的能力。这里，我提出的问题就是：如何把教师的专业发展融合到对即兴反应的学习中去，也就是，在教学的场景中学会运用响应式的协作教学策略的技能，深入他们对具体学科内容的理解以及了解学生的学习方式。为了解决这一问题，我们可以看一看观察到的《构建意义》的另一简短教学片段。这个学校的读写教练也会既从教师也从教练的视角来观摩这堂课。

像我之前探讨的那节课一样，这堂课也是出自一个叫"寻找中心思想与总结"的单元，具体侧重于寻找课文的重要观点。观摩的这节课是这个

---

① CCL 表示的是协作指导与学习，是一种教师专业发展途径，训练有素的教练被分配到各个学校。在波士顿，一次读写 CCL 周期包括为期 4 到 6 周的每周一次的周会，在这期间教师们聚到一起，旁听各种公开课（这些课由他们其中的教师上或是教练讲授），之后围绕特定主题讨论各种问题。详情见诺伊费尔德和罗珀（2002，2003）撰写的关于在波士顿公立学校实施协作指导的报告。

第十章　文本资料如何支撑即兴教学：实施阅读理解课程的启示

单元的第二天的课时，全班在阅读一篇叫"罗莎·帕克斯的图画书"的课文。下面的节选片段来自这一节课的中间部分。在这之前，教师已经阅读了文中的一段，示范了如何从中挑选重要信息。以下片段在教师阅读课文下一段的朗读声中开始了：

教师要求学生跟着她一起朗读文章的下一段：

在下一站停靠时，几个白人乘客上车了，由于巴士很挤，于是他们向车子中间挪去，正好罗莎就坐在那儿。司机就要求罗莎这一排的四个非裔美国黑人站起来让座。其中三个照做了，但是罗莎没有。她和白人付了同样多的车费。她知道蒙哥马利的法律要求她必须让座，她也明白这样的法律并不公平。詹姆斯布雷克把警察叫来了，于是罗莎·帕克斯就被捕了。

教师提醒学生相互讨论并挑选段落中最重要的句子。几分钟之后，教师结束了讨论，从教师指南的提示中问了一个问题："这一段写了些什么？"下面的对话就接踵而至：

女生 A：罗莎·帕克斯。

教师：关于她的什么呢？

女生 A：她不想坐在后排。

教师：还有谁可以补充吗？

女生 B：她认为这是不公平的，因为她付了等额的车费。

教师：在这一段中，你们得到的最重要的信息是什么？

女生 B：（答案难以辨认）

教师：你可以思考一下什么是"最"重要的吗？

女生 B：她心里明白法律要求她必须让座。

教师：很好，还有不同意见吗？

男生 A：她被捕了，这一点很重要。

教师：那么，她明明了解法律，知道它不公平，她还是被捕了。

女生 C：重点是，另外三个照做了，但是罗莎·帕克斯却没有。

女生 D：读一读这一段的第一句就知道重要思想了。

▶ **创新型教学中的固定程序与即兴发挥**

  教师（在听完两位女生讨论之后）：哪一部分是重点呢？
  女生 D：是白人乘客上了车。

  到了这里，这位教师就不知道接下来要说什么了。关于哪些是最重要的句子她已经提供了很多的选项，但是学生还是不能做出正确选择。教师指南只是提示教师可以在页眉处标注将要讨论的段落，这一点教师已经做了。在鼓励学生们做出自己的选择后，她点了一位女生来读一读她选的重要句子。这位教师第一次问道："为什么这句话很重要呢？"女生回答说："因为尽管她了解这里的法律，知道她会被捕，她还是没有让座。"教师转向了一位男生，让他复述一下这个女孩的回答，他照做了。

  在这个实例中我们可以再一次发现，教师能够使用《构建意义》的框架来让学生在相互合作学习与全班共同分享之间游离。他们讨论的问题——这一段的中心思想是什么？——这一问题的解释很开放，这个教师向几个学生征询了不同意见。但是，教师还是很担心该如何、何时回应学生的想法。之后，在与我们的交谈中，她反思了她该如何把这节课上得不一样：

  今天，如果时间允许的话，我会说，"你们不如打开课本，阅读一个章节，试着总结一下吧，或是读一个段落，几句话，然后向我总结一下都讲了些什么"。然后，我就会走到一些学生中去，针对性地向五六个学生提问。你们读一读这段文字吧，然后用你们自己的话告诉我讲了些什么内容。独立阅读部分很关键。在几天下来，如果我注意到在独立阅读时有四五个学生不能掌握这一技能。我可能就会把这四个孩子组成一组，一起坐到地毯上，或是课桌旁，一起再一次来探讨这一技能。

  这位教师已经开始思考她该如何处理这段没有提前规划好的时间了：她该怎样有区别地倾听学生，她怎么来识别那些掌握知识有困难的学生，她怎样来组建学习小组。她已经在反思，在《构建意义》提供的结构下她怎样调适——或是即兴创作——来满足特定学生的特定要求。

  这位读写教练也分享了，她是如何听取这个教师汇报这节课的执行情

第十章 文本资料如何支撑即兴教学：实施阅读理解课程的启示

况这方面的想法。在她的反应中，我们可以看到更多的是注重对隐含信息的总结，而较少关注调适合作结构：

> 之后，我和这位教师谈过，倾听学生的想法是好的，但是深入了解为什么他们会给出那样的答案作为他们的意见，试着找出原因也很重要。中心思想在段首句还是段尾句？这些句子是否最有助于我们了解罗莎·帕克斯的事情。然后，我们就会一起浏览全文说，"我们两个认为最重要的信息是什么呢？"我认为我们应该谈论的是，在第二天，她该如何回顾一些知识点，让孩子们在课文中深入探讨，比如，这只是文中出现过一次然后消失的信息吗？或者这是长时间引导你浏览文章，既而帮助你更好地了解罗莎·帕克斯的信息之一呢？

这个读写教练侧重的是她可以如何来帮助这位教师以一种更即兴的方式来回应学生的反应，以便更加深入了解他们为什么会想到这么做。这就不仅涉及要帮助教师强化反应技巧——比如要求学生给出他们的推理过程，而且得深化她自己鉴别文章重要片段的技能。这位读写教练的反思突出了学会即兴反应的一个关键点：有效地即兴创作需要深入内容的知识。

第一次使用《构建意义》时，教师们紧随教辅材料，而不是欣然地跟随学生反应。正如前面提到的，教师们在分组讨论时，从开始的问题谨慎地一个个问下去。他们并不是很清楚自己在帮助学生独立学习中的作用。从这个意义上来说，他们并没有意识到这些材料中即兴创作的潜能。

在思考教辅材料的作用及教师需要哪些技能来有效运用它们时，大致地想想即兴音乐创作的启示吧。在许多使用即兴元素的音乐传统中——不仅包括爵士乐，还有大量的乡村音乐，传统音乐如犹太音乐、爱尔兰传统音乐及其他类型的音乐——曲调都能够用传统的音乐符号记录下来。这就类似于一门有教案辅助的课程。然而，把这些传统的曲调演绎好，演绎出传统的韵律与风味，就得懂得如何处理这些注释，注释之间该如何处理——是加以修饰，还是直接从一个音符跳到另一音符等之类的问题。

同样地，使用这些教辅材料就得足够深入地、灵活地了解这一学科领域，了解学生是如何学习的，只有这样才能在教案中没有标明的时候，懂得如何做，知道从哪里入手。就拿推理这个例子来说，正如之前的评估报

创新型教学中的固定程序与即兴发挥

告中所描述的那样，很明显这些教师尽管自己懂得如何在文中进行推理，可就是不清楚怎么帮助学生来发展这一阅读技能。他们不能把推理这个过程向学生们清晰明了地展示，就像有人所说的，在这一点上教师指南也起不了很大的作用。总之，教师们可能难以在学生反应之后继续追问下一个问题，这不仅是因为缺乏即兴教学的技巧。更可能的是，他们不清楚如何了解学生的反应。也可能因为不了解学生这些不完整的答案背后蕴含了他们理解了哪些知识，更不懂得如何引导他们进入深一层次的理解。对教师来说需要获得这种技能，在他们使用《构建意义》这类材料时，就需要将具体内容和学生如何学习联系起来（诺伊费尔德和唐纳森出版的，一个指导教学进步的深入分析）。

在这个研究中，学校的这种支持显而易见。读写教练和校长都意识到运用好这些材料不仅仅是通读它们了解其逻辑与流程。而是需要确保教师理解其内容及其所蕴含的教育学原理，懂得这一课程如何适应他们特定的课堂。正如教练所说：

> 校长和我都希望这些材料可以通过 CCL 的方式实施，这样，这些课程指南就不会是仅仅强加于这些教师而没有真正说服他们。在一定程度上，这些指南确实很有益，但是即使它们就摆在你面前，我们也都可能把它们执行得一无是处。因此，通过 CCL 这一方式来引入它比较合适：在我的指导下，我们协力合作，教师也来观摩我如何使用教辅资料，我们可以一起决定如何来运用这些材料。那我们还有必要问"这些教辅材料指导我们问这些问题，我是否应该有所调适呢？"诸如此类的问题吗？

在这所学校中，CCL 活动是与该课程同步进行的，以便加深教师教授阅读课的技能，而不是直接指导他们如何运用这一课程材料。为此，伴随着教师对这一课程材料第一单元的使用情况，CCL 活动还包括对研讨会方法各方面的指导。教练是这么说的：

> 我们具备了 CCL 的各种元素。我们集会进行了长达六小时的探讨——为期六周，每周一小时。我们按照《构建意义》所提出的研讨

第十章 文本资料如何支撑即兴教学：实施阅读理解课程的启示

法的原则与基本方法进行阅读。我们解读课堂独立阅读，解读课堂讨论，解读学生课堂话语，解读如何提问——诸如此类的问题。因为这些就是我们的工作，例如，研究《构建意义》中的"轮流发言"，探索"解读说明文"这种模块。

在这一描述中，教练认为实施好《构建意义》或是其他任何课程，倾听明白学生的缘由、懂得追问及时决断是至关重要的。

在思考如何帮助教师形成在课堂上积极响应学生这样的专业发展时，我们必须考虑如何把有关一般教学策略的指导与深化教学内容理解相结合。比如，一位提前设计好课程计划的教师谈到她是如何来规划她的课堂时，她是这样描述的："那么，我会通读我所要教授的课本，然后浏览一下教师指南，遵循每一步骤，对每一步所发挥的作用做到心中有数，之后我会在书中用一些便利贴来提示自己。"

辅助教师的一个努力方向就是利用角色扮演这一概念。然而，角色扮演很有必要从简单记忆所需的反应转向现场应对一些可能出现的情节——也就是，当教师把他们脑海中的课程演绎出来或与他人互动——他们就有机会来练习教辅材料上没有记录的情况。这个时候，教练与其他同事就能发挥作用了，例如让教师考虑可能发生的不同情节，练习以不同的方式来反馈学生。这里，索耶（2004a，2004b）和其他人谈及的即兴技能就能和加深内容理解及学生学习方式的了解相融合了。对《构建意义》的评价突出了这样一个事实：为教师提供一些高质量的资源来帮助他们学习教学策略是至关重要的。但是，教师们也有可能不假思索机械式地运用这些材料。因此，实施好这些课程材料很有必要伴随优质的专业支持，把即兴教学与学科知识、学生学习方式相结合。

小结：教辅材料与即兴发挥相结合

对教师来说，在教学中寻求结构化与灵活性之间的平衡一直是一种挑战。它要求优质教学活动中诸多矛盾方面持续地相互妥协。在保持学习环境引人入胜充满惊奇的同时，教师需要建立有效的课堂秩序。他们必须持

> 创新型教学中的固定程序与即兴发挥

续地把学生注意力集中在预期的成果上，还得响应学生的需求与兴趣。

当理解教学成为优质教学的评价核心时，这就特别具有挑战性。为理解而教，就像我使用的那样，是一幅教育蓝图"教师和学生共同获取知识，传统的教育说法和'事实'在课堂讨论中不断受到挑战，目标则是理解学科概念（而非机械记忆）"（麦克劳克林和塔尔伯特，1993）。这种教学要求教师深入了解学科知识，掌握促使学生积极学习、理解学术内容的教学策略。在清晰的课程目标下，使学生投入这种学习也需要有章可循的即兴创作。大部分教师缺乏学习这种策略的机会，教师如何习得有效使用即兴创作的方法呢？

我认为，精心研发的旨在于合作课堂中使用的课程及相关材料，伴随着教学稿子中提示的教师指南，就能够帮助教师为理解而教。我也觉得这些指导材料也能辅助有章可循的即兴创作。它们给教师提供了一个坚实的基础，帮助学生构建意义，又不至于偏离主题或脱离教学目标这条主线。

本章所描述的教辅材料，就可能在教师理解教学时为其提供一个框架。作为指导，帮助教师找到进入更即兴的课堂的入口。它们能够提供各种结构化的问题，作为激发学生思考的重要提示，借助于此教师也能进一步推进讨论。它们也不是"可以脱离教师的"——教师需要专业技能来运用好它们，需要指导支持来深化对内容及课程中教学原理的理解。虽然看起来很矛盾，但我认为优质的教辅材料运用得好的话，就能帮助实现理解教学的目标，就能成为一个很难运用得好却极有可能帮助学生高效学习的教学原理。

鸣　谢

感谢芭芭拉·诺伊费尔德对本章写作所做的一切贡献。很高兴能与她一起对《构建意义》课程实施进行初步的评估。她对本章初稿的几次批判、阅读与周到细致的评论，都让我大受裨益。另外，我还想感谢凯斯·索耶，感谢他仔细阅读进而提出大量的具有实质意义的编辑意见，这些都是本章的坚实根基。

第十一章

有章可循的即兴教学有助于拓展幼儿的科学思维

苏珊·杰诺 劳拉·克莱顿麦克费登

科学不仅仅是一个特殊的专业术语或指某些技术,它也关乎人类对自然界的好奇、质疑以及发现其规律。在本章中,我们将介绍两位 K-1 教师——罗森塔尔女士和里维拉女士——如何设计她们的科学教学指导来激发学生的质疑感和好奇心的,这是成为科学家的潜在素质,她们希望通过这种方式帮助学生了解科学这一学科及各种科学实践。为此,她们创建了一种以建构主义为导向的学习环境,鼓舞学生长时间、多角度地来研究事物、探索环境、深入了解相关概念。学生们通过以下方式来记录他们通过个人亲身经历所得的观察结果:记录在日志中;通过画图来对比他们预期科学实验会产生的结果(即他们的假设)与实际出现的结果;或是讨论教师仔细存档的材料及在教室墙壁上经常演示的材料。

在以建构主义为导向的课堂中,我们的目标是帮助学生形成自己的理解模式,以便他们在不同的情境中都能使用及运用他们的知识,并使其在特定概念的不同表述形式中产生联系。真正的建构主义教学往往面临着一种教学矛盾,但是因为它并非"发现学习",即一种无组织的以学习者为中心、学生自行学习的方式,而是需要教师组织一种结构化的学习环境——教育者经常用到的一个词就是支架——在这样的学习环境中,学生们由教师引导构建自己的知识体系(迈尔,2004)。从这个意义上讲,这些课堂既非以教师为中心也不是以学生为中心,而是兼顾二者。其中一部分是由教师组织的,因为正是由教师来建立与呈现这个支架的,但课堂流程又受到学生的影响,因为在这个支架下学习构建其知识的主体正是这些学生们。

创新型教学中的固定程序与即兴发挥

正如在许多建构主义课堂中一样,里维拉女士和罗森塔尔女士面临这样一种课程矛盾:是应该注重帮助学生们表达和探索他们自己的想法,还是帮助他们通过梳理这些知识点来接受学科实践的事实。我们发现,她们处理这一紧张关系的方法就是将"有章可循的即兴创造"作为一种资源来为学生的思考提供支架(索耶,2004)。有章可循的即兴教学是一种教学互动模式,之所以是即兴的,是因为无论是教师还是学生都无法预知具体流程及相互交流后的结果。这种即兴之所以能够有章可循,是因为教师们依据学生的想法来使这种即兴与学科问题、概念及散乱无章的实践产生联系。

通过仔细倾听并认真思考学生们所作出的反应,教师们就能以这些反应为基础构建学生们的科学认识。当教师利用学生所提出的问题与观察结果来建立学科联系时,他们就在进行必要的即兴发挥——只不过是一种巧妙的即兴发挥——来协调学生心中的想法与科学实践之间的矛盾,而这正是教师努力帮助学生建立学科的科学实践。与科学家不一样,年幼的学生并不精通科学语言。他们的想法可能无组织性和不成熟,但是"如果教育的目标就是帮助学生不仅理解科学所取得的成果及支撑它们的概念,还要明白人类是怎样探知这些成果的,以及为什么人们会相信这类问题,那么学生们就需要学习涉及证据、模型及相关学科的原理。"(麦克、肖斯和韦因格鲁伯,2007)有章可循的即兴教学为学生提供了机会来感受真正的科学——一种动态的、富有创造力的、能够被争辩与讨论的科学。接下来,我们将呈现两个案例来看看罗森塔尔女士和里维拉女士是如何利用有章可循的即兴教学来协调既让他们解释与阐明他们自己的思考、又让他们接受课程中所介绍的科学实践这二者之间的这一矛盾。

概念框架

课堂中师生间的即兴发挥无处不在(埃里克森,1982)。在全班讨论时,当某位学生做出评论或讲了一个笑话,分享他们家在困难期的一个情感故事,或是站起来演示种子如何变成一朵花时,教师就要决定他该如何回应这位学生的反应。教师有无数种方式进行回应,包括忽视他所认为的这种捣乱行为,简单地确认这位学生所说的然后继续进入他的下一步教

第十一章　有章可循的即兴教学有助于拓展幼儿的科学思维

学，或是探讨学生提出的一个新主题以激发更深入的讨论或是进行另一项活动。教师如何回应取决于学生所提供的内容、教师自己对其潜在意义的看法、教师自己是否认为这个学生的社会情感是健康的、教师自己在这一主题上必须花费的时间及其对这一天课程的安排（兰伯特、里腾豪斯和格伦博，1996）。博尔科和利文斯顿发现，有经验的教师对于这些出乎意料的情况的反应基于他们对这一课程结构及学科问题的理解。

尽管优秀教师经常通过即兴发挥来更有效地管理课堂，但这不是本文的关注点。相反，我们的重点是（在本书的其他章节也有）怎样利用即兴发挥来帮助学生更有效地学习学科知识。当教育者的关注基于学科的学习时，我们关心的是师生间的即兴行为，这时他们所交流的内容是有关科学这一学科的核心问题与实践的。我相信这里所谈到的实践，不仅对于科学教师，而且对所有教师来说都具有重要意义。

师生间有关科学的即兴对话就是科学学习的关键时刻。因为科学从根本上来说就是对问题与理念的探讨，并没有一套固定方法来获取特定答案。然而，科学探索在没有指导的情况下也是不会发生的。有效学习科学这一学科，不仅需要学会运用它的实质内容（如各种定义），而且还包括那些蕴含科学思维与活动的零散的实践（如为一些结论提供论据）（莱姆基，1990）。正如希克斯（1995，1996）所写的，对于学习科学的学生来说，教师必须"搭建这个舞台……提供一些推理的通道让这些经验尚浅的学习者参与到学科实践中去"。当教师有策略地利用学生所作出的反应来创建这些通道并为学习者提供思考、参与及拓展科学认识的机会时，我们就把它称为有章可循的即兴创作。

科学学科的教学方法

里维拉女士和罗森塔尔女士认为科学是一个动态的领域，具有系统的方法来研究与组织这个世界。她们认为有待发现新的方式来解读它。就像这些教师在课堂上所表现的那样，科学学科的教学包括教授学生灵活地思考有关科学的概念与实践，努力帮助他们学会从事基础的学科实践。在她们的课堂中，5~7岁的学生会花更多的时间以多种方式来探索科学概念，

> 创新型教学中的固定程序与即兴发挥

如通过讨论及质疑一些科学观点,把这些理念用多种媒介有形地表现出来(如纸笔绘图、用黏土捏成雕塑),以及参与一些长期的项目活动使他们能够更加具体、直观、富有创造性地学习科学概念(爱德华兹、甘迪尼和福尔曼,1993;国家研究委员会,1996)。为了让学生们参与到真正的科学实践中,教师创立了一个空间让学生的疑惑和兴趣与基本科学概念有了联系。通过向学生展示探究式科学的复杂性和实践形式,教师把孩子们引入了科学行动(拉图尔,1987)的困惑与混乱之中。

里维拉女士与罗森塔尔女士有关科学学科的教学法与当前科学教育研究的进展是并驾齐驱的(如福尔曼和辛克,2006;国家研究委员会,2000)。国家科学委员会的报告综合了对K-8年级学生学习科学的研究来开发一种新的框架以达到使学生精通科学的目的,根据这一报告,学生应该做到这四点:能够对自然界的科学解释有所了解,能够使用甚至懂得阐释它们;能够寻求科学论据与解释及评价它们;理解科学知识的本质与发展;有效地参与科学实践与讨论(杜施尔、施韦因格鲁伯和肖斯,2007:36)。在罗塔松尔女士与里维拉女士的课堂中,甚至是5到7岁的孩子都能参与到一种真正的科学实践中去(迈克尔、肖斯和施韦因格鲁伯,2007)。然而,在教授这些学生们时,教师们很有必要去真正倾听他们的想法,以便来提炼它们并拓展它们,使之与这一学科既定的现实相一致。为了处理好既让学生探索自己的思维又使之与学科问题相联系这一课程矛盾,教师们就需要把倾听学生的想法作为他们教学实践的核心(舒尔茨,2003)。接下来,我们将阐明,很好的倾听能够使我们所观察的教师参与到有章可循的即兴发挥中来,既尊重学生们的想法又能将这些观点进一步联系科学实践。

研究背景

学校

这项研究是在美国西部一所研究型大学附近的实验小学里进行的。该所学校招收来自不同民族、使用不同语言及拥有不同社会经济背景的学生。为了满足把英语作为第二语言的学习者的需求,双语制(西班牙语—

第十一章　有章可循的即兴教学有助于拓展幼儿的科学思维

英语）一直贯穿于学校从学前班到五年级的教学进程中。

教师

在开展这项研究之前，里维拉女士与罗塔森尔女士已经合作教授一年级学生五年了。里维拉女士教授的是一个双语（西班牙语—英语）班级，隔壁罗塔森尔女士带领的是一个只讲英语的单语班级。

数据来源

本文分析所基于的数据来自一个更广泛的种族研究，这一研究记录了教师怎样长期教授科学学科。这个研究的信息来源包括课堂互动的数字录音、对基本课堂观察的现场记录、对两位教师的访谈及学生们所做的作业与作品。

有章可循的即兴教学的两大案例

本章中，我们谈论的是教师如何通过与学生们的即兴互动来帮助他们学习科学知识和参与科学实践。正如我们所证实的，教师与学生共同参与的即兴教学是由他们的科学课堂目标所决定的。也就是说，当教师鼓励学生对当前所学的科学概念建立自己的联系时，他们总是习惯于如何使学生将自己理解与科学相关原则及实践相联系起来。

每一个案例都阐明了罗塔森尔女士和里维拉女士是如何处理既能使学生的想法与科学相联系、又忠实学生本来想法与见解这一矛盾的。教师们并非直接告诉学生如何像科学家一样谈论与思考问题，而是基于学生的实际语言、观念及经验来教授他们重视及应用科学思维来理解这个世界。

案例1：为学生提供学科工具完善其思维

学会从事科学实践的一个重要方面就是学会科学用语（莱姆基，1990）。学会科学用语不仅仅是指了解且懂得有效运用专业术语，并且还需要了解科学话语的规范，如提出问题、形成解释、进行科学争论与辩解。然而，这并不是研究科学的全部。掌握科学用语是从事科学研究的重要开端，因为专业术语及使用方式传递的不仅是科学的实质内容，而且还体现了一个蕴含科学世界观的价值体系（加拉斯，1995）。K−1年级的学生就已经开始学习科学用语了，如明确表达他们对当下学习主题的看法，

创新型教学中的固定程序与即兴发挥

思考支撑他们观点的推理过程，辨认他们思考的出发点及其理由（杜施尔、施韦因格鲁伯和肖斯，2007）。从建构主义的视角来说，教师们需要为学生创造机会来观察和感受自然现象，这样他们就能注意科学现象并产生阐明他们科学观点的动机。因为年幼的学生可能不会去注意或不知道怎样去观察那些特殊的现象或者它们之间的一系列联系，可这又是教师们希望他们注意到的，特别是当某项活动旨在鼓励探索时，教师就可能希望得到意料之外的观察结果。在这种情况下教师就有很多即兴发挥的机会。罗塔森尔女士与里维拉女士课堂中的一个主要挑战就是怎样即兴地回应学生以便引导他们用合适的科学语言表达自己独特的思想与见解。在下面的案例中，罗塔森尔女士致力于通过有章可循的即兴科学教学来引导学生们进入凌乱无章的科学实践中。

背景

这节课虽然是根据按照国家和地方标准设立的科学教学课程目标来规划的，但是其实施很灵活。因此罗塔森尔女士能够创造性地回应学生的见解与他们的观察结果。在小学阶段，自然科学教学的目标之一就是让学生学会识别物质与材料的属性。就像国家科学教育标准所规定的（国家研究委员会，1996：126），"幼儿是通过检测及定性地描述物体和他们的行为，来进行有关物体的学习"。那些具体的经验和随后对所观察到的事物的思考，为学生在高年级学习更抽象的科学概念奠定了坚实的基础。

下面的情景发生在11月，学生们开始对物质的不同形式进行探索。他们以小组为单位，在两个桌子周围走动，他们能够触摸、观察、倾倒和混合这些物体，还可以操作这些固体（在一个放有固体的桌子上）和液体（在一个放有液体的桌子上）。罗塔森尔女士组织这一项活动以便让学生直接感受固体与液体，这样将帮助他们描述这些物质的特殊属性及区别。在交流中，五个学生站在那个放有液体的桌子旁，这些液体包括一些教师精心挑选的很常见的液体，用以激发学生对液体形态、触感及怎样相互作用等问题的思考。她所选择的液体包括：水、洗发水、糖浆和油。

活动

孩子们站在桌子旁踊跃地把各种液体倒进与倒出各个干净的杯子中。在不断的笑声中品尝糖浆时，他们相互帮助把各种液体混合在一起，然后

第十一章 有章可循的即兴教学有助于拓展幼儿的科学思维

观察发生的变化。在几分钟的探索之后，罗塔森尔女士对学生们的观察结果进行检查，让他们思考各自对固体和液体的不同感受①。

  54 布拉德利：液体总能够分离。

  55 罗塔森尔女士：液体能够分离，它们怎样分离呢？

  56 布拉德利：（点头表示赞同）

  57 李嘉图：不行，你不能分开它们。

  58 布拉德利：除非你喜欢把它们与其他东西混在一起。不对，你可以把你的双手放进液体中，但是如果你仅仅是把它们倒在一起，它们还是可以分离。

  59 罗塔森尔女士：如果你用力拉的话，你如何来分离它们，分界点在哪里呢？

  60 布拉德利：知道吗（把两只松散的凹形的双手合在一起，然后分开）？虽然看起来这些液体没有被分开，但它们就像已经属于不同种类了，只是挨得比较近而已。

  为了回答罗塔森尔女士提出的液体与固体有什么区别这一问题，布拉德利（第54行）断定"液体总能分离"。罗塔森尔女士对布拉德利的观察结果感到吃惊，问，"液体能够分离？"罗塔森尔女士并非直接告诉布拉德利并不是所有液体都可以分离这一事实，而是问他所用的"分离"一词是什么意思。布拉德利解释了如何使用双手把液体混合在一起，但如果仅仅是把液体置于各自之上，这些液体仍是属于不同类别。

  交流到这里，教师不知道如何继续讲下去了。她明白虽然某些液体（像油和水）事实上的确能够分离，但是其他一些（像糖浆和水）是不能分离的。她该怎样来回应布拉德利关于液体总能分离这一判断呢？这一刻，许多教师都深有同感。当某位学生说出一个不完全正确的答案时，教师就需要兼顾多重考虑，比如关注某特定学生的理解、整体理解或是整组

---

① 我们使用的记录惯例如下：将着重强调的发言用大写字母展示，行为描述用括号标注，将发言过程中重复的观点标注在相应的括号内，破折号表示停顿，拓展说明用重复的冒号注明。

▶ 创新型教学中的固定程序与即兴发挥

可能出现的误解，注意肯定学生的思考，以便激发他们以后分享独特观点的意愿。除了这些问题，罗塔森尔女士还得考虑如何分析布拉德利的意见来把学生引入到基本的科学推理实践中。

在下一步教学中，这位教师决定退居一旁，让学生的观点成为讨论的核心。她意识到这是一次论证一个核心科学实践的机会：从多重观察结果中归纳总结，然后继续观察来检验这些总结的观点。布拉德利不仅指出了一个观察结果，还指出总结的可测性，因此可以通过重新检测手上的数据来修正之前的观点。第70行中，罗塔森向学生们提出了一个明显的挑战，旨在使学生们投身到为结论提供论据这样一种科学实践中来（本案例中，就是布拉德利关于液体的结论）：

70　罗塔森尔女士：你们准备好回答我的问题了吗？（学生们继续在搅拌着液体）实际上，我想让你们帮我做件事。现在，我想让你们从你们手中的另一个杯子中把液体分离出来。帮我先把糖浆分离出来，然后是油，再把洗发水分离出来。

教师改变了她的主意（她以"实际上"一词提出了她的请求，这也表示她想法的转变），不是直接问学生下一个问题，而是要求学生把他们刚刚混合的不同液体都分离出来。与恩格尔和柯南特有关学科实践的观点不谋而合，罗塔森尔女士提议这一活动，赋予了学生参与科学实践的权利。然而，她让孩子们独立完成这一活动。几分钟之后她回来问他们是否能够分离液体：

90　罗塔森尔女士：你们能分离这些液体吗？
91　一些学生：不能。
92　罗塔森尔女士：你们能分离固体吗？
93　一些学生：可以。
94　罗塔森尔女士：（大家停下吧，伸出双手掌心向上）
95　艾拉：呀哈！区别就在这里！（指着罗塔森尔女士）你不能——不能分离液体，但是你可以分离固体。

在第90和92行中，罗塔森尔女士提出问题以引导孩子发觉他所观察

第十一章 有章可循的即兴教学有助于拓展幼儿的科学思维

的固体与液体的区别：液体不能分离，固体却可以。然而，布拉德利畅所欲言地表达了他的观点。他并不同意艾拉（和罗塔森尔女士）的观点，他进一步解释了他的结论：

102　布拉德利：如果你手上有一些液体，它们不能轻易地融合在一起。（就算用手来回搅拌也不能）

103　罗塔森尔女士：像什么液体呢？布拉德利。

104　罗斯：肥皂水。

105　布拉德利：像……（伸手拿了瓶油）

106　罗塔森尔女士：你发现什么液体不能轻易融合呢？比如什么液体呢？那是什么？（指着那瓶油）

107　布拉德利：不知道。（笑）

108　罗塔森尔女士：这是什么液体？（拿了一瓶几乎要空了的油）之前这里面是什么？（举起这个瓶子）

…………

116　艾拉：油。

117　罗塔森尔女士：对，是油！

118　布拉德利：那就是我想拿的。

119　罗塔森尔女士：油和水不容易混合。

120　布拉德利：我知道了，这就是我想说的……

121　罗塔森尔女士：所以，你要说的是有些液体能分离，但有些却不能是吧？这就是你要说的吗？

122　布拉德利：（肯定地点了点头）

总结

交流结束前，布拉德利再一次精确地表达了之前他在放有液体的桌子旁所观察到的结果。最初的（第54行）有关液体"总能"怎样这一宽泛的结论最终成为了"某些"种类的液体如油和水（第119～120行）可以怎么样这样一个更精准的判断。

在这节课中，罗塔森尔女士应该如何表达、怎样施行这些决策都是由她对国家和学校科学教育标准的了解、对科学研究流程的熟悉程度以及认

创新型教学中的固定程序与即兴发挥

为学生应该积极地构建自己的理解这一信念决定的。通过向学生们提出分离液体这一难题，罗塔森尔女士强调了科学结论应该用一切可行的证据来检测。确切地说，通过收集更多的资料（如试着把他们混合的液体分离出来），学生们证实了布拉德利的结论不是根据所有液体归纳出来的，也没有考虑某些学生的观点——液体不能分离。科学家也不会根据其是否能够分离而把某一物体归为液体或是固体，这只是学生们根据自身经验而形成的一个观察结果。在讨论的后期，当布拉德利表明"有些液体不能够融合到一起时，"罗塔森尔女士看到了一个来帮他澄清判断的机会。她帮助他用具体的资料来获取一个更精确的观察结果。她并没有接受布拉德利说的"某些液体"这样一种模糊的表述，而是引导他去发现所观察到的不能轻易混合的实际液体（如油和水）。

在这一案例中，罗塔森尔女士有效地处理了既让学生解释和鉴别自己的观点，又使这些观点联系学科知识这一课程矛盾。她对布拉德利观点的提问及引导他和其他同学去研究他们的材料，这些都为布拉德利解释（可能更好地理解）他的观点提供了一个科学视角。教师并不是简单地指出布拉德利的观点是不对的，而是致力于训练有素的即兴创作，为布拉德利更透彻、更科学的思考创造了空间。虽然她不知道他的思考会具体延伸到何处，但她仔细倾听他的想法，用他的思考引领着她的教学。与他的交流也引导他认识到科学用语等相关实践的重要意义，这些实践包括仔细观察、为结论提供支撑证据、分析观察得来的结论以及使用精确的语言来描述科学结论。

案例2：设计课程拓展学生即时的学科见解

本案例详细说明里维拉女士如何利用训练有素的即兴教学来阐释和取舍位学生有关学科知识的个人见解，帮助全班同学深入理解科学概念。案例中，里维拉女士直接从学生的反应中获取灵感，明确强调反应中的科学内容，设计了一堂科学课，很好地处理了允许学生自行思考与协助他们更科学地思考这二者之间的矛盾。这样，里维拉女士使这位学生和其他同学更容易获取他最初反应中的科学知识。

背景

这个案例来自里维拉女士和罗塔森尔女士共同对自然科学，特别是力

第十一章　有章可循的即兴教学有助于拓展幼儿的科学思维

和运动的长期研究项目。项目最引人入胜的地方就是由学生设计建造一座过山车,用来在相邻的教室之间传递信息。在设计和制作过山车的过程中,学生们探讨有关动能与势能的概念。

在项目进行的最后一天,结果表明很多学生把速度的增加及减小,与能量的获得及丢失看成了同一回事。这是不对的,因为当球滚上斜坡速度减慢时,它的动能减少但势能却增加了。因此二位教师咨询了一位资深物理教授,这位教授担任这个项目的顾问,就如何向学生讲授这些概念出谋划策。回应中,他谈到了能量守恒定律,即能量并没有丢失,而是从一种形式转为了另一种形式。他是这么解释的:

教授:假设你在山顶上,正往山下滚,对吧?当你滚到山脚时,你丢失了你的势能,但你……

里维拉女士:获得了动能。

教授:(同声地)……获得了动能。这是必然的——能量从来都不会消失,你仍然有同等的能量——只是以两种不同的形式存在。

谈话后,这两位教师意识到尽管他们一直谈论过能量的不同形式,却没有明确讨论能量转换这一概念,这是导致学生困惑的原因。意识到这一点后里维拉女士修订了其课堂计划。下面是对当天讨论及课堂活动的分析。

课堂活动

与教授交谈之后,里维拉女士立即在黑板上画了一个过山车的图形,并邀请一位学生上前把他的手指当作一辆小汽车沿着过山车的轨道滑行。学生们一起指导台上同学的手指沿着过山车的轨道行进,他们发现了势能与动能所处的极端位置。在这过程中,教师强调了过山车轨道的最高点与最低点,并说明这就是势能和动能的极端点。在她的引领之下,学生们的注意力被带到过山车图形的相关点时,他们与她齐声唱出了答案。

当孩子们正要从这一讨论转移到另一主题时,曼纽尔立即指出他们之前谈论的有关过山车的能量转换,"就像"他和同学们在爬学校附近的小山坡一样。曼纽尔简短的观察结果意义非凡,因为它把动能与势能这些抽象概念联系到了他的实际经验。他的评论表明,他把这些概念从一个情境

(过山车)转移到了另一个情境(爬山),从而形成了一种普遍的认识。虽然这天是这个项目进行的最后一天,里维拉女士还是从这位学生的观察结果中看到了深化全班集体理解能量转换的可能。她向全班重申了曼纽尔的观察结果,建议大家可以亲自去爬爬山,去思考并试着鉴定一下爬山的情境与小车爬过山车的情况是否相似。通过这一举动,里维拉女士使探索两项不同活动之间的联系变成了下一个要解决的问题,并让学生有机会亲自探索其共性。

一来到山脚下,里维拉女士即兴提议了一项活动,这项活动尽管是源于曼纽尔的观察结果,但与她帮助学生验证能量守恒定律的课程目标联系更紧密。为了给学生们即将在山脚下进行的活动提供一个学科框架,并能突出小车在过山车轨道行驶与人们爬上和爬下山坡这二者的相似之处,里维拉女士要求学生们把课堂上学习的科学概念及正式学术用语与他们上山下山的运动经验联系起来。在她的指挥下,孩子们上山的时候大喊"势能",到山顶时喊出"势能最大"表明这时势能最大。在下山的路上,他们大喊"动能",抵达山脚时大喊"动能最大",表示这时动能是最大的。孩子们不遗余力地欢快地在山坡旁跑上跑下,用科学术语描述着他们的实际经验,用他们的身体感受着能量转换。

总结

在这一案例中,里维拉女士在意料之外的学生观察结果中看到了机会,战略性地把课堂无系统的科学经验——语言及图表形式,与有关科学概念的具体运动形式联系起来。通过这一联结,她验证并且澄清了学生的见解,使它成为更广泛的科学活动的基础。我们不会认为,里维拉女士也不会觉得,透过这一活动那些5到7岁的孩子就能理解能量守恒定律,就能牢牢掌握势能或动能的概念;当然,为这些年幼的小学生介绍这些概念,使其了解科学思考方法也是一种求知与探究的途径,还是比较适宜的。

里维拉女士的行为就是一种训练有素的即兴教学,因为她对曼纽尔的回应是即时生成的,但深受她的科学思考和科学实践观所影响。特别是,她所教授的科学课不仅涉及对专业术语的使用,还包括语言、图表形式及具体行动的创造性的整合(内米洛夫斯基和波尔巴,2004;欧克斯,冈萨雷斯和雅各比,1996)。她的课堂为学生们引入了一种真实并具有发展性

第十一章 有章可循的即兴教学有助于拓展幼儿的科学思维

的恰当方法获得科学见解：切身理解科学概念，检测科学概念（帕伯特，1980）。

这是一堂由某位学生的洞察结果引发的即兴的科学课。里维拉女士很好地处理了倾听、探讨学生见解与使之联系科学实际这二者的紧张关系。这节课的灵感直接来自于曼纽尔的个人经历与所学科学知识之间所产生的联系，但这节课又在一些重要的方面拓展了曼纽尔的经历与知识之间的联系。第一，里维拉女士组织了一项活动，让所有的学生都有机会将基本的物理概念与他们的具体经验联系起来。第二，通过要求全体学生用科学术语说出他们上山下山的各个步骤——这样也帮助思考，里维拉女士使隐含在曼纽尔观察结果中的科学知识更加清晰明了。在训练有素的即兴教学中，里维拉女士能够澄清和拓展某一学生的思考，为全班学生的科学学习创造了更多的机会。在她的即兴课堂中，她有效地处理了既让学生清楚表达及鉴别自己的思考，又使其更清楚地联系科学知识这一矛盾。

小 结

在即兴教学中，学生和教师都积极地参与到这一开放课堂中来。然而，他们参与的方式是大不相同的；学生带着他们的想法与问题来交流互动，而教师则为学生们进一步的调查与活动提供引导和指南。对以建构主义为导向的教师来说，既给学生足够的空间用来表达及探索他们的想法，又引导他们进入重要的学科实践中，是一大本质挑战。在没有得到指导的情况下，学生们不太可能独立发觉学科概念。但是，没有能够形成自己想法的机会，孩子们关于这一学科的思考也是站不住脚甚至范围狭隘的。对于处理这一教学矛盾而言，训练有素的即兴教学是一种可贵的资源，因为它让教师能够倾听孩子们的观点，以便完善和拓展它们的学科意义。

根据对里维拉女士和罗塔森尔女士课堂的观察，我们发现：当教师创造机会让孩子们去观察及分享观察结果、利用他们的见解设计活动、然后把这些反响作为思考的起点而不是去评价它们时，这时的即兴教学就比较成功了。就像我们在这两个案例中展示的，教师倾听学生所言，利用他们的想法来设计其学科学习的有效途径。确切地说，教师利用训练有素的即

▶ 创新型教学中的固定程序与即兴发挥

兴教学为学生提供改善思维的学科工具，设计课程以拓展学生即时的学科见解。通过这些即兴的互动，孩子们学会了如何投入到有效的学科学习中去，这也很符合建构主义的求知与教学方法。

就像索耶（第一章中）所建议的那样，本章的分析强调了拓展教师对专业技能的理解这一需要。要想有效地教授学科内容，教师就必须学会发掘学生想法中的潜在意义，并在此基础上拓展学科学习的方法。这不是一项简单的任务，但通过研究有效即兴教学的案例，我们可以逐渐发现一些操作技巧，让教师创造性地、娴熟地完成这一任务。

第十二章

数学课堂上的即兴理解

林登·C.马丁 琼·托尔斯

在许多数学课堂中，学生的学习主要通过识记来完成；他们记忆计算过程，比如说如何乘两个分数，然后，他们通过解决类似的问题来接受评估。只要他们记住求解过程就可以。通常情况下，这种方法存在的主要问题是学生无法对数学思想和概念获得更深的理解——例如，分数代表什么？它和一个小数、比率，或百分数有什么相似之处？两个分数相乘意味着什么？数学教育领域中的专家几乎都同意，理解数学思想和概念是数学课堂一个关键的及预期的组成部分，并且教师也在努力以有意义的方式教授学生理解数学。几乎所有的老师都认为理解涉及的不仅仅是程序知识，还包括推理能力和充分理解所学知识的能力，但要把这些转化成可在课堂中操作的具体教学策略，仍然是一个挑战。

在过去的二十年里，教师教育计划强调建构主义和合作的教学方法，因为有关科学学习的研究进一步证实了这些方法有利于更深入地理解和更好的记忆（达琳·哈曼德和布朗斯福特，2005）。这方面的努力在美国的数学教育领域特别普遍。例如，全美数学教师委员会一直强烈提倡使用这些基于研究的教学方法（如全美数学教学协会，2000）。尽管有这些努力，但在北美从幼儿园到12年级的儿童教育中，传统的、强调预测、测验和课堂控制的教学模式仍占主导地位。在美国由雅各布斯、希伯特、嵇文、维尔米、霍林斯沃斯、盖米尔（2006）和其他人（例如，希伯特·斯蒂格勒，2000）主持的研究显示，现在美国的数学教学更像是20世纪经常报道的传统式教学（古巴，1993），而不像许多教育机构或像NCTM之类的国际组织提倡的那样，是基于研究的教学模式的一种反思。尤其切合当前

▶ 创新型教学中的固定程序与即兴发挥

教育强调效率、标准化和问责的政策背景——尤其是涉及"高标准"测试——是许多国家的学校改革极有可能选择的备选方案（如美国的不让一个孩子掉队的评估方式；英国的法定评估测试；加拿大安大略省的教育质量和问责办事处的评估；日本大学入学的全国统一考试）。

而教师必须处理一对教学矛盾：一方面，要求教学旨在有效地提高每个学生的能力，对这些能力可以进行严格定义和标准化评估；另一方面，要求教学能使学生随时深入有效地了解数学概念。在这样的课堂中，学生有机会通过一个创造性的求索过程来构造自己的知识。在这本书的引言中，索耶称之为课程矛盾——需要教师在遵从行政规定的同时为学生提供学习所需的创造性活动空间。教师将之归结为一大矛盾的原因之一，就是由于要想在这两种不同情境下扮演好教师这个角色，就需要各种不同的专业技能，而这些技能往往又是相互冲突的。

基于索耶在引言中总结的研究，我们认为教师专业技能不仅包括拥有大量知识，而且还应该能够把这些知识按照实际情境需要以一种创造性的、及时反应的方式运用于实践。例如，数学教学技能就包括学会识别与回应学习者形成的各种数学理解。马图索夫（1998）指出，"参与者熟练掌握共同活动中的技能，这一行为是不能被割裂开来的，也不会变成不关乎情境的个别技能，因为在共同参与的活动中，各个成员常常会成为情境的推动者，他们也会不断地影响彼此间的行为。"（第332页）我们认为这种"技巧性掌握"是一种即兴实践，如果观察者追求的是一些明确的目标，如与学习者交流，良好的时间管理，定期正式的评估，以及每节课具体的学习效果等以及更多的由国家规定的脚本化结构化的实践，那么就看不到这种"技巧性的掌握"（例如，儿童部、家庭和学校，2006；《不让一个孩子掉队法案》，2001）。

尽管有这些压力，甚至大多数教师仍以一种传统的方式教学，但是越来越多的教师也在回应着这些研究结果，尝试超越传统的教学形式并提高着我们前面描述的专业技能。希伯特、卡彭特、芬尼马等人（1997）指出，"大多数老师会说他们希望他们的学生理解数学，事实上，他们也是为理解而教的"。然而，不幸的是，研究文献显示许多形式上的课堂实践都是打着"建构主义教学"或"合作学习"的幌子，这些课堂中到底哪些

第十二章 数学课堂上的即兴理解

实践促进了学生的理解也是不能言喻的。我们相信即兴教学所隐含的意义能够帮助我们区分到底哪些课堂实践能够引导数学理解。本章中，我们探索教学矛盾，试图更精准地识别那些促进集体对数学理解的课堂实践和教师行为，从而彰显我们所重视的教师专业技能。为了使这些实践清晰可见、易被理解，我们从即兴创作的视角来探讨集体的数学理解现象。

数学理解的即兴发挥过程

在研究中，我们关注的是各种共享或合作的数学学习形式，我们会观察一组学生，不管几个人，在一起探讨某一数学问题。我们眼里的数学理解并不是所要达到的一种终极状态，而是在响应式的合作、互动及学生或师生间有目的的讨论中形成的一个动态过程。我们认为这种共享与合作的过程在本质上和形式上都是即兴的。这一特性不仅提示了参与者如何描述以加强理解，还提供他们一种有效的方法来思考那些鼓励理解的潜在教学策略。

从广义上说，即兴教学就是一个"自发行动、相互影响和交流"的过程（戈登·卡尔弗特，2001）。它就是通过对参与者进行一种应答某一环境与情景的刺激，来使他们即时产生的共同行动、相互影响及反馈，并共同创造的实践活动。在谈到即兴教学过程时，罗勒德和斯托（2000）注重"教师是否能将多样的、自发的、开放的课堂反应融入一个连贯的整体中去"，这也表明我们日常生活中的行为实质上就是即兴的。在某种意义上，所有的人类行为都是即兴的（埃里克森，2004；索耶，2001）。普勒斯（1984）写道：

> 在一定程度上，我们都是无法预知的，我们都在即兴发挥。除此之外，我们所做的就是不断地自我重复或遵循指令。因此，在人类努力的各大领域中，对于形成新理念而言，即兴发挥就变得尤其重要。它的重要性就经验性地取决于它的神奇性和自我解放性。科学地讲，它的重要意义在于向我们展示了暗含在行动中的最清晰以及最新的思考方法。

我们认为，透过即兴发挥的视角，我们能够观察并发现数学理解不是

创新型教学中的固定程序与即兴发挥

简单地存在于任何一个体的头脑或是行动中。相反，它在共同参与的即兴活动中，产生于大家的思维碰撞之中。对于加深集体的数学理解，我们的看法和斯塔尔的观点是一致的："集体的理解是由各个成员共同作用而产生的，并不是个体单独形成的。它是相互讨论、相互影响而即时形成的一种财富，并没有局限于某些个体的观点或理解。"因此，我们把增强集体的数学理解视为一种动态的、创造性的、不断改变的互动过程，在小组合作学习的讨论过程中诞生共享理解。使用"共享"一词，并不是为了表明"各种理解正好重合了或是大家分享其共同点"，也并非"某些成员把他们所知道的告诉其他人"，而是想说这些理解是产生于"讨论的互动中，不能认为是来源于任何个人"（斯塔尔，2006；马图索夫，1998；索耶，1997b）。

一些研究爵士乐和剧院中的即兴创作的学者认为，那些共同特征非常重要，也是它们界定了即兴创作的主要特性。柏林（1997）声称："对某一个音乐家的创造过程的研究不足以捕捉到爵士乐的本质，因为不像其他任何表演，爵士演奏是一种集体的、临时发挥的表演"。索耶（2000）在思考即兴剧院的合作表演时，认为"在一次集体的即兴创作中，我们不能就某一个表演者而判定这个表演是否新颖，因为这种表演是合作完成的"，尽管每个人都有所创新的贡献，但是这些贡献只有在被其他音乐家领悟、吸收和共同协作的情况下，它们才有意义。这种表演是所有演奏者共同参与完成的，这类表演在开始之前都是没有定型的（确实，完成之前都是不定的——都是即兴表演的结果）。

我们认为一群学生在一起学习数学的情况也同样如此，通过这种视角可以把一起学习看成一次临时的、富有创造性的数学表演，只有在各个成员的共同协作下才能完美落幕。下面，我们发现在增强数学理解的过程中，有三大主要的即兴发挥元素是显而易见的（也对其至关重要）：存在多重可能的方法，呈现共同创造的框架以及引导即兴创作的合作规范。对这三大特征进行描述之后，我们通过大量实例阐述数学教师在课堂上是如何表现这些特征的。这里我们所提出的观念是基于多年来对数学理解的观察研究所得数据的分析之上的，并由我们所研发的、以助于解释这些数据的理论所支撑（基伦，2001，关于我们的集体"研究过程的讨论"）。

第十二章 数学课堂上的即兴理解

各种潜在的方法

索耶（2001）在阐述即兴戏剧院和口头表演的本质理论时，提出了合作演出的许多关键特质。（1）尤为重要的是"潜在的"这一概念，也就是整体在表演中所表现的行为方式的不可预见性。（2）尽管即兴剧场的表演可能会出现一些事先规划好的严格脚本化的东西（一部分是因为临时对话的自然流露），而事实上，表演过程中的任何时刻都会存在着许多不同的表演方式。（3）索耶（2001）指出，"一个即兴的剧本意味着，演员们每一步都有很多貌似合理的、非常连贯的表演方式。演员们的共同合作发挥很快就能形成数百种可能的表演形式。"（4）任何场景的表演之初都存在着无限潜能；正在此处演员们拥有最广泛的选择，"由谁来引领这一场景，取决于所有演员的瞬间决定。"

共同的结构与惯例

当然，正是这些参与即兴创作的人的行为决定了这些潜在表演的性质及怎样将其发展成一次连贯的表演。有一系列可能的方法，但参与者必须谨遵索耶（2001）所称的"即兴创作的第二准则：切忌在头脑里形成脚本"。这条准则道出了一个重要的事实，那就是：在即兴表演过程中参与者愿意让表演框架和剧本随集体行为而发展，而不是去预测、规划和猜测其他参与者会有什么反应。索耶（2003）评论道：有意预期也会"阻碍引领者密切倾听搭档的反应并作出相应的回应"（P.56）。作为一种引发集体行动方法的倾听这一概念，曾被戴维斯（1996）广泛讨论，他认为这种响应式的仔细倾听是一种"解释学"，在所观察到的相互协商共同参与的互动中清晰可见（P.113）。很明显，这种倾听符合在即兴框架中激发潜能的要求，这是必要的。的确，我们会说明解释学上的倾听能够有效地被看成是具有即兴发挥特征的。

相比之下，对于即兴发挥中最初建立的潜能，索耶（2000）表明，因为这种潜能，演员们在表演之初就会产生一个共同创造的结构，这一结构

创新型教学中的固定程序与即兴发挥

此刻会限制演员们在后续场景中的表演。为保持连贯，后续的表演必须符合这一结构，当然也会有所添加。这样，在个人的表演与集体结构一同出现时，它们之间的相互作用就会变得很复杂。伯林纳（1994，1997）在谈论爵士乐的即兴表演时，把这种集体结构的发展视为"形成一种惯例"。确切地说，在音乐背景中形成一条基线就是"对节奏共同感知的协商"，是一个使表演发挥得淋漓尽致的微妙的基本过程。

这种"惯例"是蕴含在使即兴发挥连贯有效进行的结构之中的元素，所有表演者都有责任去共同保持它。这就要求他们在迎合曲子不断发展的结构特征时，既允许节奏的微妙波动又要避免大的变化。索耶（2003）用更加普遍的"相互同步"现象，对合作结构的形成过程进行了描述。根据康登和奥格斯通（1971）所做的研究，协作同步指的是两人或多人表演时在节奏和时间上的相互协调，这样由此产生的即兴活动只能被"视为一种共同完成的协作过程"（索耶，2003：38）。索耶进一步发展了"团体智慧流露"这一概念，指的是"一切都是自然生成的"。当然，这并不是说协作同步或是团体智慧流露总是出现在团体合作中；的确，伯林纳（1994）把它称为"神奇的瞬间"，也就是说团体智慧流露既是短暂的也是稍纵即逝的。然而，柏林也指出"即兴创作的至高境界在于全体成员共同形成惯例"，这就道出了那些不能归于任何个人贡献形成的协作活动和时刻的重要性与影响力。

礼仪规范与群体的智慧

很多惯例都限制着即兴表演的形成和群体智慧的出现（贝克尔，2000；柏林，1994；索耶，2003）。贝克尔（2000）把这些惯例称为即兴创作的"礼仪"；比如说，每个人都应关注其他表演者，愿意调整他们手中的工作来"迎合一些指明一个有趣的新方向的小线索"。贝克尔（2000）发现了这里礼仪的微妙性，就像每个表演者所理解的：

> （22）每时每刻，参与即兴创作的每一个人（几乎是每个人）都在提议下一步的行动。当人们仔细倾听对方时，所提出的其中一些建

议开始被采纳，而其他那些与发展方向不那么一致的建议就半途作废了。这样，表演者就会形成一个典型的集体方向，比他们任何一个人提出的建议都要强大，仿佛它有着自己的生命历程（P.172）。

注重"倾听群体的意见"就是索耶（2001）所说的"即兴创作的第三准则"，他再一次指出了即兴创作中倾听的重要意义。索耶（2001）评论说，从未即兴创作过的人"关注的只是那个独唱者，忽视乐队的其他人；他们不明白音乐人之间是有很多对话的。倾听的能力对一个音乐家来说是最难学习的一门技能，我总能区分哪些爵士乐手是新人，因为他们演奏时没有去倾听。爵士乐即兴表演的一大独特的本质特征就是注重群体的互动"（P.19）。

"倾听群体的意见"意味着当某人的表现明显优于他人时（在整个小组都这么认为），接着"其他所有人都会放弃自己的想法，立即参与到这个更好的点子上来"（贝克尔，2000：175）。当然，这就需要懂得何为"更好"的，怎样来识别它。有趣的是，贝克尔也表明在协作的即兴创作中，当人们在他人基础之上或是紧随他人的引导时，他们"在创作过程中也可能集体改变评优的标准"，这就形成了活动前无法预期的一个创新产物或一次演出。

即兴教学中数学理解的实例

在这里，我们通过思考一些视频摘录片段来举例阐明我们的思想。第一个片段突出的是加拿大小学生的特质，第二个是关于英格兰中学生的特点。我们特意完整地摘录这两个片段，避免了通常断断续续的摘录不完整的情况，并且对其中的片段进行评论和注解。这也符合我们所宣称的：这些片段就可以被视为临时的即兴表演，我们很好地、完整地倾听了它们。

在这两个摘录片段中，各组学生都没有"解决"他们所面临的难题。实际上，第一组提出了一个不正确的答案（虽然他们后来找到了正确的解决方案）。但是，我们这里的重点不是他们数学答案的正确性，而是他们数学行为及合作行动的即兴特征，以及这些特征怎样帮助概念的深入理解，尽管这需要更多努力。这也符合我们的断言：最好把数学理解看成一个自然生成的构思过程，而不是一种追求的终极状态。

摘录片段1

我们提供的第一个资料摘录突出的是，三个加拿大的六年级学生如何在一次由本文作者乔塔主持的访谈中解决一个难题。这些学生面临的难题是：计算一个平行四边形的面积，之前他们都没有学习过这个图形。在这次任务访谈之前，学生们学习过计算正方形、长方形和三角形面积的方法，但是没有计算过平行四边形的面积。这次访谈是在这学年的最后一个星期进行的。这三个学生也是经他们教师挑选的"优等"生，这学年期间他们没有在课堂上合作过。教师之所以推荐他们是因为他也很想看看，在面对新的数学难题时他们能做些什么。（注意，记录中我们使用"……"来表示说话的短暂停顿）

1　访谈者：好，那么这里我向你们展示的图片稍有不同。（她递过一张画有一个平行四边形、却没标明其面积的纸片）

2　纳塔利：我想这是一个平行四边形是吗？

3　访谈者：嗯！这是个平行四边形。答得很好。我想，你们是否能够帮我找出计算它面积的方法。如果你们需要的话，我这儿有很多尺子让你们使用。

4　纳塔利：可以试试……测量一下……各条边长。（她开始量其中最短的一个边）

5　斯坦利：10厘米。

6　纳塔利：嗯。那也是10厘米对吗？（她指着一条对边）它们都是10厘米，上面一条更长，它是……

7　托马斯：……是18厘米。

8　纳塔利：对，那么这是10厘米……这是18厘米（她把这些数学标在了各条边的旁边）。好的，因此，我们就可以……

9　托马斯：……相乘……

10　纳塔利：……求面积的话，对，10乘以18……看看我们可以得到什么结果。

第十二章 数学课堂上的即兴理解

11 托马斯：结果是这样的……

12 纳塔利：对（停顿了），如果我们这样做的话……就能得到它的面积吗？

13 斯坦利：但是，看看它的形状。

14 纳塔利：我知道，这就是我想说的，这可能不对，因为这个形状——它有点……

15 斯坦利：好。等等，我知道了……在这里和这里画一条直线，我们就和得到两个三角形和一个正方形。（他在平行四边形上添了两条线，见图12-1）

16 托马斯：哦，我懂了……

17 斯坦利：现在，这些三角形……我想……

18 托马斯：是面积的一半？

19 纳塔利：这些三角形相加的面积就是这个正方形的面积。那么，如果我只要量得这些三角形的面积……

20 斯坦利：再乘以2。

21 纳塔利：对。因为这两个三角形组合在一起就是这个正方形，对吧？[他们总结认为（错误地）外面两个直角三角形的面积和里面长方形的面积是相等的]

22 托马斯：这将是对的。

23 斯坦利：我认为……

24 纳塔利：那么如果我们……这条边是多少…这样的话它不再是18厘米了。因为我们把它截断了……它会是12。（她量了一下所得三角形的边长）

25 托马斯：这条还是10厘米。

26 纳塔利：这条边是……不会是10厘米了。（她指着长方形的宽，也就是平行四边形的高）

27 托马斯：比如说是，8厘米？

28 纳塔利：对，这条边是8厘米，因此……

29 斯坦利：然后用12乘以8……结果是……

30 托马斯：……是……90……

创新型教学中的固定程序与即兴发挥

31　斯坦利：对，是96平方厘米。（这就是里面的长方形的面积）

32　托马斯：……6。

33　纳塔利：那就用96乘以……

34　斯坦利：96乘以2，恩，96……

35　托马斯：100……我说的不是100整……是180嗯……3？

36　斯坦利：90-3……

37　纳塔利：96。一个96。

38　斯坦利：对。

39　纳塔利：怎么会是这样算的？2乘以6是12，90……乘以2。

40　托马斯：那么是一个90乘以2。

41　斯坦利：对，一个90乘以2。

42　纳塔利：……这就是那个图形的面积。那么整体图形的面积就是……

在这一摘录片段中，学生们致力于共同理解计算平行四边形面积的方法，虽然这也得益于一些个体的贡献，但是我们看到一个共同理解的诞生——那就是，我们可以把平行四边形中所有三角形的面积乘以2，就能得到这个平行四边形的面积。尽管这些学生是在访谈的情境中探索这一问题的，然而他们并没有过多地在意访问者的存在。相反，他们集中精力探讨这一难题。他们对这一问题的投入使人印象深刻：学生们在共同解决问题时，如此全神贯注以至于没有注意到下课铃声，更别说这是学年的最后一天。

图 12-1　带标识的平行四边形

摘录片段2

第二个摘录突出的是来自英国十年级（相当于北美的九年级）中等班的两个学生（瑞秋和克里）的特点。这部分描述的是一节90分钟的课程，这节课的重点是探求圆中的任意分割部分的面积。按照计划，这节课是问

第十二章 数学课堂上的即兴理解

题解决课。教师向同学们提出了一个问题：要求全班同学去想象一个蛋糕，在黑板上画成一个圆，然后思考一下怎样求得蛋糕表面任意一块（扇形）的面积。（见图 12-2）

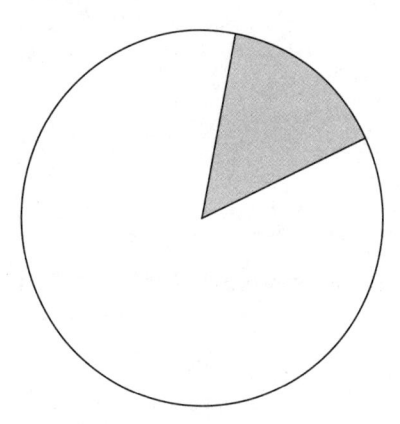

图 12-2 标有扇形的"蛋糕"

教师并没有具体规定某一部分的大小或是整个圆的面积，对学生提出的问题是学会计算出蛋糕中任意一部分的面积。瑞秋和克里最初合作解决这一问题时，选择计算的"一片"占这个半径为 6 厘米的圆的四分之一。课堂的后期，教师再一次把全班同学聚到了一起将研究进一步推进，要求学生们计算圆中所切割的部分（即去掉扇形中三角形阴影部分所剩下图形的面积［见图 12-3］）。这里，一个可能的方法就是算出三角形的面积——利用三角法——然后从原来所得的扇形面积中减去它。答案就是圆中所切割部分的面积。克里和瑞秋回到最初的四分之一圆的例子中，发现一种计算切割部分面积的方法，也就是先求得一个边长为 6 厘米（圆的半径）的正方形面积的一半，然后再从扇形面积中减去这一结果。（见图 12-4）

当教师再一次走到他们的课桌旁，对他们的方法提出了疑问，他们又一次找到了针对圆特定部分的计算方法。此时，瑞秋和克里开始拓展他们的方法，首先尝试了另一个特例（一个 30 度角的扇形）。他们意识到 30度角是直角的三分之一，进而把之前的结果（圆的四分之一）除以 3，通过这种方法来解决这个问题。这种方法并不对，因为 30 度角的扇形所切割的面积不等于 90 度角的扇形所切割面积的三分之一。

— 227 —

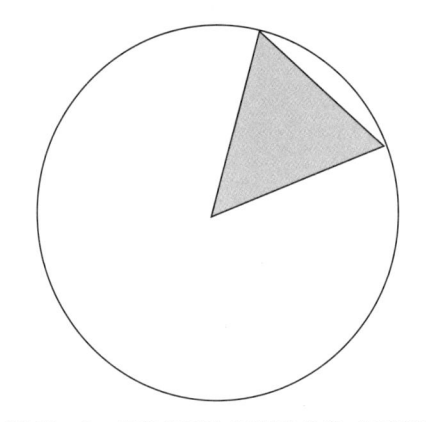

▶ 创新型教学中的固定程序与即兴发挥

图 12-3 标有扇形和切割部分的"蛋糕"

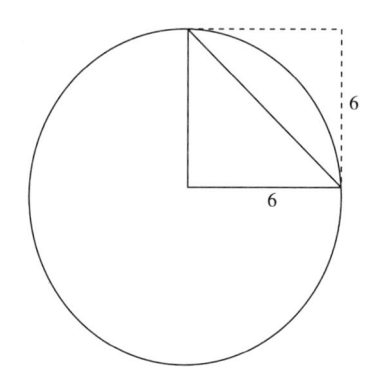

图 12-4 画有正方形的圆

虽然他们相信自己的方法是对的，但还是被它的特殊性所困扰。他们有办法计算 30 度角扇形所切割的面积，因为它是 90 度的一"部分"，但是却不可以用这个来计算"像 22〔度〕这样的情况"（见图 12-5）。

43　克里：我们一直涉及的只是这些（直角），谈到的也是把它除以 3。

44　瑞秋：对，如果碰到 22 度的情况这方法就不顶用了。

45　克里：对啊，计算 22 度的情况这方法就不能用了。我们就不知道怎么办！

46　教师：嗯，你们可以的，因为它是。

47　克里：因为我知道直角是。

48　教师：圆的一部分。

— 228 —

第十二章 数学课堂上的即兴理解

49 克里：对啊，如果我讲的是 18 度或是一些我们不熟悉的角度。

50 教师：好。告诉我，在计算这一图形（30 度角的扇形所切割部分）的面积时你们想到的是什么？你们真正做的是什么？

51 镜头下的学生：我们在努力计算这个三角形的面积。

52 教师：好的。

53 克里：那是我们想做的，但我们办不到。

54 教师：好吧。你怎么……突出那个三角形（从 30 度角的扇形中），帮我在那画出来。写下关于这个三角形所有的已知信息。

55 克里：(作图中)……边长为 6，是 6 厘米……其中一个角是 30 度，两条边为 6 厘米……

56 教师：很好。我们对这个三角形还是所有了解的。怎么计算一个三角形的面积呢？关于这些信息我们知道些什么呢？我们知道底边长吗？（她指着学生画的三角形，也就是所要求的面积；见图 12 - 5）

57 瑞秋：知道……

58 克里：不知道……

59 瑞秋：知道啊……是 6 厘米啊。

60 克里：不对，不是 6 厘米……

61 瑞秋：为什么不是 6 厘米呢？

62 克里：因为半径是 6 厘米，但它并未穿过底边。

63 瑞秋：但是，肯定的是，从圆心到圆周任意一点都是 6 厘米对吧？

64 教师：这就取决于你们把哪一条边称为底边，对吗？如果你们把这条边看成底边的话，那么这条边长你们是不知道的。（指着在图 12 - 5 上作的一条垂线）

65 瑞秋：不知道，其实我指的是这两条线的其中之一为底边……

66 教师：你将把那条称为底边……

67 瑞秋：这种情况下底边就是 6 厘米……

68 教师：那好，假设你们知道底边为6厘米。

69 瑞秋：是6厘米。

70 教师：现在，我们就得找到高，这不是高，是吧？

71 瑞秋：因此，我们将利用诸如三角法之类的方法，三角法中如果知道角，如果这个角（半径与和弦所形成的夹角）是个直角的话，那么高就是……

72 教师：呃，但它不是啊。

73 克里：这不是个直角。（指着半径与和弦形成的夹角）

74 瑞秋：哦，它不是直角，是吧？

75 克里：所以我们不能用……（迟疑了）

76 教师：让我们把这条边看成底边。（和弦）

77 瑞秋：（很激动地）哦，你会把它分成两段对吗？

78 教师：（笑了）

79 瑞秋：嘿嘿！

80 教师：我们现在做的近段时间有涉及过，有吗？

81 克里：测试的时候。

82 瑞秋：是的。我们在测试中做过的。

83 教师：对，在测试中……我们在家庭作业中也做过类似的两个问题。

84 瑞秋：有吗？（开始查阅她的练习册）

85 克里：哦，对啊。我们做过的。

86 瑞秋：哦，就在这。是的。（指着她的练习册）

87 克里：这里。

88 教师：好了吗？（开始进行下一步）

89 克里：是的。这里我们得反其道而行之。

90 瑞秋：哦，对……高就等于（瑞秋把和弦的一半标为"a"，见图12-6）6乘以 tan15°是吧？（正如视频后来所显示的，瑞秋错误地认为这个三角形的垂直平分线就是6厘米）

91 克里：我不知道……

92 瑞秋：我们最好自己回顾一下……看，我在这儿是怎样做的？（又回到了她的练习册中）。

93　克里：打扰一下，这里你是这样做的！

94　瑞秋：哦，不是这样的……

95　克里：不是这样的，看……

96　瑞秋：但那情况不一样，因为我们必须找出这个角度。

97　克里：但是在这里，我们得找到上面的所有角，不是吗？

98　瑞秋：看，这就是一个，我们得从这把它分成两半。

99　克里：那么，高就等于 tan15°……

100　瑞秋：看，原来你在那儿啊，我们可以？老师？（在研究课本）我们可以这么做吗？因为高就在这里，我们可以用 6 乘以 tan15°吗？

101　教师：你们是把这个角分成两半吗？

102　克里：哪个角是 15°啊？……

103　教师：那么就是 tan15°……为什么这条边是 6 厘米呢？（指着三角形的垂直平分线）

104　克里：不是 6 厘米。

105　教师：确实不是 6 厘米。

106　克里：我们不知道它是多长。

107　瑞秋：哦……（停顿了）

108　教师：这才是 6 厘米长，是吗？半径是 6 厘米。

109　瑞秋：嗯，这是斜边，亲爱的。（不确定）

110　克里：那么就不是 tan 而是 sine。

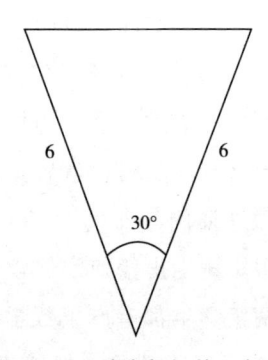

图 12-5　注有标识的三角形

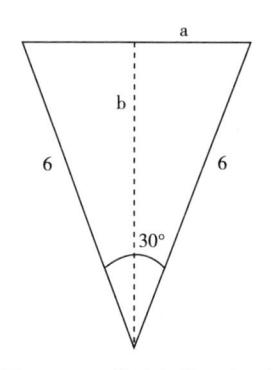

▶ 创新型教学中的固定程序与即兴发挥

图 12-6 带注解的三角形

本节选片段中，我们发现，这个小组对如何计算圆中的切割部分的面积这一问题逐渐形成了一个集体的理解——把它看成是圆中扇形去除其中三角形所剩下的部分。和节选一中的那组学生一样，他们都很专注，从其明确的动机就可以看出来（事实上却是一种干扰），对这个问题寻求解决方案有种献身精神，并非仅仅学会获取一个答案然后继续别的事。虽然学生也不时地向教师寻求帮助，但他们从来都不是只寻求一个答案；而是在咨询一个让他们继续合作探索的建议。

分析数学中的即兴创作

这两个摘录及学生们合作探究的方法有很多有趣的地方。我们希望特别关注一下这两组学生形成的同步互动情况。特别是在节选摘录一中，谈论过程好像只有一个学生（而不是三个）在发表意见。其他学生只是在补充他人的发言而已——而且，不仅如此，他们似乎异口同声似的。的确如此，我们几乎可以去除摘录上发言人的名字，读起来就像一次独白似的。虽然并不明显，但第二组的情况也差不多。当探究行动和数学思考从小组成员中似乎这样毫不费力地潺潺流出时，就感觉这个小组正形成一种协调一致，他们正"形成一种数学惯例"。

相互影响之下，我们很难辨别出任何个体学生的数学理解是如何变化的。通过仔细倾听对方，两组学生都有产生数学共鸣的时候。这时所产生的数学是合作形成的，每个学生所做的贡献都建立在其他人的基础之上，

第十二章 数学课堂上的即兴理解

而且促进了恰当的数学行动的继续向前。这一点与索耶（2000）的意见也是不谋而合的，即"在一次整体即兴演奏中，我们不能根据任意表演者个人而判断这个表演是否具有创新性，因为演出是合作完成的"，以及尽管每个人都贡献了创新的东西，但这些只有在"被其他音乐家所理解、吸收和协作的情况下"才有意义。观看录像带时，可以清楚地看到学生们真正地在倾听对方，关键的是，倾听他们的搭档所提出的数学观点（无论这些意见是以口头、肢体语言还是书面形式呈现的），这些即兴的合作行为（马丁和托尔斯，2009；马丁、托尔斯和皮里，2006）使他们共同形成、共同增强对数学的理解。正如贝克（2000）所谈到的爵士乐演出者一样，"那些即兴创作者由于本身缘故，就在努力解决难题或是表演一次盛宴，因为演出就在那等着去被完成，他们愿意把自己投身于共同创作中"，这里所说的和这两组学生的情况也一样。在这两个探讨过程中有一种强烈的使命感（听录音时，这种感觉更明显），始终优先考虑有意义的东西及有用的数学行为。

现在，我们转而关注一下之前就提到的即兴创作所蕴含的三大具体要点。它们对增强整体的数学理解至关重要。

可能蕴含多种方法

在节选片段一中，当学生们面临着计算平行四边形面积的难题时，他们最初提出了各种计算提议。我们发现，他们倾听各自的意见，但是没有哪一个提议马上就被采纳了，也没有被否决。这就可能出现多种不同但都适宜的办法。在这一阶段，无法预测将展开怎样的互动，也不能预测小组合作之后能产生什么样的解决方案。纳塔利带头测量图形的各边长（第4行）。斯坦利和托马斯紧随其后。托马斯建议用乘法（第9行），只有纳塔利比较赞同，她认为计算面积就得用乘法（第10行），但是没人可以自信地认为这是一个合适的解决方案。突然，斯坦利在图形中（见图12-1）添上两条线，说"在这里和这里画一条直线，就可以得到两个三角形和一个正方形"（第15行），小组成员一下子精神焕发，似乎他们全体意识到了可行的计算方法。

▶ 创新型教学中的固定程序与即兴发挥

同样，第二个节选片段也具有一种不确定性，而不仅仅是一个从问题到解决方案的简单流程。学生们最初也不知道怎样计算这个三角形的面积；的确，在这次录像之前，他们有办法计算和这个图形不同的其他三角形的面积，但只是因为它们处于正方形之中。当不得不放弃这个方法时（因为他们意识到对于这些不能整除 360 的度数，如 22°，这个办法是行不通的），他们开始四处寻找新方法使其能够继续探究。教师的介入（第 50 行）帮助他们集中关注这个三角形，在后面的时间内学生们首先确定三角形的底边（第 59～76 行），然后寻求计算其面积的方法。在录像后期，他们又不能立即确定该用哪个三角函数，以及怎样运用它，他们一起搜索之前的可以在新情况下有所借鉴的例子（第 92 行往后）。

索耶（2000）指出，"一个即兴的剧本意味着，演员们每一步都有很多貌似合理的、非常连贯的表演方式。演员们的合作发挥很快就能形成数百种可能的表演形式。"（P. 183）我们相信这里所呈现的两个实例也同样如此：选择坚持初期工作所提出的参考意见就会导致出现不同的数学理解。

出现一个整体结构

在这两个案例中，我们可以发现学生们形成了一种整体结构，一个对数学的共同理解，这一结构开始时"限制演员们在后续场景中的表演"（索耶，2000：183）。节选一中，可以发现从第 15 行往后，学生们就决定采纳斯坦利的意见。节选二中，当学生们"玩转"这个三角形时——确定底边、高等问题时，耗费了稍微长的时间。然而，一旦确定用三角法解决后续问题时（第 71 行），整个小组接下来就只坚持这一想法。这时，无论如何问题涉及的就不只是一个圆了，而是探求一个三角形的高。当然，我们并不是说这个整体结构只是瞬间地存在于这些点，而是整个小组的后续工作都要来发展这个意见使它不仅仅是一种潜在理解，之后，小组成员也不再引入任何新的数学方法。

正如之前所表明的那样，为了保持连贯性及促使即兴创作向前发展，后续行为必须符合且拓展这个临时产生的结构。就增强这两组学生的整体理解而言，如果某一学生突然争论另一种探究方法（就算是对的），这也未必有什么益处。这样做只会把焦点转移到某一个人或是他们的意见之上而不是聚焦于那些"集体想法"，从而阻碍小组中正形成的整体数学理解。当然，也有些时候需要某些个体来充当催化剂，改变整个小组的研究方法。但是只有当这是一个整体需要时，当整个小组都意识到此时的方法行不通的时候，这才是最有效的。这就特别暗示了在即兴创作过程中，教师可能发挥哪些作用。是提供向前的可行方法还是叙述最终答案，这需要教师很好地权衡。当集体结构发挥作用时，如果某一个个体——无论是教师还是学生——扰乱了集体数学行为的一致向前，很可能会阻碍而非促进整个小组数学理解的不断增强。

形成理解的礼仪规范

在我们的示例中，每组学生的注意力都高度集中；他们倾听在彼此及共同行动中形成的数学见解，这就是贝克尔称之为即兴礼仪的协调。贝克尔（2000）评论说，如果演奏者不仔细倾听，并在必要的地方"服从"整体意见，那么这支音乐便会"沉闷下去"，各个演奏者除了演绎自己的"陈词滥调"外无所适从（P.173）。这两个节选中，我们都看到了对整体意见的服从，包括愿意放弃个人动机，这就形成了一个整体形象；例如，在第二个案例中，虽然克里最初并不确定瑞秋想把他们引至何处（第95行），她还是愿意紧随这个看似合理的方法，愿意探究当下小组认为最有价值的东西。贝克尔（2000）表示，在爵士乐的即兴演奏中，每个人都在倾听其他乐手的演奏，愿意调整他们手中的工作来"迎合一些指明一个有趣的新方向的小线索"。

在每个案例结束之前，两组学生都共同选择了能使他们前行的方法，有力地舍弃了之前提出的所有意见，青睐于此刻看来似乎"更好"的办法。在即兴创作中，当某人的行为明显更优时（整体看来），"其他所有人都会放弃自己的想法，立即参与到这个更好的点子上来。"（贝克尔，2000：175）数学中，"更好"的标准就在于这个意见是否能引导小组找到解答方案，这一概念在此时的情境中是否恰当是否有用。更好的意见就是

创新型教学中的固定程序与即兴发挥

那些不断增强理解的观点。

在节选片段一中，斯坦利的举动（第 15 行）显然是摘录中至关重要的一步——但这只是因为其他学生准备"紧抓这条线索"，调整他们的发展思路追随一个新方向。然而，正如所标识的那样，小组成员之后意识到"把里侧长方形的面积乘以 2"这一方案是错的，他们继续合作寻求更好的解决办法。他们最终的解决方案（一个与问题中所呈现的平行四边形的特殊性相关，而非概况总结的方案）就在于里侧矩形的面积是旁边三角形面积的 4 倍这一事实（见图 12-1）。

在节选片段二中，瑞秋建议用三角法作为后面的计算方法，小组成员也都意识到这一提议相对于之前的意见可能会"更好"。但是，这还不是她能够单独使用的方法。她需要克里"抓住这条线索"紧随其后。事实上，克里起初不确定是否应该接受这个新的提议；比如，当瑞秋说"看看我们当时怎么样做的"，克里回答说"打扰一下，这里你是这样做的！"（第 93 行）。不管怎么样，克里之后（第 97~110 行）的行动说明她还是同意这个办法的。在摘录结束时，克里提出了关键的建议：用 sine 函数而不是 tan 函数来计算（第 110 行）。

讨论：转向教学

在前面的例子和分析中，我们更多的是关注学生合作学习的方法，以及由此产生的数学理解。在这一部分中，我们将把注意力转移到教师身上，关注他或是她在整体即兴理解形成中所起到的作用。"教学"这一词，我们所指的不只是教师选择与学生交流的方式，更广泛地设置课堂实践，构建有效的学习环境。索耶在引言中把这称为"教学矛盾"：教师如何最优地组织他或她的课堂，塑造有效的创造学习。

在本章所提供的摘录中，可以发现诸多因素来凸显即兴行为的三大要素。我们认为这三大要素是可观测的，对加强数学理解也很重要。它们就是：任务本质、小组性质及教师介入的本质。我们建议教师要注意这些即兴行为，努力在课堂上实行，基于这些，我们向教师们推荐了激发课堂整体的即兴行为与流程的策略。

第十二章 数学课堂上的即兴理解

任务本质

首先，在这两个案例中，向学生所提出的问题都是开放式的，教师也提供各种响应。这些问题似乎很简单，也不存在于实际情境中。事实上，它们显得很突兀，只能用简单的公式来回应。然而，从数学思维的角度来看，我们认为对这些学生来说，它们是很丰富多彩的，能够开启多种不同的数学回应，有各类解决方案。例如，在摘录一中，这三位学生所选择的方案是出乎访谈者意料的，但它却引起了许多有效的数学思考，如果任务更具结构性并且更规范就不会出现这种情况。同样，节选二中的任务为小组学习者提供了广泛的数学探索机会，尽管一开始它看起来似乎还是局限于寻找一个解答方法。摘录片段显示，对于应该借鉴哪些数学方法、怎样把它运用到新的情境中去诸如此类的问题，瑞秋和克里有很多选择。在这两个案例中，学生们都在运用一种不同于解答课本习题的学习风格，课本上的习题内容只局限于要思考和学习的东西。所提出的问题没有一个显而易见的答案，这对于即兴合作行为来说就是一种催化剂，就是索耶（2000）所称的潜在方法的"联合爆发"。

第二，两个案例中所呈现任务的数学水平很合时宜。对这个小组的学生来说，它显然具有足够的挑战性——他们不能即刻"解答"这一问题——但是对他们已有的数学理解水平来说又不会超越太多以至于他们无从下手（参见，克劳伊奇克和布鲁门费德，2006，《对如何"驾驭提问"来构建课程单元结构这个问题的讨论》）。教师很有必要仔细地使每一项任务都与学生已有的认知和理解水平相匹配，因为这样它才具有共同行动的真正需要（参见奇凯岑特米哈伊，1996）。

第三，对学生来说，只能在一个共享的外在表现形式上探究从而发展他们的理解，这一点很重要（索耶和博生，2004）。在摘录一中，整个小组只有一张共享的纸片来进行探究（虽然每个人都有充足的书写工具）。我们观察了同一班级的另一组学生，他们面临着同样的任务，但每个人都有一张自己的纸片。因为每个人都有一张纸，所以他们各自记录着自己的探究结果；甚至当教师鼓励一起合作时，他们还是一如既往地干自己的，只是彼此交流

— 237 —

▶ 创新型教学中的固定程序与即兴发挥

一下不同的解读方案。把整个小组限制在一个共享的纸片上探索、整合意见，这一简单行为就可能激起即兴合作行为和整体性的数学理解。

小组性质

在这两个节选片段中，学生总能在关键时刻（分别从第 15 行和第 71 行就能发现）产生恰当的数学想法，在这之后没有哪个学生会提出改变方向或是毫无益处的数学建议了。两组学生都能巧妙合作形成一个整体的理解。

和爵士乐手一样，如果让能力强的学生合作的话可能会收获很多。这样来组合的话就可能解决柏林（1994）发现的各种问题，包括"缺乏音乐技巧"和"音乐个性不兼容"，也就是"个人偏好的重大差异可能威胁到整体的基础"。在数学方面，个人能力的差异也可能形成这种小组间的差距。我们还是得观察在小组成员数学能力差距显著的小组探讨中形成的整体数学理解，尽管我们并不否认在这样的组合中还是能产生整体数学理解。我们之所以这么说，是发现当小组探讨"卡壳"时，专业技能的差异性又反而利于合作。进一步的研究确保能够帮助我们进一步了解在数学领域个人能力与小组整体能力的关系。

虽然本章中的例子是以小组合作形成呈现的，但我们相信即兴合作也能在更大的群体甚至是一个班级中形成数学理解。在一个成员较多的群体中，整体智慧的形成似乎看起来可能性很小（但也不是不可能）。不管怎么样，即兴表演的原则之一就是并不是每个人在任一时刻都是同等参与的。索耶（2001）指出，在即兴剧场的舞台上，演员们的"入场"和"退场"也是很重要的，并评论说，"那些在此场景没有积极参与的人也会站到或坐到后排或者是舞台的两侧；他们不想妨碍正在进行的演出。但是同时，必须密切关注表演，倾听对白，这样他们才能发现合适的机会以一个新的角色入戏。"

因此，我们相信在整个班级的背景下也可能形成整体理解；虽然并不是每个学生都能随时积极参与到整体理解的发展中来，但仍然会形成一些共同理解而不是一系列的个人理解，只要有适宜的即兴礼仪，仍可能形成"集体智慧"。

第十二章 数学课堂上的即兴理解

教师介入的本质

　　课堂上，教师是集体的一部分——一个完整参与者，但也是一个关于何时干预、如何干预即兴创作的判断者。在以上所提供的第二个摘录中，记录中最引人入胜的是尽管教师开放性地参与到讨论中，但她从来都没有接替学生的工作，或是直接告诉他们怎样做。这里描述的摘录过程中，教师一直都邀请学生来解释他们的思考，以便她能够更好地了解他们目前的理解水平（"告诉我，在计算这一图形的面积时你们想到的是什么……"，第50行）。她对学生的方法提出了质疑［"嗯，但它不是（直角）"第72行］，当学生因把圆的半径作为他们三角形的"底边"而努力探索好久时，她却为他们提供了一个新的视角（"让我们把这条边看成底边"，第76行）。并没有继续解释为什么把这个圆的和弦作为三角形的底边会更好，在瑞秋意识到这一建议的价值时她笑了（"哦，你会把它分成两段对吗？"，第78行），相反，她促使学生自己寻求三角法作为他们继续的方法（"我们现在做的前段时间有涉及过，有吗？"，第80行）。这样的教学要求教师不直接告诉学生答案（至少不是即刻），而要对学生即兴的不断发展的理解进行响应。在这样的课堂中，教学是一种复杂的行为，教师需要帮助学生展开理解而不是灌输那些可被测试的信息。这种复杂的教学风格类似于"数学探究"风格，被科布、伍德和麦克尼尔称为教师"精心策划"帮助学生"学会所谓的理解"，托尔斯（1998，1999）称之为"牧羊式指导"。这里的意思就是教师往往很少干预，他或她进行干预时，也是以一种很微妙的方式进行。这样的教学就要求教师发展自己注意学生数学思维的精细的专业能力（雅各布、朗姆和菲利普，2010），其中就包括何时干预、怎样干预的良好判断力。这种精心策划的干预与即兴视角的数学理解是可以兼容的。在不打扰学生们形成理解的前提下，教师为其提供帮助；他们会说"对，然后呢？"——索耶（2001）称之为一个"即兴创作的第一准则"过程，其中有经验的即兴创作者就会通过接受之前的故事线索然后稍加自己的意见，来辅助"故事情节"的发展。还包括倾听整体意见的能力——关注创新点，然后说，"对，然后。"——这是即兴合作的典型

▶ 创新型教学中的固定程序与即兴发挥

特征。

在这样的课堂中，"教—学"环节的最终效果是即时生成的也是"共同决定的"（索耶，2004：13）。教师需要放松对课堂的控制，让教学自由展开，然而也有责任及时干预。在这种课堂中，懂得何时、怎样干预学生，教师就需要有高度的即兴创作能力。这在传统教学模式主导的课堂中是不需要的——比如，在著名的 IRE 三维模式教学中，教师故意限制课堂中的谈论和行为，这样的话学生对提出的任何问题的反应都非常有限。相比传统课堂，这里的教师必须不断地倾听学生，不断贯通学生的即兴行为，拥有一种精妙的进退能力，直到合作行为需要他或她的时候才站出来。

总　结

了解整体数学理解的即兴特征需要我们集中分析这个整体。索耶（1997a）指出，"研究表演的重点不是研究表演者个人，而是表演行为、合作行动及整个小组"。我们的两个例子证明，合作的数学行动是学习数学的重要的有力的一步。是目前课堂中更值得关注和承认的地方，但是目前课堂中单独的学习个体仍是课程设置、教学及评估的重点。

显而易见，少有互动的课堂不太可能成为产生整体理解的有利环境。那么，如何定义一个可能形成和发展整体数学理解的课堂呢？正如戴维斯和西蒙（2003）所说的，"对于构建整体意义来说，教师中心和学生中心理论都是没什么意义的"，大部分课堂都不存在这样任意一种极端。即使是在教师精心引导学习的课堂中，仍会不可避免地出现像戴维斯和西蒙（2003）所说的"可教的时刻——在有共同目标和见解的情况下，多个主体相互联结、共同作用"。这些时刻总是在预期之外悄悄出现，利用好它们就要求教师善于进行即兴干预。这时，就可能出现整体的数学理解。

近年来，课堂实践及教学风格发生了转变，许多教师开始运用小组合作教学。但是，由于教师让学生成组合作学习，也就没必要再暗示会出现整体即兴合作与理解这样的事实。小组合作学习常常被认为仅仅是改善个体学习的技巧而已，经常被应用于广泛的课堂中、学校里、课程中及立法程序中，而个体学习仍是关注点。戴维斯和西蒙（2003）指出，"目前不论实行传统教学还是现代教学，在他们侧重个体能力时，往往都可能忽视整体参与的复杂形式。"关注整体使我们能够更好地了解正在进行的合作过程。本章中，我们展示了如何了解这种即兴的过程。目的在于，就如何思考、激发及评价整体数学理解这一问题，向教师提供一些清楚的建议。鉴于此，我们认为，教学实践发生了转变，教师的专业技能被视为一种识别及回应学生理解的重要能力，而不仅仅是像标准化测试显示的那样，是一种学生能力的助推器。

第十三章

结论：即兴教学的呈现和艺术

丽莎·巴克　希尔达·博尔科

在本卷的引言章节（参见第一章）中，索耶陈述过，本书的目的是"向读者呈现一种全新的、专业的教学实践理论"。这个新理论的核心是假设"教学艺术的本质是平衡程式教学和即兴教学"。正如所有互动艺术（也就是交流的艺术）都需要合作和现场表演一样，"教学艺术"这一词暗示了教学同样需要两方面的专业技能，且二者紧密相关：一方面它要求教师掌握一系列的基础性原则或者说是掌控教学艺术的方法（也就是教学程序）；另一方面它要求教师掌握组织人类活动的技巧（也就是即兴的技巧）。在这本书中提到过的教育学者都对此论述表示赞同。他们把教学看作是一种即兴活动，而且他们认为"有原则指导的即兴教学"成就了伟大的教师。本书的每章内容都直接或间接地回答这个问题：戏剧、音乐和舞蹈等艺术作品中的即兴发挥艺术怎样才能被应用于课堂教学环境中呢？如何才能让即兴发挥的艺术不仅被运用于初等教育阶段，而且还能被用于大学教育层次？在这章，我们将通过对两个追加问题的透视来解答此主干问题。

1. 上文中提到的看似复杂的"专业的教学实践理论"究竟是什么？它又如何能加深我们对教学、学习和课程开发的理解？

2. 对于教师教育来说，这个理论以及该理论下的具体原则又意味着什么？

为了解决第一个问题，我们利用了一些文献中关于教学的论述。同样我们也讨论本书所有章节是如何来论述有效教学最重要的特性的。我们提供了一个例子来进一步阐述这些重要特性。通过一个跨课程的教学实践来

第十三章 结论：即兴教学的呈现和艺术

探讨这些特性是如何在促进课堂讨论中体现出来的。然后，我们通过探索本书中的共同主题以及教师所应具有的专业素养给教师备课和专业发展带来的启示来解决第二个问题。

三种矛盾及教学系统

教学中的三对矛盾——教师矛盾、学习矛盾及课程矛盾——是教育研究中其他学者早已定义了的三个相互联系的结构。我们最早可以从乔瑟夫·施瓦布的作品中找到类似的表述（1978）。在书中，乔瑟夫将学生、教师、课程以及教学内容定义为学校生活中的四大"日常品"。而近期以来，在有关学生成就及其来源的分析中，科恩、劳登布什和波尔三位学者（2003），则将教学系统描述为一个三角形，其三个顶点分别是教师、学生和教学内容三方面，而这个三角形教学体系根植于"环境"之中。他们说："教学需要教师和学生之间围绕着教学内容的深层互动，而这些互动又受到环境的制约和影响"（P. 124）。因此高效的教学（即直接导致学生学习的教学），需要教师能够熟练地协调自己、学生、教学内容以及特定的学习环境之间的互动与相互作用关系。这种协调，与索耶所提出的概念非常相似，他认为教学的作用便是平衡教师、学生以及课程之间的矛盾关系。从这个意义上来说，教学中的三种矛盾与科恩所说的教师、学生和教学内容之间的三角关系可以相互对应起来。

在这三个矛盾内部以及他们彼此之间，教师的职责在于如何动态地调试和管理课程内容中预设与生成之间的矛盾关系。通过对比音乐、戏剧和舞蹈等艺术体裁在即兴发挥时所遇到的相似的矛盾，本章旨在为各位读者提供一个视角来探讨教学中的这些矛盾。艺术体裁中的即兴创作同时也激发、感染了观众，因为当一个预先已经设定的结构（比如，一个故事的叙事角度，标准爵士乐的十六节形式）和未知的创意之间发生碰撞时，如果人们能够自由地发挥自己的想象力、创造力和合作能力，就会产生令人意想不到的动人瞬间。这个预设与生成之间矛盾就像波玛（1998）所说的教学中的第一个矛盾一样——教师的教学既是有结构限制的，同时也是开放的。波玛（2003）用这样一个问题来呈现这种矛盾："作为一名优秀的教

创新型教学中的固定程序与即兴发挥

师应该懂得不,论对于学生还是学习,自由与控制是同样被需要的,那教师如何恰当地控制教学中看似矛盾的自由与限制这两者之间的关系?"(P.381)罗纳德·巴格托和詹姆斯·考夫曼在他们的文章中——《在不造成课程混乱和阻碍学生智能发展的前提下,教师如何在高度关注标准化的课堂环境中培养学生的创造性》的论文中,也同样提出了类似的问题。在有关"预设课程"与"生成课程"的研究中,他们指出解决预设与生成之间的矛盾的方法是找到平衡,即既充分利用预设的结构以保证学生学有所得,同时也要允许教师以足够的即兴教学以激发和鼓励学生的创造。

索耶将这种预设与生成之间的冲突视作考察教师教学的创造性、即兴发挥能力的关键环节。他在研究中指出,最有效的课堂交流互动能够很好地兼顾课堂教学中的预设与生成、预设与即兴(P.2)。预设和生成之间的矛盾联系是教师理解如何在教学环境下使用即兴教学工具和技巧的中心,且这种联系在三种矛盾中的表现形式各有不同,他在书中是这样解释的:

当解决教师矛盾时,教师需要推动这种矛盾关系的发展,即在预设计划与即兴教学间实现灵活的转变。

在解决学习矛盾时,教师要通过调节学习任务推动这种矛盾联系的发展,使其从精心设计的辅助性练习转变为更加开放性的建设性的问题。

当解决课程矛盾时,这种联系又表现为课程设计者所设计的课程活动要能将课堂教学方向从固定的程式转向更加灵活的方式。

上述每一种矛盾联系其实都是"预设—生成"矛盾的另一种更为广义的说法,而且每一种矛盾联系都有助于读者理解索耶所说的悖论——"即兴发挥的具体形式框架与现实教学环境或具体实践间的矛盾"。

表演的必要性

在预设与生成之间的冲突关系的表现形式上,三种矛盾虽然不相同,但它们都拥有一个共同的关键特征:更为广义的教学矛盾需要教师"真诚的演出"。在索耶的引言中,他介绍说,高效教学与戏剧演出一样,都需要"舞台表演"（P.4）。在戏剧表演中，这种品质往往被认为代表着表演者通过自身的魅力、感召力、表现力以及自信心来吸引观众注意力的能力。在教学中，由于教学本身的内部关系和不确定性，教师的"表演能力"也被认为是必需的。（18）这就要求教学必须立足于教师的实践性知识之上，而且这些知识必须充分地情境化、社会化和经过教师的个人体验（埃尔巴兹，1983）。"事实上，教学的固有特性是其不确定性，所以教师必须学会将教学的固有的不确定性当作其职业训练最重要的组成部分。"（拉巴，2000，P.231）这一事实也使得对教师的要求变得更为复杂。好的教学是一种复杂的、有条件限制的互动实践活动。（格罗斯曼等，2009，P.205）因此，这使得在教学中，教师的"表演"成为一种必需，同时"表演"也成了成功引领教学矛盾的钥匙。

有关戏剧即兴演出的文献给"表演"提供了一个操作性定义。在早期的开创性研究中，《戏剧即兴演出》（史宝林，1963）、《即兴表演》（约翰斯通，1979）和《即兴演出的智慧》（莱恩、麦迪逊，2005）等书认为，成功的即兴表演需要演出者拥有清楚的词汇与动作表现能力，以便能够准确地进行故事的叙述，比如对话、肢体动作以及面部表情等等。同时，表演者们也必须对于他人所提供的线索保持高度警醒，充分接受并利用这些线索来完成自己的演出。在即兴表演的场景中，演员需要共同合作来完成一场表演，这就需要演员通过解读搭档的语言和肢体动作来重构整个叙事过程。这种充满了艺术性的倾听技巧和灵活的响应技巧也正是索耶所说的"舞台表演"的核心所在，这也恰恰是教师完成课堂教学"表演"重要技巧的组成。

罗杰斯和雷登·罗斯（2006）认为教师课堂"表演"所需的素养虽难以捉摸却非常重要，主要包括三个方面：（1）与自我的联系；（2）与他人间的协调；（3）学科专业知识和对学生、学习、教学技巧和教学环境的相关知识。他们的概念是建立在许多学者的观点之上，包括杜威（1933）的"教师要保持活力"，格林（1973）的"知识更新"，佛教的"禅修"，肖恩（1983）的"动作反应"，路德（1955）的"热情"和波玛（1998）的"完整"等观点。这也就要求教师在课堂表演时需要"保持高度的警觉，善于听取学生的想法以及善于寻找自己与学生之间的联系"。对于学生的

创新型教学中的固定程序与即兴发挥

观点与想法，教师要给予机智和热情的回应。

本书的许多章节都讨论了即兴教学的方方面面，其中有一些内容同罗杰和莱德罗斯所提到的"表演"有重合之处。杰尼斯·芙妮尔通过对合作型的舞蹈编创的论述，为一个优秀教师在教学之中所应做的辅助性任务提供了暗示。她将这个暗示与杜威（1938）和艾斯纳（2002）所提出的"生成性目标"联系了起来。她认为，智力和创造力的激发与碰撞是即兴教学的核心。在杰尼斯的论述中，这种能力不仅仅包含在学习过程中"根据自己的潜力、兴趣和课程发展变化的情况对学习目标随机应变的能力"，同时还包括"转变方向、当更优选择出现时能够及时修正并提炼自我目标的能力"（P.18）。这种对于生成性目标的描述首先包括与自我和他人的联系，其次也包括罗杰斯和雷登对于教师表演所需三种素养的描述。

在杰根的章节中，他特别介绍了在一堂德国的英语外语课程教学中的即兴教学活动。杰根认为即兴教学的核心就是要围绕着情境化内容来不断协调自身教学。同时也围绕即时的决策确定、解决问题、开放性以及未知问题而展开（P.133）。这种关于即兴教学的观点与"教学表演"的第二和第三部分相重合（与他人的联系，专业知识），因为它们都强调与其他学科课程的整合以及对环境的关注。为了更好地说明教学的这些特征，杰根在 EFL 课堂中实施了一种即兴教学活动——"巴士站偶遇与意外相遇"的情景对话。这要求外语学习者要积极主动地参与到有意义的即兴情景对话中来。不像传统对话中的角色扮演，这些活动给学生更多的"交流自由"，比如开场策略、交流危机逃出手段——是指学生在遇到交流障碍或困难时可以自由地结束对话的策略，目的是鼓励学生承担更多的交流风险，大胆开口交谈。这些活动同样也为那些严格以课本知识为基础的目标语言学习提供了自由发挥的空间，例如成语、语法和不同文化间的礼仪规范等。通过这些途径，利用类似"巴士站与街角偶遇"式的学习活动能够既让学生学到课本知识，也使学生的社交能力得到发展。

安婷·萨西在其文章中介绍处理课堂内容学习与课堂交流间的关系可以通过"构建意义"的 K-6 的课程来实现，该课程能兼顾学生对书本知识的理解和课堂交流的实现。在九年级的课程中，"构建意义"教学法构建了一套发展性方法的体系，并用这一体系来敦促学生形成各种各样的阅

第十三章　结论：即兴教学的呈现和艺术

读理解的策略、社会价值观和语言交流技巧。这一方法的核心之一就是在课堂中使用高效的教学程序或"合作结构"（例如，合作学习和小组头脑风暴等方法），以便让学生学会合作（P.218）。正如库尔兹一样，安婷在自己的论文中同样提到了教师"表演"所需素养的第二和第三部分（与他人的联系和专业知识）。他们将此视为解决课程与教学间矛盾的必要基础。教师的责任不仅在于教给学生书本的知识，更要教会学生尊重社会规范和准则。

接下来，我将要更加深入地讨论罗杰他们所定义的"教学表演"的第二和第三个范畴——与他人的联系和专业知识基础——因为我们相信这些范畴是本书讨论矛盾的核心所在。同时，我们也认为教学"表演"的第一范畴——自我认知是即兴教学的基础。从其他学者的工作中，我们试图寻找教师个人经历与专业知识间的联系（梅耶尔、科瑟根和瓦萨罗斯，2009，P.297）。我们也试图将这些"教学表演"的若干属性应用到核心教学法的实践之中，以便引发更多的有关课堂教学方式方法的讨论。

"教学表演"的第二范畴：与他人协调

"教学表演"的第二个范畴提示我们即兴教学需要特别注意与实践相关的操作问题。当教师试图将学生的需要与想法协调起来时，两个相关的（往往是重叠的）矛盾就出现了：我们将这些矛盾称为"共同控制"和"个体对集体"间的矛盾。"共同控制"是指学生和教师对教学或学习互动以及课堂活动的走向与方向的了解程度。而"个体对集体"则是指教师是否能及时和灵敏地掌握学生个体的需要和整个班集体的需要。本章将着重阐述这些矛盾并剖析它们如何使教师努力调节教学矛盾的复杂化工作。

共同控制

在艺术即兴创作中，每个表演者都能够以各种各样的方式来共同控制同一个演出。尽管大多数的即兴演出是通过合作产生的，但其合作交流的频率、速度和交流中的话语权转换可能是不一样的。戏剧和音乐都有其具体的表现形式（比如剧场运动和简朴爵士），如果从共同控制的角度来将他们做比较的话，他们在合作交流中话语权转换频率是不一样的。由肯

▶ 创新型教学中的固定程序与即兴发挥

斯、约翰史通教授于19世纪80年代创造的剧场运动是一种极其简短而又极富即兴表演戏剧特性的特殊形式,它要求表演者夸张地表演以强化戏剧化的效果。在剧场运动中,叙事手法是典型的共同构建,通常一环扣一环地快速呈现。相反,简朴爵士乐则与此不同。它的特色通常是先建立起一段即兴独奏,而这一段即兴独奏是由歌曲主旋律或合奏进而引申出来的,并伴有其他演奏者的伴奏。虽然每一首歌的旋律都是由所有演奏者共同建构的,但是独奏者在其中起到了主导控制的作用。其他的乐队成员只是根据独奏者所阐发的想法或感情而进行即兴发挥。演奏者之间心照不宣的默契"对话"就可以对音乐结构的建立做出贡献,这个结构是一个"付出与得到"的过程,每位成员都给出自己对于这段音乐的独特理解,同时又得到他人对于这段音乐的独特理解,每个演奏者彼此影响,进而形成即兴创作的爵士乐。更为常见的是,每个成员在其他成员进行回应的时候,都可以自己独立地演奏出一段音乐,进而组成一系列的独奏华彩乐章。

我们将艺术中的共同控制视为一种矛盾,因为艺术家们不仅要全心投入自己的表演中,也要留意为他人的演出留出空间。在即兴表演的戏剧中,演员们通常会通过有意识的停顿或向自己的同伴做手势来获得与同伴的交流。演员们有时也会远离舞台(也就是远离观众),是为了突显其他演员。甚至他们有时会不加掩饰地向观众寻求建议。在爵士乐中,这样的即兴发挥的传递可能是通过降低音量,或是一个点头的肢体动,又或者是演奏者用自己的华丽独奏以博得观众们鼓掌以便请出下一位演奏者。

就像音乐和戏剧中的即兴演出一样,教学同样需要参与者通过仔细倾听、接受和拓展他人的想法来相互支持。在课堂上,考察共同控制矛盾可以通过观察教师与学生分享他们对教学活动控制的程度来实现。教师与学生控制矛盾联系的一方面是:学习活动完全由教师来引导。这一点可以在历史课的课堂上得到验证,教师在对某一历史事件的讲解时主导了整个课堂的走向。控制矛盾的另一方面是学生会主动地推动学习进程,比如一堂以兴趣和学习需要为基础的科学探索课。在一堂有关K-1的科学实验课教学案例的讨论中,苏珊·杰诺和劳拉·克莱顿麦克费登呈现了一些课堂教学中共同控制的场面,他们指出在教师引导式的学习中,给予学生关键性的机会是影响整个讨论和交流的重要因素。学生在这些课堂中非常活

第十三章 结论：即兴教学的呈现和艺术

跃，成为教学组织中的重要部分，同时，学生们将他们的观点和问题都带到讨论之中，教师这时就成了一个学习活动的引导者和组织者。

除了教师与学生共同控制课堂活动这一观念外，帕莫拉·伯纳德在自己的研究论文中讨论了另一种课堂情形——学校教师通过与艺术家的合作学会如何在课堂教学中发挥积极控制的作用。从对美国有关创造性合作关系研究的梳理和回顾中，我们可以看出，帕莫拉认为艺术家对于创造力的把握最能够为中小学教师的课堂教学带来启示。她将自己的论文定义为帮助各位教师理解"艺术家们是如何解决这个矛盾的，并为课堂教学创造共享空间提供借鉴"和"这些借鉴是如何与教学联系在一起的，并能够为共同创造一种即兴教学法提供依据"（P.54）。这样，帕莫拉建议教师与艺术家之间的这种搭档方式需要教师和艺术家都保持一种高效的紧张状态，各自在自己的领域中坚持严肃性、客观性和开放性。帕莫拉用爵士乐演奏中的隐喻来暗示"创造性学习是多重奏的"，也是非常具有活力和多向性的。因此，艺术家在与教师合作时要"站在不同的立场上看问题，同时也要与教师一道参与课堂合作活动"（P.58）。换句话说，这样的合作关系允许教师与他的艺术家同伴一道探索解决共同控制矛盾的方法。

对个人和集体双方的关注

即兴发挥需要双方对于共同的合作与控制保持开放的心态，同时也需要多方协调关系以满足个体和集体的各自需求。因此，这就导致了在即兴发挥的情境之下，个体的即兴发挥要在一定的框架内进行，而这些框架内的一系列中心原则指导着合作学习实践。在即兴戏剧表演或爵士演奏时，如果表演者信任他们的合作者能够奉行参与即兴发挥所应遵循的原则时，他们会更可能愿意相互合作，并更愿意承担艺术作品创作过程中的风险。个体艺术家也会认真工作以便向他们的同伴合作者展示出他们对集体任务的尊重，但同时他们也非常关注自己的艺术表现和自我成长。因此，他们必须很好地处理自己的艺术发展和学习目标与团体艺术展现之间的关系。

在课堂环境下，教师的责任便是处理好学生个人的需要与集体需要之间的矛盾关系，因此教师在课堂教学时，要灵活地在二者之间转变，既要强调学生个人的习得，同时也要照顾到课堂的整体节奏。帕莫拉（1998）在阐述他的第三种教学悖论时给出了相似的观点：教学不仅要关注个体学

创新型教学中的固定程序与即兴发挥

生的心声，也要关注集体的心声。本书的作者也对此表示认同。他们认为即兴教学是培养学生个人创造力和集体创造力的关键。本书中的许多章节也明确地讨论过即兴教学在平衡培养个人创造力与集体创造力的矛盾中所扮演的角色。

例如，林顿·马丁和琼·托尔用即兴教学的方法来培养学生的数学理解能力。他们的研究关注的重点是学生在共同合作完成一个数学任务时所展示出的集体行为表现、思维方式以及所得到的学习成果。这章向我们提供了两个学生共同合作解决数学问题的例子——一个是小学课堂的例子，而另一个是高中课堂的例子。接下来，他们从即兴教学三个中心要素入手分析了这两个例子。这三要素是：多种可能的问题解决方法、创造性的小组合作结构的出现以及集体对于即兴发挥标准的认同。马丁和托尔将他们的工作视作能够促进合作小组相互理解和成长的"即兴合作活动"。当某个成员想出了一个解决小组问题的方法时，其他的成员各抒己见，探讨这一方法的可行性，并最终找到解决问题的方法。当学习小组遇到困难或走了一条死胡同时，教师就需要适当地对其进行指导。这样，教师与学生们共同分享了对于学习活动的控制力，学生们也在数学学习任务完成过程之中获得成长和锻炼。以这种方式，教师处理了学生在共同解决数学问题时所出现的学生个人需要和集体需要的矛盾，同时也给予了学生更多的控制课堂的自由。

马丁和托尔考察了学生共同解决数学问题背后所隐藏的社会现象，而安史妮·派隆也对成人英语语言学习（ELL）中的社会现象进行了探索。他的论文明确地对语言学习中个人习得与集体习得的矛盾关系进行了考察，或者用安史妮本人的话来说是个人与集体间的"冲突"（P.162）。在安史妮的成人英语语言学习（ELL）的课堂中，他和他的同伴将即兴活动融入课程教学之中，以便使学生能够在学习过程中成为掌握语言意义、使用语言交流的主人。在他所描述的学习环境中，共同控制作为一种催化剂，它所倾向的是这样一种氛围：在语言课堂上，教师尊重每一个参与者参与意义教学和共同构建意义的潜能。同时，他们也非常重视每个个体的贡献，因为它们有助于集体的学习。借鉴这个方法的成功经验，安史妮将论文中的大量篇幅用来强调小组在语言学习当中所起的显著作用。他将这

第十三章 结论：即兴教学的呈现和艺术

种小组语言学习方式与传统语言学习方法做对比，指出传统的语言学习方法"主要致力于学习者个人的需要和语言能力的发展"。(P. 169)

"教学表演"的第三个范畴：专业知识的作用

即兴表演需要深厚和熟练的专业知识作为基础。比如，戏剧表演常需要即兴演出，这可能就意味着表演者不仅需要展现相关的基础表演技巧的专业知识——这些技巧通常与肢体动作（如哑剧表演）和声音（如配音）有关，同时还需要表演者积累有关流行文化和当前热点事件的知识。与此类似的是，爵士音乐人花费数年的时间来训练自己的演奏和演唱技巧（如对气息的控制、手指灵活程度等）、掌控旋律主题和变奏以适应爵士乐的权威标准。艺术家们运用他们所有的技巧和知识来明辨故事、情节或表演所需，以此保证自己的表演获得成功。演出的"成功"取决于艺术表演的形式和内容，它可能是一种音乐感觉，也可能是一个有趣的互动和动作或是一个令人感到满意的故事结局。

正如那些有经验技巧的即兴表演艺术家一样，熟手教师将他们的专业知识和全部教学实践本领应用到具体的教学中来。波尔及其同事讨论认为教学所需的专业知识包括两个方面，而这两个方面对于教学来说也是独一无二的：具体学科内容知识和教育学相关知识（波尔·泰姆斯和菲尔普斯，2008）。具体学科内容知识也就是学科专业知识。教师利用他们的学科专业知识帮助学生学习本学科的技巧、方法步骤和一些具体知识。例如，在数学课堂上，如果要教授学生使用计算法则来解决问题，那么教师不仅需要知道哪个法则可以用来解决问题，同时还必须知道为什么可以用这个法则而不是用其他法则来解决问题，这个法则还有哪些其他的变化形式等。这就是我们通常说的"知其然，更知其所以然"。他们也必须知道学生们可能会想到哪些不同的解决问题的方法，以便当学生们陈述自己的解题方案时——不管是正确的、片面的或者是错误的，他们都能够很快明白学生的逻辑思路，评估其是否可行并指出可能存在的不足之处。

教育学相关知识（PCK）是与某一具主题相关的教育学知识，用以培养学生的理解能力（舒尔曼，1986）。波尔和他的团队将PCK分为两部分，

创新型教学中的固定程序与即兴发挥

第一,有关教学内容和教学技巧的知识。这一部分的内容整合了学科和教学策略两方面的知识。例如,教师可以利用这一部分知识选择合适的课堂任务和课堂活动,以便以一种合适的发展性方式来促进学生对某一具体主题的理解。第二,与学科和学生发展相关的知识,这一部分整合了有关教学内容和学生身心发展等方面的知识。教师利用这部分知识来处理学生对于某一问题的突发奇想,或是训练学生的思维能力,又或是帮助教师来判断学生是否完全和准确地理解了某一具体的学习内容。(波尔·泰姆斯和菲尔普斯,2008)

最近,尝试对具体教学实践的特征进行总结以便促进教学质量的提高已经成为当前教学论研究的重要内容。就像前面我们所举的那个例子一样,格罗斯曼和他的团队(例如,格罗斯曼、哈门勒斯和麦克唐纳,2009;格罗斯曼和麦克唐纳,2008)开始确定和描述"高水平的教学实践"应该是什么样的。这些实践,比如,提供清晰的教学解释,精心准备课堂讨论等,它们在教学过程中出现的频率都非常高,且出现在不同的课程和教学中。这些实践都以研究为基础,并且有提高学生成就的潜能。总而言之,专业知识的各个方面以及核心教学实践共同组成了教师即兴教学所需的专业基础。

综上,"教师表演"需要:(1)在特定的环境下要能实时地协调自己、学生、教学主题以及教学方法;(2)对师生共同控制教学活动保持开放的心态;(3)既关注学生个体同时也照顾到整个班集体的需要。熟手教师通过周密的设计、认真聆听以及敏捷的反应将这些要求运用到具体的教学实践中去。

课堂讨论

为了说明"表演"的三种特征,我们提供了一个跨课程的即兴教学案例——促进课堂讨论。课堂通常被教师导向的教学谈话所主导,课堂对话模式也经常是以教师为中心的"发起—反馈和评价"(IRE)模式。在这个结构中,教师提出一个问题,并让一个学生来回答,然后学生会陈述自己的想法,最后由教师对这个回答做出评价(米恩,1979;卡兹登,

2001）。通过访谈研究发现 IRE 模式是目前课堂教学中最为常见的一种参与模式（卡兹登，1986）。许多教师"将教学视作一种从教师和内容到学生的单向传递的过程，他们评价学生的标准通常是看其与课程目标的一致性如何"（尼斯特兰德和盖莫兰，1997，P.30）。结果是，课堂讨论就完全变成了教学独白，而讲授、记忆和背诵成了课堂教学的主要特征。这样的参与模式对于课堂教学来说非常不利，它与数学内容、科学法则和文学、历史或艺术类的内容的教学格格不入，因为高效的课堂教学应该以丰富且目标指向明确的课堂讨论作为基础。在这样的课堂环境下，学生通常被要求要展示他们的"推理辩论的能力"，倾听他人想法的能力，将他人的想法以清楚明了的方式进行组织整理的能力，以及最终自己做出中肯的论断的能力（格拉夫，2003，PP.2-3）。当课堂讨论成功推进时，它将成为学生进行倾听、综合和创新能力训练的有利场所。

这种丰富的、目标导向明确的课堂讨论在实践中其实很难实现。很多公立学校每班至少有 30 个人，有的甚至更多。这就使得大团队的讨论变得难以准备和安排。而且就像卡兹登（1986）所提到的那样，课堂计划就算做得很精密也会有出岔子的时候，因为教学并不只是教师单方面地控制行为，教师的行为和学生的行为以一种复杂的方式相互影响（P.48）。教师在准备课堂讨论时应如何来处理这种复杂的相互影响的关系，而同时又将课堂教学内容融入课堂讨论中呢？在讨论中，教师应扮演何种角色？教师怎样做才能培养学生个人和整体学生的辩论能力？

课堂讨论准备

成功的课堂讨论准备首先需要充分思考和精心安排的计划。为大型的集体讨论做准备，教师必须选择一个丰富的内容，例如一个数学问题、一个没有标准答案的开放式历史问题，或者一首可以有多种解读的诗歌。为了准备好一堂课堂讨论，教师利用自己对学生的了解来预测课堂讨论时可能发生的矛盾冲突，或是利用对学生的了解来设置课堂讨论问题和预测学生的反应，同时也利用教师的了解来设计预热讨论活动，如基于导向问题让学生对某篇文章做出注解或是用一篇报道来引发学生的头脑风暴。同

创新型教学中的固定程序与即兴发挥

时，教师需要在课堂讨论中明确或暗示性地建立一种合作和共同参与的规则，这是一项艰巨的工作。通过这些方式，教师在为课堂讨论做准备时必须同时考虑学习内容和学习集体。

为了更好地理解在课堂讨论中教师如何能够很好地处理学习内容和学习集体的关系，一位语言艺术教师主导了一个以课文文本为基础的课堂讨论，而该课堂讨论还有一个隐藏的目标（例如学生能够利用从课文中找到的证据来支持他们所作出的判断和论述）。当教师为讨论做准备时，她概述出一系列的明确的规则来引导学生间的讨论与互动。这些规则不仅包括讨论时所需的社会规则（例如，知道应该在讨论中如何做出贡献），而且也包括具体内容的规则（例如，在课文中具体章节找到证据为自己的观点做支撑）。这样，教师的课堂讨论准备就兼顾了课程目标的实现和学习团体的需要。

课堂讨论的促进作用

就像弗莱德里克·埃里克森对于课堂讨论的考察所揭示的那样，从即兴教学的角度出发可以帮助教师理解学生在课堂上是如何协调社会关系与学术学习的。使用一些小学课堂教学的例子，弗莱德瑞克说明了教师和学生在课堂讨论中进行即兴发挥（也由此可以解决学习悖论）的方法。他认为，教师和学生之间的口头和肢体上的交流传递的不仅是与学习主题相关的信息，还有社会交流规则。因此，通过他们的行为，教师和学生同时掌握了学科知识内容，而且也学到了课堂交流背后所隐藏的或明确的教学和社交规则（P.117）。弗莱德克认为这样的课堂交流与音乐家在倾听同僚的演奏并给出回应时的即兴发挥有异曲同工之妙。

同样，克里斯坦森（1991）和波玛（1998）也澄清了有关倾听和反应的概念。波玛认为创造性的瞬间（可能会在课堂讨论中发生）需要高度的自觉。作为这种警觉和接受的一部分，课堂讨论的领导者必须实践倾听的艺术。克里斯坦森认为在讨论中，"教师必须有意识地将所有的注意力给予每一个教室里的发言者"（P.165），其目的是评估学生对于内容的把握程度，同时也是评估"教师对于学生想法的评价对于小组后续讨论的潜在

第十三章 结论：即兴教学的呈现和艺术

作用"（P.164）。这种类型的艺术倾听技巧需要教师把注意力同时集中于个体学生和整体班级上，这也就是波玛所说的"倾听集体的声音"（P.76）。这种倾听同样也预示着它会引来充满技巧性的反应，克里斯坦森将之称为"直觉的艺术"（P.166）。在课堂上，建设性行为的产生往往以学生的贡献、特定的课程目标和学生的独特需求为基础。

在丰富而意义明确的大集体课堂讨论中，教师和学生的合作可以通过口头和身体等多种方式（如问题、手势等）进行。同时，他们也需要积极倾听他人的观点。教师对学生在课堂上所提观点的（包括特别是那些被别的学生认为是"错误"的想法）反馈的方式影响着教学本身和学生后续的表现。那些有经验的课堂讨论主导者总是保持开放的心态，因此也允许学生对课堂讨论提出修改意见，并与学生合作将其意见运用到后续问题讨论中去。这些教学活动运用到了即兴戏剧表演中的"是的，而且"的方法，教师有意将学生讨论中的观念收集起来，并进行引导。我们不妨将这种方法称为"托举法"（具有承上启下的作用——译者注）。我们对其定义包含着两个方面：一是积极倾听学生的反馈，二是尼斯特兰德和盖莫兰在 1997 年所提到的对话式教学的两个维度：教师对于学生的反应保持开放的态度（尼斯特兰德和盖莫兰称为"评价的水平"）和教师将之前的回答融入后续问题中（尼斯特兰德和盖莫兰称为"托举"）。

托举法有多种多样的表现形式和作用。例如，假设一位历史老师正发起一场有关"南北战争损失与得到是否相匹配"的讨论。在这个讨论中，一个学生可能发言如下："大致是相匹配的，从金钱角度讲是得不偿失的，但从自由的角度来讲又是值得的。"在传统的 IRE 讨论中，教师可能不会对这样的观点做出解释性的评论和反馈（例如，教师可能只会说，"嗯，不错"），然后就继续下一个问题（通常是与学生的回答无关的问题）。而对话式教学中，教师就会鼓励学生进一步详细说明他们的想法（例如，教师可能会说，"嗯，你能展开再说说你的观点吗？"），或者鼓励学生将自己的想法和他人的观点及学习的主题联系起来（例如，其他同学能找到什么证据来支持这位同学的观点吗？）。当课堂教学中出现表面上的"错误"（比如，混淆历史事件发生的年代）或"不一致"时，有技巧的教师就可以使用托举法来鼓励学生澄清或扩展他们的思考。

▶ 创新型教学中的固定程序与即兴发挥

我们仔细考察托举法是为了能够梳理"教学表演"的复杂特征。在一个托举法的教学实践中，熟手教师会非常注意平衡对学习内容的关注（例如讨论内容和课程目标）和对学习集体（例如课堂中学生的关系）的关注。教师根据当时的情况来做出是否使用托举法的决定取决于具体的教学目标，而这些教学目标又与学习内容和学习集体有关。在某一情境下，教师重复学生的观点是非常有意义的，因为教师可以通过这样的方式来鼓励一个通常不太情愿加入小组合作的学生加入讨论（例如，某某同学说了南北战争是一场自由的胜利而不是一场金钱的胜利）；而在其他情境下，教师用语言重新表达学生的观点对于引发一个学术的讨论交流可能是更有用的（例如，我听某某同学说他认为南北战争是道德的，但不是经济的）。①更进一步说，一个托举法在不同的学习情景下以及在面对不同的学习集体时起着不同的作用。例如，教师的引导可以鼓励学生扩展思维和学会在课堂教学材料中寻找证据，同时也能鼓励学生倾听他人的观点。

教师学习的意义

教学表演的第三个范畴——学科的主要知识、有关学生和学生如何学习的知识，以及有关课程与教育学的知识——是培养教师主要的，通常也是独有的焦点环节。大多数时候，新手教师在真正进入课堂之前，他们所掌握的师生互动的知识少之又少。换言之，新手教师并不会真正遇到我们前面所说的那些悖论，直到他们开始为学生的学习和成就负责。推迟新手教师的培养对于解决教学、学习和课程悖论是不利的，同样对学生和老师也是不利的。

如果熟练的教学是一种需要多种专业知识的艺术，那么教师培养和专业发展的模式必须能够支撑这门艺术的发展。本书的许多章节都探索了即兴教学在教师学习中的角色，如史黛西·多特就明确认为即兴教学应该包含在教师培养项目中，目的是帮助那些未来教师们理解即兴教学和培养使用即

---

① "重述"是合作讨论中的一个常见动作。它是指将其他人的想法进行释义，以便更加清楚（参见欧康纳和迈克尔，1996）。

第十三章　结论：即兴教学的呈现和艺术

兴教学方法进行教学的能力，如：以问题为基础的教学。斯坦丝同时认为，考虑到教学作为一种即兴活动的重要性，教师专业发展必须培养教师积累一些专业知识，而这些知识与其他即兴活动所需的专业知识类似，同时教师专业发展也必须为以后的即兴教学的发展储备师资。正如那些技巧娴熟的即兴表演者必须学习如何将一系列表演所需的中心原则和自己对相关主题的深刻理解运用到表演中去一样，教师也必须提高深厚的专业知识和学习全面的教学策略，以及掌握如何将这些策略运用到具体课堂教学中去的技能。

凯莉·罗伯曼的论文重点关注如何将戏剧表演中的即兴技巧运用到教师专业发展中去。他描述了教师专业发展伙伴计划（DTFP），这是一项为在纽约公立学校工作的专职教师所设立的为期一年的项目。这项计划是基于维果茨基有关学习引导和支持的观点所设立的，他认为教师专业发展与人的发展密不可分。在 DTFP 项目中，即兴教学既是教学方法也是学习目标。教师在即兴活动中相互合作、学会冒险、犯错并支持同伴们"做那些他们并不知道如何去做"的事情（P.74）。同时，他们也改进和创作了一些即兴活动，这些活动可以被用于具体学科的教授，也可以用于不同年级的教学活动。凯莉在她的论文中总结道："对于教师教育者来说，找到合适的方式以帮助教师专业发展是非常关键的"（P.89）。

格罗斯曼和他的同事做过一个调查，这个调查的主题是人们如何为将来要从事的职业做准备——例如成为牧师、教师与临床医生。在这个调查中，他暗示帮助教师成长为熟手教师的方法是在其专业学习的过程中给他们制造机会来观察、解析以及尝试真实的教学情境下的教学实践。作者将这一学习的过程分解为三个部分——实践描述、实践分解以及模拟实践，具体定义见下：

> 实践描述包括许多不同的方法，这些已经被专业教育研究所证明的教学模式，被以多种表达方式来呈现给新手教师。
>
> 实践分解是将实践分解为不同的部分以便于教学和学习。
>
> 模拟实践是指为新手教师提供参与实践的机会，这些实践或多或少与教学专业实践相近（P.2058）。

作者进一步提供了一些具体的模拟实践的例子，其与真实教学实践的

▶ 创新型教学中的固定程序与即兴发挥

接近程度各不相同（参见 P.2079）；有些模拟实践与真实的实践相差较远（如案例分析、现场角色扮演），而有些与真实实践的接近程度较高，它允许新手教师参与真实情境下的实践（如课堂教学实践）。在他们研究的项目中，他们发现，虽然即将上岗的教师有许多机会来进行课前准备（比如课时计划）和反思（例如撰写课后的自我反思）模拟实践，但相对于那些牧师和医生新手来说，他们参与互动模拟实践的机会却较少（P.2056）。换句话说，对于以大学教育为基础来进行教师培养的教师来说，他们难以有机会进行真实情境下的课堂教学实践，也就无法学会即兴教学的技巧。因此，新手教师在走上讲台前对于教学艺术的准备少之又少，也就更加难以驾驭教学这一人类社会活动的特殊形式。

与此类似的是，许多教师专业发展的项目都重点关注如何进行课堂准备，例如教会教师如何积累课程知识和如何进行课程计划。然而只有少数的项目能够为教师们提供足够的时间、空间和情感关怀来让他们进行以互动教学为核心的教学实践。

斯坦福教学工作室

为了说明专业发展模式包含核心教学实践和模拟教学实践，我们引用了"斯坦福教学工作室"的例子。"斯坦福教学工作室"是斯坦福大学与圣弗兰西斯科联合学区以及斯坦福大学兄弟学校的教师团队组建的一个专业的教师合作学习组织。斯坦福大学的"卓越教学支持中心"（CSET）建立了"斯坦福教学工作室"，旨在培养一批骨干教师以提高文学、人文学科和艺术学等学科的教学质量。之所以冠以"工作室"的名字是因为他们认为教学与艺术家和设计师所做的工作相似。正如设计和艺术作品创作一样，教学同样需要有丰富的资源和材料以及教师之间的创造性合作，不断改进教学质量。因此，"斯坦福教学工作室"邀请老师聚集到一起共同完成此项工作。教学就好像一个设计的过程，它不仅需要事先计划，也需要技巧性的即兴发挥。CSET 希望工作室能够成为一个让教师终身学习的地方，成为一个让教师共同合作求得专业发展并通过多次训练而熟练掌握教学技能的地方。在这种哲学方法的指导下，工作室非常关注通过深入探索

第十三章 结论：即兴教学的呈现和艺术

具体话题来帮助教师深入理解学科知识和教育学相关知识。

工作室的核心组成部分是一个为期两周的暑期研讨会，在这期间圣弗兰西斯科海湾地区的教师共同参与一些专题讨论会。其中一个专题讨论为"文学教学：以美国为例"。在为期两周的讨论中，教师借助一些文学、历史和视频材料，围绕具体的历史话题来进行深层次探讨。例如在 2009 年，合作者考察了二战期间日美拘留战俘的问题，而在 2010 年，新加入的教师和那些再次回归的教师们则探索了公民权利运动。在第一周的讨论中，教师们通过参与多元化教学和学习人文知识从而建立了属于自己的历史和文学知识储备。

除了对于学科内容的深入探讨，这个为期两周的暑期培训计划还支持教师们使用学科化的即兴发挥。每天的活动都从一个 30 分钟的全体（也就是所有专题讨论组的老师）热身讨论活动开始，这个热身讨论活动旨在明确即兴教学的原则，而这些原则为学习团体的具体学习和社会需要服务（例如成立小组，接受具有挑战性的任务，接受和改正错误）。在这一天其余时间是专题讨论小组活动，探讨即兴发挥如何能指导教学实践。例如，人文学专题讨论组重点关注三种核心的教学实践：（1）使用第一手历史资料文献来教学；（2）分析视频或图片材料；（3）鼓励课堂讨论。通过这些高水平的实践，教学小组成员得到了一系列的体验，而这些体验与教师所应了解的专业知识是一致的。通过这些实践，教师也能够灵活地将这些实践经历运用到实际的教学中去。这一系列的实践体验同样也与格罗斯曼和他的团队所提出的理解专业学习中的实践教育原则的三个组成框架相一致。

在 2009 年有关拘留战俘的单元讨论中，教师们参加了以即兴发挥为基础的合作小组活动，目的是探索围绕一个现代的日裔美国家庭参观俘虏集中营旧址这样一个故事来展开课堂讨论的可能性（也就是内容的描述）。讨论的组织者接着提供给教师们一个对本节内容计划说明的材料，包括对每一个讨论步骤的说明（也就是实践的分解）。在收到和预习了这些材料后，参与者们分成了若干个小组，每个小组设计并发起了一个主题讨论，包括由不同的材料所引发的即兴讨论活动（即模拟实践）。在每个小组都进行了讨论之后，专题讨论组的参与者共同反思他们的讨论，并且思考他们该如何将这些活动经过调适和修改后运用到他们自己的课堂教学之中。

▶ 创新型教学中的固定程序与即兴发挥

这些模拟课堂讨论的实践机会有利于教师共同合作来练习核心教学实践的各个方面：课堂准备、课堂活动和课后反思。

而在讨论公民权利运动的单元中，2010年人文学教学专题讨论组也以三个步骤的方式来进行模拟课堂讨论。不过这次他们将焦点放在了在讨论教师的具体行动上。教师们合作起来，围绕一幅1957年阿肯色州小石城的学校里废除种族隔离的照片展开讨论。讨论完后，他们收到了讨论活动的文本记录，上面记录了他们使用这些问题的类型和例子。接下来，教师们开始共同进行计划，分配角色，并对一个马丁·路德·金的"伯明翰监狱的来信"为主题的讨论进行反思（1997）。

这些例子说明，斯坦福教学工作室凭借对教师知识的研究、高水平实践以模拟教学实践为教师提供专业发展的机会，而提供这些机会的目的是帮助教师发展专业技能，将模拟实践所得运用到具体教学中去，同时也帮助教师运用即兴的方法提高以课本为中心的课堂讨论的质量。虽然这些模拟实践的人为痕迹很明显（例如模拟实践中的课堂讨论是在教师之间进行，而课堂讨论是在教师与年轻学生之间进行），但这样的专业学习机会为我们探寻教学专业知识的本质提供了视角，也为我们如何发展教师团体的专业知识提供了方法。

结　论

《创造型教学中的固定程序与即兴发挥》为我们将教学看作即兴活动提供了非常有说服力的论证。本书事实上也是为了回答索耶所提出的问题："成就一个好老师的因素是什么？"他们的研究和故事告诉我们熟练的即兴教学需要教师能够创造和灵活地调整课程材料（即课程矛盾）；需要教师为每一位学生的学习支撑，同时也善于听取整个学习团体的需要和兴趣（即学习矛盾），并且把握回应学生和完成计划和教学标准之间的度（即教师矛盾）。我们希望本书所提供的这些案例能够激发教师培养和专业发展项目接受即兴教学的观念，并且为教师们提供足够的机会来进行教学实践观摩、教学实践分析以及模拟教学实践。这三点是解决三个矛盾的中心，也是解决这三个矛盾对教师提出的要求。

图书在版编目（CIP）数据

创新型教学中的固定程序与即兴发挥／（美）索耶（Sawyer,R.K.）编著；吴慧平译.—北京：社会科学文献出版社，2014.12

　ISBN 978 - 7 - 5097 - 6766 - 5

　Ⅰ.①创⋯　Ⅱ.①索⋯②吴⋯　Ⅲ.①中小学 - 教学研究　Ⅳ.①G632.0

中国版本图书馆 CIP 数据核字（2014）第 273170 号

创新型教学中的固定程序与即兴发挥

编　著／〔美〕肯斯·索耶
译　者／吴慧平

出 版 人／谢寿光
项目统筹／李延玲
责任编辑／李延玲　梁　珂

出　　版／社会科学文献出版社·国际出版分社（010）59367197
　　　　　　地址：北京市北三环中路甲29号院华龙大厦　邮编：100029
　　　　　　网址：www.ssap.com.cn
发　　行／市场营销中心（010）59367081　59367090
　　　　　　读者服务中心（010）59367028
印　　装／三河市尚艺印装有限公司

规　　格／开　本：787mm×1092mm　1/16
　　　　　　印　张：17.75　字　数：266千字
版　　次／2014年12月第1版　2014年12月第1次印刷
书　　号／ISBN 978 - 7 - 5097 - 6766 - 5
著作权合同
登 记 号／图字01 - 2013 - 0931号
定　　价／69.00元

本书如有破损、缺页、装订错误，请与本社读者服务中心联系更换

版权所有 翻印必究